暨南大学高水平大学建设经费资助丛书
全国高等院校古籍整理研究工作委员会资助项目

暨南史学丛书

《史记》日本藏本注本论集

张玉春　著

中国社会科学出版社

图书在版编目（CIP）数据

《史记》日本藏本注本论集／张玉春著．—北京：中国社会科学出版社，2018.8

ISBN 978-7-5203-2466-3

Ⅰ.①史… Ⅱ.①张… Ⅲ.①《史记》—研究 Ⅳ.①K204.2

中国版本图书馆CIP数据核字（2018）第091397号

出 版 人 赵剑英
责任编辑 刘 芳
责任校对 赵雪姣
责任印制 李寡寡

出 版 中国社会科学出版社
社 址 北京鼓楼西大街甲158号
邮 编 100720
网 址 http://www.csspw.cn
发 行 部 010-84083685
门 市 部 010-84029450
经 销 新华书店及其他书店

印 刷 北京明恒达印务有限公司
装 订 廊坊市广阳区广增装订厂
版 次 2018年8月第1版
印 次 2018年8月第1次印刷

开 本 710×1000 1/16
印 张 18.75
插 页 2
字 数 285千字
定 价 78.00元

目　　录

日本藏《史记》六朝残本研究

自杨恽宣布《史记》，至班固父子继《史记》写《汉书》，其间又有刘向父子校理群书，引用《史记》，诸多因素，为《史记》的流传创造了条件，《史记》异本亦遂之产生。因节引、续作、删补、评论《史记》，到六朝时，《史记》文本已"文句不同，有多有少，莫辨其实，而世之惑者，定彼从此，是非相贸，真伪舛杂"（裴骃《史记集解序》）。这些"真伪舛杂"的《史记》异本都没有流传下来，其原貌已无从知晓。但六朝《史记》并未完全亡佚，幸有两件残本存世：一为《史记集解张丞相列传》，一为《史记集解郦生陆贾列传》。据以研究，或可揭示《史记》六朝异本的特点。此两件《史记》残卷现藏日本石山寺，贺次君《史记书录》误作高山寺。[①] 至于如何流入彼邦，则不得而知。1918 年罗振玉影印，以《古写本史记残卷》刊行，故寻觅并不困难。

一　关于残卷的抄写年代

最早著录此两卷的是日本学者近藤正斋（1783—1841）的《正斋书籍考》：

> 藏于石山寺的皇朝传古钞卷子本《史记》残篇，是钞于天平

① 此两卷为日本滋贺县石山寺所藏，罗振玉于 1918 年 2 月影印，收入《古写本史记残卷》中，但错记藏地，他在跋语中说："《史记》残卷二：甲、日本古写本，前佚其半，京都神田香岩翁藏；乙、张丞相传之后半至郦生陆贾列传，高山寺藏。"贺氏据此误记，亦著录为高山寺藏。

年间的李唐传誊真本，应是最古的奇本，可谓海内至宝，可惜残缺，幸赖佛经得以传存。[①] 予尝游石山，亲睹真本……

近藤正斋认为此残卷是抄于天平年间（729—768）的唐抄本，其后无人否定其说。1918 年，罗振玉影印此残卷时，认为写于六朝，他在《古写本史记残卷·跋》中说："《张丞相传·匡衡传》末'深惟士之游宦'句上，今本有'太史公曰'四字，此卷无之。案'孝武时丞相'以下，《索隐》谓是褚先生所续，则不当有'太史公曰'四字。然《索隐》又云'此论匡衡以来事，后人所述，而亦称太史公，其叙述浅陋，一何诬云云'，则唐本已有此四字，然则此卷出于六朝以前古本可知矣。"罗振玉的跋语表述得不很精确，既可理解为是六朝古本，亦可理解为抄自六朝古本，以致引起后人纷争。贺次君先生认为罗说是指六朝本，说："此卷（指《张丞相列传》）字画清劲快厉，与后《郦生陆贾列传》同出一手，《郦生传》信为六朝人所写，兹并从罗说，亦定为六朝抄本。"[②] 日本学者水泽利忠并不肯定此残卷为六朝时写本，在所著《史记之文献学的研究》中引用四说，即：第一，从文中不避"民"字讳，可以认为此本至少是以唐太宗即位以前抄本为祖本，并根据此卷背面的《金刚界次第》的撰写人——石山寺中兴名僧淳祐次第的寂年是天历七年（953），这应是此残卷抄写年代的下限。第二，近藤正斋在所著《正斋书籍考》中谓抄写于天平年间，即 729—768 年。第三，根据《河渠书》残卷书缝处及卷末有"藤"字阳文朱印，断定是藤原忠平之印，并认为此抄本可能是藤原忠平的手迹。那么，此残卷应是藤原忠平在世年间（880—949）抄写的。第四，神田喜一郎在《容安轩旧书四种解说》中说："故见存太史公书，以石山（即此两残卷）为最古，以此卷（指《河渠书》残卷）互照，书法清劲，皆唐人手述，至其抄写年代，未易遽定孰为前后也。"神田喜一郎认为此两卷与《河渠书》残

---

① 此两卷的背面抄有《金刚界次第》，石山寺以藏经为目的而存藏，非为藏《史记》，故近藤有此说。

② 参见神田喜一郎《贺次君氏的史记书录》，《中国文学报》第 10 册，京都大学文学部中国语学中国文学研究室，1959 年 4 月刊。

卷皆出自唐人之手，并认为罗振玉所说的“此卷出于六朝以前古本可知矣”，是指此本以六朝以前古本为祖本，非谓此本为六朝抄本，并指责贺次君误解了罗振玉的话。[①] 诚然，神田所说有其可取之处，但他亦同样误解了罗振玉的话，“出于六朝以前古本”与此本为六朝抄本并不矛盾。而恰恰说明此本既不是六朝以前古本，亦非唐抄本，而是二者之间的六朝时期抄本。尤其值得注意的是，唐人书避唐太宗李世民名讳，于“民”字或缺笔，或改作“人”，此残卷若为唐人所写，必定将六朝古本中的“民”字改换，或缺笔，而此残卷仍书“民”字，知其定出唐以前。

水泽利忠先生列举四说，最终也没拿出结论，而且所定上下限从729年至949年，前后竟跨越220年，令人费解。

考订传世古本的抄写年代，既要考察书写材料、书写格式，又要审核内容等多方面因素，方能得出切合实际的结论。考此两残卷，皆是卷子本，为唐以前通行的书籍形态。《书林清话》谓：“《演繁露》云：‘古书不以简策缣帛，皆为卷轴，至唐始为叶子，今书册是也。’然古竹牒已用叠简为名，顾唐始以缣纸卷轴改为册叶耳。”[②] 从此两残卷的形态，最迟不晚于唐初。从内容上看，与前节所述六朝异本有联系。如《郦生陆贾列传》：“足下起瓦合之众”，今本作“足下起纠合之众”，《集解》“一作‘乌合’，一作‘瓦合’”，《汉书》作“足下起瓦合之卒”。是裴骃所见两本与其所据本异，故加注。裴骃所见作“瓦合”本虽未必是此卷，然与此卷属一系统无疑。可证六朝时尚作“瓦合”，后人误改作“纠合”，《汉书》据未误本，仍作“瓦合”。贺次君先生谓“今本作‘足下起纠合之众’并出《集解》‘一作乌合，一作瓦合’，而此卷无注，盖《史》文本作‘瓦’字，后人改‘瓦’为‘纠’，又旁注异文，遂误以为《集解》，是为宋人窜乱《史》文及旧注之证”[③]。贺氏谓后人改“瓦”为“纠”甚是，然谓“又旁注异文，遂误以为《集解》”则非。裴氏作《集解》所据本已

---

① 参见神田喜一郎《贺次君氏的史记书录》，《中国文学报》第10册，京都大学文学部中国语学中国文学研究室编，1959年4月刊。

② 叶德辉：《书林清话》，中华书局1957年版，第15页。

③ 贺次君：《史记书录》，商务印书馆1958年版，第5页。

作“纠合”，所见异本作“瓦合”、作“乌合”，而异本作“瓦合”，无须出注，后人据异本转录《集解》而略去，今此卷亦无注文便是其证。

二　两残卷与今本的关系

（一）《张丞相列传》

此卷残，自卷首至“错客有语错”前皆缺。此卷与《郦生陆贾列传》规格相同，卷高均35.8厘米，黄麻纸，每行十四字至十六字不等（《郦生陆贾列传》或有十七字），注双行，行二十二字。字体相同，应是同一人于同一时期所抄。卷末题“张丞相列传第三十六”，空三字题“《史记》九十六”。两卷的书写形式与宋以后的刻本无大异，均小题在上，大题在下。唯每一丞相传均提行，今本则连书不提行。

（1）今本与此卷的承继

此卷与今本（以景祐本为对校本。即中国台湾出版的仁寿本二十五史本）文字差异校大，计五十处（其中注十处）。五十处中，与景祐本同者仅三处：“桃侯刘舍为丞相”，《集解》作“谥刘舍”。景祐本同，杏雨藏本、淮南路本亦同，它本“刘舍”或作“刘含”。“太史公曰：‘深惟士之游宦所以至而封侯者，微甚。’”此本与景祐本无“太史公曰”四字，杏雨藏本、淮南路本同。与其他本同者无。又“是何见之明也”，景祐本、杏雨藏本同，毛本亦同，它本皆脱“是”字。此卷与今本相异之处，多以此卷为是。贺次君先生在《史记书录》中多有考辨。然亦有不确之处。如谓“‘桃侯刘舍为丞相’与《汉书·张苍传》同，今本讹作‘刘含’”。今本中，仅毛本，中统本讹作“含”，他本皆作“舍”。此句《集解》“含”字三出，宋刻本皆作“舍”，由此可证“舍”讹作“含”是在宋刻本以后。虽仅此三例，但似可考虑此卷与宋刻本有相承继的关系。此卷经唐至宋，一再传抄，仍存《史记》不误之文而遗于宋，更何况裴骃作《集解》所据本已误在先，宋刻同于此卷，便非偶然所致了。

（2）今本致讹因由

以此卷与今本相校，此卷胜于今本，虽也有讹误，但文字讹误率远远低于今本。推寻今本致讹之由，不难发现，主要来自脱衍："为相备员而已"，今本作"为丞相备员而已"，衍"丞"字；"功名有著于当世者也"，今本脱也字；"使相之"，今本衍"相工"二字；"此子贵当封侯"，今本脱"侯"字；"而私奏请验之"，今本作"而私独奏请验之"，衍"独"字……脱文、衍文所占比例远远高于因形近致讹的比例。相反，此卷的讹误，脱、衍稀见，而以形误为主："丞相奏请诛内史错"，此卷"奏"误作"奉"；今本"娖娖廉谨"，此卷"谨"误作"谣"；今本"明用秦之颛顼历"，此卷"秦"误作"奏"；今本"以读书术为吏至大鸿胪"，此卷"吏"作"史"。贺次君先生以《汉书·韦贤传》有"征为博士，给事中，进授昭帝诗，稍迁光禄大夫詹事，至大鸿胪"为据，证此本"史"字讹，[①] 是可信的。

通过以上对比，可以说刻本距写本年代越久远，脱、衍状况越严重；而写本的讹字，刻本则往往很少延续。

（二）《史记集解郦生陆贾列传》

如上所述，此卷与《张丞相列传》为同人同时所抄，通篇完整。卷首卷末大小题均存。卷末处有脱文，从"雪足枚矛曰"至"陈留令曰"大约脱315字。每半页七行，每行十四字至十七字。注双行，行二十字左右。

此卷对《史记》版本研究有重要价值。与今本相校，有异文113处。经考证，多以此卷为是，故可证今本之讹。而此卷为是之处，往往与《汉书》一致。在本章第三节，已论述了六朝写本与《汉书》的关系，阐述了六朝本《史记》与《汉书》歧异的因由。在此卷中，更能充分体现上节所论观点。

此卷与今本《史记》相异的113处中，有17处同于《汉书》，且可证此卷为是而今本《史记》为误。贺次君先生在《史记书录》

---

① 贺次君：《史记书录》，商务印书馆1958年版，第3页。

中几乎将此类例证全部举出。然贺次君先生似对此卷过于推崇，亦有以误为正之处，试举五例：1．“生自谓我非狂生”，此卷作“生自谓我非狂”，《汉传》同。此应以今本为是。上文有“然县中豪杰不敢役，县中皆谓之狂生”，此句是郦生让为沛公骑士的同乡向沛公转达他的话“人皆谓之狂生。生自谓我非狂生”。“狂生”，在其时有其固定的含义，似指性情刚烈倔强之人。若作“狂”，则与“狂生”义不同。2．“鞭笞天下劫诸侯”，今本作“鞭笞天下，劫略诸侯”，《史记》多用“劫略”字。《韩信卢绾列传》：“九月，遂与王黄等反，自立为代王，劫略赵、代。”“上闻，乃赦赵、代吏人为豨所诖误劫略者，皆赦之。”“劫”与“劫略”义有不同，应作“劫略”为是。3．“于是沛公辍洗，起衣”，《汉传》同。今本作“于是沛公辍洗，起摄衣”。贺次君谓“起衣，著衣也；摄者敛著之义，‘起’‘摄’二字义复，今本‘摄’字疑后人旁注混入，当衍”。贺说非。文献中未见“起衣”解为“著衣”之例。《高祖本纪》亦作“摄衣”：“于是沛公起，摄衣谢之，延上坐。”《日者列传》：“于是摄衣而起，再拜而辞。行洋洋也，出门仅能自上车，伏轼低头，卒不能出气。”《管婴列传》：“晏子懼然，摄衣冠谢曰。”由此可见，“起摄衣”与“摄衣而起”同义，起是起身之义，并不是“著衣”，今本不误。4．“齐王曰：‘天下何归?’曰：‘归汉王’”，今本作“齐王曰：‘天下何归?’曰：‘归汉’”。《汉书》作“齐王曰：‘天下何归?’食其曰‘归汉’”。贺次君先生谓“今本依《汉书》删‘王’字，时沛公为汉王，未称帝，故曰‘归汉王’，与称帝后单言‘汉’者不同，《汉书》有脱字，后人不知而误改者”①。贺说不确，沛公未称帝时为汉王，亦单言“汉”。如《项羽本纪》：“陈余悉发三县兵，与齐并力击常山，大破之。张耳走归汉。”又“汉王之败彭城，诸侯皆复与楚而背汉。”“楚汉久相持未决，丁壮苦军旅，老弱罢转漕。”汉王未称帝时已汉、楚并称，故不可指今本及《汉书》作“归汉”为误。5．“尉佗大叹曰‘吾不起中国，故王此；使我居中国，何遽不若汉!’”《汉传》作：“他大笑曰：‘吾不起中国故王此，使我居中国，

① 贺次君：《史记书录》，商务印书馆1958年版，第7页。

何遽不若汉!’”今本与《汉传》同作“大笑”。贺次君先生谓:“疑‘笑’为‘叹’之烂文,叹者,尉佗以不起中国,而崎岖山海之间故不若汉之广大,颇有自惜之意,史公乃以‘叹’字状之,今本乃从《汉传》改作‘笑’矣。”① 此说仅为推测之词,不能令人信服。“大叹”不辞,古文献中无此用例,《史记》中“叹”字凡四见,作“窃叹”“叹曰”“喟然叹曰”,今人也无用“大叹”者。似应作“大笑”为是。

《史记》与《汉书》的关系,前人已多有论述,尤其是文字异同,或谓今本《史记》据《汉书》改,或谓《汉书》改易《史记》文,往往很难梳理清楚。今以六朝写本为据,即可正《史记》之误,又能明了《汉书》与《史记》文字差异之因,六朝写本的价值自不待言。

《史记》传至六朝,虽“是非相贸,真伪杂舛”,但仍近司马迁所著原貌,较后世刻本可信处为多。这是六朝本的可贵之处。这里有一点值得注意,在此两卷与今本的异文中,六朝本异文同于今本者甚少,由此可以得出结论:六朝异本与宋刻本不属一个系统。裴骃作《集解》,距六朝写本时间并不很久,不容有此大异,可见今《集解》本在唐时窜乱益甚,至宋已非裴骃所著原貌,与六朝本大异。

(原载《中国典籍与文化》2001年第3期)

---

① 贺次君:《史记书录》,商务印书馆1958年版,第7页。

日本藏《史记》唐写本研究

唐代是我国文化史上一个重要时期。当时社会相对稳定，为文化学术的发展创造了良好的条件，出现了文化繁荣的鼎盛局面。在这一时期，《史记》也得到了前所未有的重视，流传更加广泛。当时知识阶层的很多人都努力学习《史记》，这当然与唐朝把《史记》作为科举考试的内容之一有关。但在这种学习《史记》的风气影响下，学术界出现了研究《史记》的热潮。研究《史记》的著作大量涌现，其中《史记》的注释书尤其令人瞩目。司马贞的《史记索隐》、张守节的《史记正义》，与《史记集解》共同奠定了《史记》学的基础。其他较为有影响的《史记》注释书也在此期产生，如顾柳言《史记音解》三十卷、许子儒《注史记》一百三十卷、《史记音》三卷、刘伯庄《史记音义》二十卷、《史记地名》二十卷、王元感《注史记》一百三十卷、李镇《注史记》一百三十卷、《史记义林》二十卷、陈伯宣《史记注》一百三十卷、徐坚《注史记》一百三十卷、窦群《史记名臣疏》三十四卷、裴安时《史记纂训》二十卷等。虽然这些著作都没有传下来，但却反映了唐代《史记》研究的繁盛局面，也就不难理解为何至唐代《史记》版本多舛了。

唐代是《史记》流传、研究的第一次高潮，也是版本最混乱的时期。此期学习研究《史记》人数众多，传抄频繁，讹误必然随之增多。在版本流传史上，唐代是承上启下的重要阶段，这一时期的版本状况对以后宋代的刻本具有直接的影响。

唐写本《史记》大多亡佚，现仅存九件残卷，分析研究遗留的九件残卷，唐代《史记》版本状况可见一斑。

九件唐写本从其流传管道，可分为敦煌石窟藏本和传世本两类。

现对两类写本分别作以考究。

传世唐抄本《史记》计六件，皆藏于日本，即：1.《史记集解夏本纪》一卷，东洋文库藏（高山寺旧藏）；2.《史记集解殷本纪》一卷，高山寺藏（1894年罗振玉影印，收入《吉石庵丛书》第四集）；3.《史记集解周本纪》残卷，高山寺藏；4.《史记集解秦本纪》一卷，东洋文库藏（高山寺旧藏）；5.《史记集解高祖本纪》一卷，宫内厅书陵部藏；6.《史记集解河渠书》残卷，神田文库藏（1918年罗振玉影印，收入《海东古籍丛残》之二《古写本〈史记〉残卷》中）。

一　抄本的年代

以上六件《史记》是否为唐抄本，见解并未取得一致。贺次君先生在《史记书录》中定为唐抄本。谓“此（《史记集解夏本纪》）即日本泷川龟太郎《史记会注考证》所称‘求古楼旧藏夏本纪’是。罗振玉《雪堂校刊群书叙录》卷下《日本古写本殷本纪跋》云：‘东京岩崎氏尚藏有《夏本纪》及《秦本纪》各一卷，亦高山寺所藏与此一帙二纷失者。’《殷本纪》出于唐人手抄，此卷幅式字画，悉与相同，故罗氏谓是一帙而纷失者。又此卷字体颇类敦煌抄《燕召公世家》、《伯夷列传》诸残卷，凡‘弑’字皆作‘煞’‘二十’作‘廿’，‘三十’作‘卅’，是为唐抄无疑。而水泽利忠《考证校补》谓为‘天养抄本’，天养为日本近卫天皇年号，当南宋高宗绍兴十四年（1144），且以为日本手笔，恐未然也。”① 日本学者神田喜一郎以贺氏“把四本纪看成唐抄本是完全错误的”，指出贺氏所说的《夏本纪》“字体颇类敦煌抄《燕召公世家》、《伯夷列传》诸残卷”，以及《殷本纪》“抄写字体与写卷子本同”、《周本纪》“此卷与《夏》、《殷本纪》幅式行款一致，字体清秀，与敦煌唐写本《燕召公世家》、《郦生陆贾列传》正同，确为唐人手抄”。若与《敦煌秘籍留真》对照，并非如贺氏所说。就贺氏否定《校补》的天养抄本说，神田喜

① 贺次君：《史记书录》，商务印书馆1958年版，第14页。

一郎也指出水泽利忠的天养抄本说不正确。认为罗振玉所说《殷本纪》的抄写年代是“当南宋时”。天养二年，相当南宋绍兴十五年，此四本纪的底本虽然是唐代的抄本，而四本纪却不是唐抄本。对宫内厅所藏的《高祖本纪》，亦不能定为唐抄本，从其字体及所加的训点，可以明白其抄写年代更迟一些。①

仅是依据字体及书写特点，推断此六卷写本的年代，根据尚嫌不足。还应从《史记》版本形成发展的过程入手，确定它们的抄写时期。首先需要考察清楚的是，此六卷写本是出自唐代人还是出自日本人。《史记》至宋代有了刻本后，抄本逐渐亡佚，并不再有新抄本产生，若为日人所抄，则存在宋以后所抄的可能。水泽利忠以《秦本纪》卷末的识语，断定为日本天养年间所抄。《秦本纪》卷末的识语为：

> 永万元年二月廿六日传记之毕
> 以吉本可比较之也
> 应嘉二年（1170）十二日　　日南于崇仁坊殿以家说被授
> 天养二年（1145）八月八日　书写就之　八月十二日移点了
> ［花押］

后一行字体照前两行明显细小，依据年表，天养二年七月廿一日改元为久安，天养二年无八月。如进一步考虑，作为识语的通例，文句左行，年代应依次书写，而此识语却将年号的先后顺序颠倒，令人费解。水泽利忠认为或许是永万元年的抄写人根据天养二年的抄本，把原本的识语加在了自己的识语后面。并判断大体为永万元年抄本。若查原本，《秦本纪》卷末的识语不可信。1. 三行识语字体完全不同，不是一人一时所写。2. 三行识语字体亦与《史记》文明显不同，《史记》文与识语亦非一人所写。如此明显的差异，不知水泽利忠为

① ［日］神田喜一郎：《贺次君氏的史记书录》，《中国文学报》第10册，京都大学文学部中国语学中国文学研究室，1959年4月刊。

何没有注意。因此，此识语不能作为判断此抄本抄写年代的根据。至于卷末识语的性质，并不是指抄写《史记》文，而是在《史记》文旁加注日文假名。在传入日本的汉籍旁加注假名，是日本学人学习汉籍的最普通方式，或是对原抄本进行移录。以此可以得知此抄本的抄写年代远远早于天养二年。

水泽利忠将《秦本纪》定为永万元年（1165）抄本，并以此为轴心，根据四本纪皆有高山寺的印记，是高山寺所藏全佚的一部分，推定另三本纪与《秦本纪》的抄写年代概略相同，即平安末期。① 从四本记的字体看，《秦本记》与《夏本纪》《殷本纪》《周本纪》字体相类，具有相同的时代特点。罗振玉在《日本古写本殷本纪跋》亦认为《夏本纪》《秦本纪》与《殷本纪》原为一帙，但这于确定抄本年代并无关系。三本纪无识语，据其与《秦本纪》原本为一帙，其抄写年代亦应为同一时期，但并非一人所写。水泽利忠说罗振玉认为《殷本纪》为南宋时代抄写，根据是《吉石庵丛书四集》的目录有“日本古写本史记殷本纪残卷高山寺藏当南宋时”。“当南宋时”并不是罗振玉的见解，罗氏在《雪堂校刊群书叙录》卷下《日本古写本殷本纪跋》中无此说。依《秦本纪》卷末识语已证其抄写年代在宋以前，当为唐人抄本。

《高祖本纪》藏宫内厅，不属高山寺旧藏，与上四本纪非一帙。贺次君谓“此卷‘民’字缺笔，是出唐人手笔无疑”。并说：“字体疏秀整洁，为所见唐抄之冠。”神田喜一郎指出贺次君“因为未见原本，把四本纪当作唐抄本，是严重的错误”。神田喜一认为《高祖本纪》的抄写年代比以上三本纪还要晚一些，但他也仅是据书体及所加的训点的字体，而且并未论述书体及训点字体的特点，提出的见解亦难令人信服。

另一抄本是《河渠书》残卷，贺次君《史记书录》著录为唐抄本，未申明根据。水泽利忠认为此卷与《张丞相列传》《郦生陆贾列传》书体类似，两残卷而且都没有加任何形式的训点，将三卷归为一

---

① ［日］水泽利忠：《史记之文献学的研究》，东京《史记会注考证校补》刊行会1970年版，第53—54页。

类。并根据卷中有“藤”字朱印，断定是藤原忠平的印记，引《经籍访古志》“延喜二十年（920 年）公家牒亦用此印”，推断此抄本存在忠平手抄的可能。那么，应该说此卷至少是忠平在世时（880—949）抄写的。水泽氏仅据一“藤”字印记，便推定为藤原忠平手抄，应是过于草率了。有此印记，只能证明抄写年代的下限。罗振玉谓此卷与《张丞相列传》《郦生陆贾列传》“书迹皆清黎……均千年前古本也”①。

以上六件古写本的抄写年代的分歧：是唐写本还是后世以唐写本为祖本而抄写的。从抄本自身考证，具备唐写本的特征：1. 避“民”字讳。2. 与敦煌写本的俗体字相一致。3. 字体与敦煌本类似。水泽利忠基于这些抄本为日本人所抄，故竭力证明是平安时代（794—1172）所抄，而又无法排除这些抄本的唐写本特征，提出“是以唐抄本为祖本”的说法，但并没能举出有力的证据支持这一说法。从《史记》的流传过程考察，以上抄本应该是唐抄本。《史记》传入日本的时间迄今尚未有定论，但在《日本书纪》所载圣德太子的十七条宪法已见引用《史记》文字，可证当时《史记》已传入日本。载于《日本书纪》（720）中的圣德太子《十七条宪法》第十条“是非之理，能可定，相共贤愚，如环无端”应出于《史记·田单传》：“奇正还相生，如环之无端。”因此，可以认为当时《史记》已流传于日本。那么，上述《史记》抄本是最早传入日本的一部分。

二　唐抄本的异文

唐抄本与六朝抄本是现今能见到的最早的《史记》写本。唐抄本与六朝本相隔时间不甚久远，二者无论在体例上还是在文字上均无明显差异。而唐本与宋本的文字差异比较大，反映了《史记》传本由六朝至唐的相对稳定性。而自唐至宋，经历了由写本向刻本的转变，体例有所变化，文字差异增加。这些现象说明，至唐代，《史记》的传抄是在自然的状态下进行的，无人有意识对其作以改动，虽然在传

① 罗振玉：《古写本史记残卷跋》，《雪堂校刊群书叙录》下册，自印本，第 83 页。

抄过程中也出现脱误，但与有意改窜不同。因此，唐本更近《史记》原貌，为勘正今本《史记》的讹误提供了可信的依据。唐写本异于宋本，以其与其他典籍相参校，亦反映出二者版本系统上的差异。

（一）同于《汉书》

唐写本与宋本异文，往往与《汉书》同，以此可正宋本之误。

《夏本纪》："泥行乘橇，山行乘檋"，《集解》："以板置泥上以通行路"，与《太平御览·八十二》引《汉书·沟洫志》同。宋本"置"下有"其"字。有"其"不成文义，宋本衍；"浮于江、沱、涔、汉"，《汉书·地理志》同，宋本"汉"上衍"于"字；"熊耳、外方、桐柏至于陪尾"，"陪尾"，宋本作"负尾"。《汉书·地理志》："淮水出江夏安陆，横尾山在东北，古文以为陪尾山。"亦作"陪尾"。《集解》："陪尾在江夏安陆东北，若横尾山也。"是裴骃所见本亦作"陪尾"。《高祖本纪》："因敬重之，引入上坐坐"，《汉书》作"引入坐上坐"，颜师古注"上坐，尊处也，令于尊处坐"，与写本义同。宋本作"引入坐"，以文义，知其脱"上坐"二字。"人问媪何哭"，《汉书》同，宋本脱"媪"字；"今者赤帝子斩之"，《汉书》同，宋本"者"作"为"，"今者"是时间副词，《史记》多见，作"为"与文义不符；"择子弟可立立之"，《汉书》作"择可立立之"，与此本语势同，宋本作"择子弟可立者立之"，衍"者"字；"还军攻丰"，《汉书》作"还击丰"，与写本义同，宋本作"还军丰"，依文义，知其脱"攻"字；"独项羽怨秦破项梁"，《汉书》同，宋本作"项梁军"，此文应以无"军"字义顺。《张丞相列传》："以夫人贼杀傅婢事"，宋本"傅婢"作"侍婢"，又下文有"诬以夫人贼杀傅婢"，宋本无"傅"字。"傅婢"是汉时人常用语，《汉书·王吉传》："（吉孙崇）为傅婢所毒，薨。"颜师古注："凡言傅者，谓傅相其衣服衽席之事。一说傅曰附，谓近幸也。"按颜氏训傅为傅相，纯属望文生义，其所引一说得之。《小尔雅·广诂》："傅，近也。"可与一说相辅相成。所谓傅婢，即近婢。《汉书·赵广汉传》述此事，侍婢亦作"傅婢"，可证唐抄本为《史记》旧文。又"傅婢"亦见于《后汉书·公孙瓒传》《吕布传》，可见"傅婢"一语在汉时所用甚广，而至宋代，此语已不为常人所知，故或删“傅”字，或改为“侍婢”。《河渠书》：“数岁河移徙，渠不利，田者不能偿种”，《汉书·沟洫志》同，宋本“田”上有“则”字。此句语义连贯，不应有“则”字；“道果便近，水多湍石”，《汉书·沟洫志》同，宋本脱“水”字；“以溉重泉以东万余顷故恶地，诚得水，可令亩十石”，《汉书·沟洫志》同，宋本作“故卤地”，它本作“攻卤地”，“恶地”为贫瘠田地，得水之利可增加产量。《汉书·沟洫志》：“魏氏之行田也以百亩，邺独以二百亩，是田恶也。”此“田恶”即“恶田”。卤地为盐碱地，不可为农田，知“卤”字误。“引洛水至商颜下”，《汉书·沟洫志》同，宋本作“引洛水至商颜山下”，《集解》：“应劭云‘商颜，山名’”，知裴骃所据本亦无“山”字。“其明年，干封少雨”，《汉书·沟洫志》同，宋本“其明年”下有“旱”字。“干封”是求雨之祭，举行“干封”之祭已明天旱，可知宋本“旱”字为衍文。

（二）与先秦文献合

司马迁作《史记》引用先秦文献，因其行文及需要，或原文照录，或变其文，此二者不易区分，尤其是引《尚书》所涉今古文，更为复杂。学者或主司马迁用今文说，或主用古文说，这便涉及《史记》版本的可信性问题。其实，司马迁写《史记》之时，虽已有今古文的区分，但并未形成势不两立的两大阵营，两个学派处于同时并存的状态，所以司马迁引用经文，往往今古文并采。班固在《汉书·儒林传》中说：“司马迁亦从孔安国问故，迁书载《尧典》、《禹贡》、《洪范》、《微子》、《金縢》诸篇，多古文说。”今以唐写本证之，知《史记》往往合于《尚书》，宋本往往与之异，知宋本有误脱。

《夏本纪》：“厥草惟繇，厥木惟条”，与《尚书·禹贡》同，宋本作“草繇木条”。下文“其草惟夭，其木惟乔”，与此文例一律，只是以“其”易“厥”。知宋本脱二“厥”字；“田中下，厥赋贞”，与《尚书·禹贡》同，宋本脱“厥”字。“大野既都”，《集解》：“水所停曰猪”，宋本“猪”作“都”，与正文同，《尚书》作“大野既猪”，伪孔传：“水所停曰猪……马云‘水所停止，深者为猪。’”

与抄本载《集解》同，与《尚书》作“猪”同。宋本“猪”作“都”，据《集解》，正文亦本应作“猪”，自唐时已写作“都”，与《尚书》异，宋本又依正文作“都”，遂改注文作“都”，然《集解》注文尚存《史记》原本之旧，知宋本误；“草木渐苞”，宋本“苞”作“包”，《尚书》亦作“包”。伪孔传：“包，丛生。”疏：“《释言》云：‘苞，稹也。’孙炎曰：‘物丛生曰苞，齐人名曰稹。’渐苞谓长进丛生，言其美也。”上“包”训“丛生”，字应作“苞”。段玉裁《古文尚书撰异》：“《说文》引《禹贡》正从艹……徐楚金《说文解字系传》苞字下曰：《尚书》草木渐苞，《诗》如竹包矣，皆当作包，不从艹。徐说甚误，亦可证南唐《尚书》作从‘艹’之苞，合于《说文解字》，《史记》、《汉书》作包皆非善本。”“九江纳锡大龟”，与《尚书》同，宋本“纳”作“入”。《集解》：“龟不常用，赐命而纳之。”是裴骃所见本亦作“纳”，作“入”为后人所改；“浮于江、沱、涔、汉”，与《尚书》同，宋本“汉”上衍“于”字；“其土惟壤”，《尚书》同。宋本无“惟”字，《尚书》下文“其土惟黄壤”，宋本亦无“惟”字，以此本，知宋本脱“惟”字；“其贡漆、丝、絺、纻，其篚纤纩”，与《尚书》同，宋本“纩”作“絮”。伪《孔传》：“纩，细绵。”《正义》：“《礼·丧大记》‘侯死者属以纩以俟绝气’，即纩是新绵耳，纤是细，故言细绵。”《说文·糸部》：“纩，絮也。”《小尔雅·广服》：“絮之细者曰纩。”纩训絮，人或以“絮”字注其旁，后人误刻入正文中，唐抄本作“纩”，仍存《史记》之旧；“浮于雒通于河”，《尚书》作“达于河”，与宋本同。钱大昕说：“史公引《禹贡》皆改达为通。兖州云‘通于河’，青州云‘通于济’，徐州云‘通于河’，扬州云‘通于淮泗’，独豫州云达，此转写之误。”钱说谓司马迁变易《尚书》文，其说信而有征。宋本作“达”，是据《尚书》而改《史记》，唐抄本尚作“通”，知其改易在宋初；“西倾、朱圉、鸟鼠至于太华 ”，《尚书》作“朱圉”，宋本同。《索隐》：“圉，一作圄”，是司马贞见唐抄本有本作“圄”，即此本；“岷山道江”，与《尚书》同，宋本作“汶山道江”，上文“汶山之阳，至于衡山”。《正义》：“岷山，在茂州汶川县。衡山，在衡州湘潭县西四十一里。”是张守节所见唐本作“岷山”，不作“汶山”，与此本及《尚书》同，证宋本作“汶”为后人所改；“愿而恭”，与《尚书·皋陶谟》同，宋本“恭”作“共”。《集解》引孔安国说：“慤愿而不恭敬”，作“共”误；“刚而塞”，与《尚书·皋陶谟》同，宋本作“刚而实”，孔《传》：“刚断而实塞”。“塞”引申有“充实”之义，此正用为引申义，但不可径写作“实”，知“实”为旁注混入正文而代“塞”字。《殷本纪》：“夏罪其奈何”，与《尚书·汤誓》同，宋本“夏”作“有”，依文义作“夏”为是。《周本纪》：“维共行天之罚”，与《尚书·牧誓》同，宋本脱“之”字。

以唐抄本与《汉书》《尚书》文同，证宋本经后人改窜。依其他典籍亦可证明唐本可信，如《夏本纪》“禹为姒姓，其后分封，用国为姓，故有夏后氏……斟戈氏”，宋本“斟戈氏”作“斟氏、戈氏”，分一氏为二氏。单本《索隐》出正文为“斟戈氏”，与唐抄本同。司马贞注：“《左传》、《系本》皆云斟灌氏。”钱大昕说：“《索隐》本斟氏、戈氏作斟戈氏，即斟灌氏也。戈灌声相近，上氏字衍。”[①]《索隐》引《左传》：“使浇灭斟灌氏及斟寻氏，而相为浇所灭”，此斟灌氏即斟戈氏。又见于《吴太伯世假家》：“昔有过氏杀斟灌以伐斟寻”，亦即斟戈氏，知钱大昕之说可信，而宋本误。又依据史实，证以唐抄本，知宋本有脱衍，如《周本纪》：“平王立，东迁于雒邑辟戎寇。”唐抄本此文下有“当此时秦襄公以兵送平王，平王封襄公为诸侯，赐以岐以西地，从武王尽幽王，凡十二世”三十六字。此段文字足以补平王东迁史料之缺，以此可知周虽东迁，放弃了岐山以西，但仍保留岐山以东。至于岐山以东周疆的沦亡，记入《秦本纪》，《周本纪》不再记载。若无此段记载，平王东迁之事则过于简略。《秦本纪》：“二十三年，与晋战少梁，虏其将公孙痤，取宠。”宋本“晋”上有“魏”字。王念孙说：“魏字后人所加也。与晋战少梁者，晋即魏也。三家分晋，魏得晋之故都，故魏人自称晋国，而韩赵则否。梁惠王曰：‘晋国天下莫强焉。’周霄曰：‘晋国亦仕国也。周霄魏人’《魏策》曰：‘魏武侯与诸大夫浮于西河’，称曰：‘河山之

① 钱大昕：《廿二史考异》，《钱大昕全集》第2册，江苏古籍出版社1997年版，第4页。

险，岂不亦信固哉！’王钟侍王曰：‘此晋国所以强也。’是晋即魏也。上文云‘晋城少梁，秦击之’，此云‘与晋战少梁，虏其将公孙痤’，《魏世家》云：‘与秦战少梁，虏我将公孙痤’，此尤其明证也。后人不达，又于晋上加魏字，其失甚矣。”① 证以唐抄本，王说确为灼见。

三　唐抄本的行格

《史记》的行款格式自宋刻本后无大异，今人即以其为司马迁原本如此，然据唐抄本，恐未必然。

（一）标题之有无

《史记·管蔡世家》中附《曹叔振铎世家》，北宋本皆空两格题《曹叔世家》，南宋诸本亦然，单本《索隐》卷十一正文出“曹叔振铎世家”条。作为《世家》，司马迁未将其单列一篇，而附于《管蔡世家》后，原因如史马贞所说：“按上文‘叔振铎其后为曹，有系家言’，则曹亦合题系家，今附管蔡之末而不出题者，盖以曹微小而少事，因附管蔡之末，不别题篇尔。”司马贞在此所说是“不别题篇”，即不单立一篇，而非不题“曹叔世家”题名。张文虎以为司马贞意为不应有“曹叔世家”四字，说：“史公自序不及曹叔，小司马述赞亦不别出。《索隐》云‘附管蔡之末而不出题’，则《史》本无题矣。”② 张文虎在此误解司马贞之意，并指责《史记索隐》出“曹叔振铎世家”是“自相矛盾”，遂擅自删去“曹叔世家”四字。今察敦煌《管蔡世家》残卷，“曹叔振铎上”有“曹叔振铎世家”六字，与单《索隐》本合，知张氏妄删无理。至于司马迁在《自序》中“不及曹叔”并不足怪，《自序》所论为各篇著作之旨，没有必要面面俱到。

---

① 王念孙：《读〈史记〉杂志》，《二十五史三编》第一分册，岳麓书社 1992 年版，第 522 页。

② 张文虎：《校刊史记集解索隐正义札记》，中华书局 1977 年版，第 388 页。

（二）提行与连写

《史记》行文，因内容需要往往提行另书，何处提行，何处连书应有一定章法。若据宋本，提行、连书较为一致。然观唐抄本，与宋本有异：《燕召公世家》中，顷侯、郑侯、缪侯、宣侯、襄公、宣公、昭公皆提行，而宋本均连书。《管蔡世家》中，庄侯、文侯、景侯、悼侯、昭侯、成侯、声侯皆提行，宋本均连书。卷中凡遇“有世家言”，亦提行，而宋本亦连书。《殷本纪》中，记每帝起始均提行，宋本不提。据唐抄本，知宋本改提行为连书非《史记》原貌。更改《史记》行款，非由唐抄至宋刻时仅有，宋后亦有窜乱，如《伯夷列传》中，“太史公曰：‘余登箕山，其上盖有许由冢云’”，唐抄本提行，宋本亦同，而明凌稚隆本、毛晋本皆改为连书，张文虎校金陵局本时从凌稚隆本、毛晋本，并说：“蔡本、中统、旧刻、游、王、柯本并提行，谬。今依凌本、毛本。”① 若非唐抄本存世，此数卷的行款恐永难明了。

（三）字体之异

唐抄本中有部分宋本不见的异体字，且有一定的规律。“砥”书作“砾”，“杀”书作“煞”，“顷”书作“倾”，“庄”书作“疒”，“休”书作“烋”，“武”书作“武”，“亦”书作“亽”，“曹”书作“曺”，“葬”书作“塟”等，类此异体或是当时流行的俗体字，或假借字，如“杀”之作“煞”。至宋由写本改刻本时，规范了《史记》的用字，此类俗体假借字便被取代。但有唐宋通用之字，而宋本以他字代替，最为明显的是，唐抄本中，“廿”“卅”，而宋本皆改为“二十”“三十”。洪迈在《容斋随笔》中说：“按秦始皇凡刻石颂德之辞，皆四字一句，《泰山辞》曰‘皇帝临位，二十有六年。’《琅邪台颂》曰：‘维二十九年，皇帝春游。’《会稽颂》：‘德惠脩长，三十有七年。’此《史记》所记，辄五字一句。尝得《泰山辞》石本，乃书为‘廿有六年’，其余皆如是。太史公误易之，或后人传写之讹尔，

① 张文虎：《校刊史记集解索隐正义札记》，中华书局1977年版，第489页。

其实四字句也。”洪氏所说秦刻石应为四字句，而所见《史记》皆作五字句，或疑司马迁改易。今证以唐抄本，均作“廿”作“卅”，知《史记》原本与秦刻石同，改为“二十”“三十”是宋人所为。

唐抄本与宋本在内容及版本形态上的差异，反映了宋本以唐本为基础，继承唐本所长，在刊刻之际做了整齐划一的工作：在内容上，宋本既继承了唐本之长，并校正唐本的误字；在版本形态上，对标题、行文结构做了统一体调整，对俗体字进行了规范。同时，亦产生误改、误刻，若无唐本可据，已难正其误。宋本中或多有误字，惜唐本存世甚少，今尚难知其误。

（原载《中国典籍与文化》2001 年第 1 期）

日本大阪杏雨书屋藏《史记集解》残本研究

今所见到的《史记》刻本行款，分为九行本、十行本、十二行本、十四行本。十四行小字《集解》本，仅见于宋代，在《史记》版本系统中占有重要位置，与《史记》版本系统的形成与发展有着密切的关系。

十四行本现存三部：1. 北京图书馆藏一百三十卷本；2. 日本武田科学振兴财团杏雨书屋藏存六十九卷本；3. 北京图书馆藏存十四卷本。另外北京大学图书馆藏南宋刻《史记集解》中，卷五至卷七亦是十四行本。

日本武田科学振兴财团杏雨书屋（大阪）所藏十四行本《史记集解》（存六十九卷），我国明清藏书家书目未著录，是久已流传至海外的珍本。日本国将此本定为“国宝”收入日本文化厅编（监修）《国宝·重要文化财关系目录》，著录为“太宗真宗间刊本”。

此本无刊记，故其刊刻年代及与我国现存十四行本《史记集解》的关系有待进一步考证。此本原为竹添井井旧藏，后辗转入藏于日本著名的汉学家和藏书家内藤湖南的恭仁山庄。1938 年，内藤家族把“恭仁山庄本”的极品（刊本六十七种，抄本三十一种）转让给经营医药的豪富武田家族，六十九卷本《史记》亦在其中，藏于其家族藏书楼——“杏雨书屋”，故此本可称为杏雨藏本。

一　杏雨藏本的文本形态

此本为竹添井井旧藏五十八卷，以及富冈铁斋旧藏十一卷（卷五十至卷六十），计六十九卷，十一册。第一册，世家一至四。第二册，世家五至九。第三册，世家十四至十九。另册，世家二十至三十。第四册，列传廿一至廿七。第五册，列传廿八至三十四，第六册，列传三十五至四十一。第七册，列传四十九至五十三。第八册，列传五十四至六十。第九册，列传六十一至六十七。第十册，列传六十八至七十。第一册至第十册是后改装的浅茶色封皮，外题“北宋本史记”，下角墨书“世家自第几至第几 不全本”。扉页经过补修，每册首页书眉上墨书“井々居士手装　明治四十二年十月”。此十册是竹添光鸿旧藏的改装本。第三册之下是别册，后补灰墨色封皮，墨书“史记世家目”。据《恭仁山庄善本书影》所记：“内十册竹添井々居士手装本，一册富冈铁斋旧藏本。”杏雨书屋1985年新修本亦记有“内十册为竹添光鸿旧藏，卷第五十至第六十，一册，以富冈桃华旧藏南宋刻本补配”。据尾崎康先生考证，此二本应是同版。二本页面天地高度相等，卷次连续，可以看到刊、修印都完全一样，只是别册无衬页，眉批也一致，两本完全是同版，大概是在室町后期，最晚是在近世合卷的。[①] 六十九卷中，有二十余页补刻页。

此本首题“吴太伯世家”，隔四格书“史记三十一”。左右双边，每半页十四行，行二十四字至二十七字，注文小字双行，三十二字至三十九字。在原刻页往往会发现字距过于紧密的现象，这大概是校正之时发现有脱字，重新雕刻加进去的，字形比原文显得稚拙。第一册版心有损伤，有不甚清楚之处。白口，细鱼尾时有时无，亦有稀见的双鱼尾。题“史世家几”“世家几”，亦有题“史十七”“世家十”，“史”之下题世家的卷次，“世家”之下记页数，每一卷页数从新起始，有五十余页雕有刻工名。因版心多处破损，一些刻工名难以辨识，可以确定的刻工名字是：大老安　大李　大潘　小安　小李　小胡　朱佐　何明　吴仙　吴政　胡七　胡祐　胡愿　张绛　叶辰　戴余老　韩正　愿吉　朱　吴□　何　沈　周　度　张　陈　许　叶□　钱颜。宋讳玄弦眩炫　敬警惊　弘泓殷　匡竟境殷　恒字缺笔。藏书印有“宋/本”“双桂书楼”“岛田重礼敬甫印”“竹田氏光鸿”

① ［日］尾崎康：《正史宋元版的研究》，汲古书院1989年版，第163页。

“藤虎”“炳卿珍藏旧椠古钞之记”“宝马盦”。

二　杏雨藏本与北图藏一百三十卷本关系考

杏雨藏本一向被称为北宋本，最初见于《恭仁山庄善本书影》（大阪府立图书馆编，1935 年），明确记载为北宋版。日本文化厅编并监修的《重要文化财关系目录·图录·解说类》（每日新闻社出版）载：“太宗、真宗年间刊本。”但没有说明根据，可能是以此本宋讳至真宗之名“恒”为根据，得出如此结论。1976 年出版的《重要文化财图录集》仍沿此说，但在标记却写为“南宋时代”，显然是矛盾的。此本无刊记，仅据避讳字而断定其为北宋本，证据薄弱。日本版本学家长泽规矩也《关西现存宋元版书目》［昭和十三年（1938）刊］载：“恭仁山庄藏，《史记》残卷十册，北宋末刊本。”傅增湘曾见过此本，谓：“存世家一至九、十四至十九、列传二十一至四十一、四十九至七十，共得五十八卷。北宋刊本，半页十四行，每行二十五至二十八字不等，白口，左右双栏，板心下方偶有记刻工姓名者。注双行三十三至五字。宋讳贞字不缺笔。”又说：“余昔年见端匋斋方藏宋百衲本《史记》为刘燕庭喜海故物，其中十四行本正是此刻，存者凡六十八卷，而与此不复者得二十九卷，合之已三分有二矣。日本内藤虎藏，己巳十月二十八日奈良瓶花村恭仁山庄阅。”[①] 以上诸说皆谓此本为北宋本。日本学者水泽利忠不采北宋说，他认为此本与北图藏一百三十卷本是同版，是南宋绍兴初刊本，并赞同傅增湘所说的与陶氏百衲本所收十四行本亦同。[②] 他在所著《史记会注考证校补》中，将此本连同北图藏本共同称为“井々本”。水泽先生如此命名令人费解，他既然认为此本与北图藏本是同版，就应该用北图藏本之名，因为北图藏本基本是全本，而此本是仅存六十九卷的残本。若是以此本命名，必须以二本不同为前提方可成立，更何况

① 傅增湘：《藏园群书经眼录》，中华书局 1983 年版，第 161 页。

② ［日］水泽利忠：《史记之文献学的研究》，东京《史记会注考证校补》刊行会 1970 年版，第四章第 10 页。

他在与《史记》诸本校勘时，是以北图藏本为主（实际上《史记会注考证校补》的校记全部用的是北图藏本，详见下文），则更为名实不符了。尾崎康先生则认为，此本与北图藏一百三十卷本不是同版，而是原刻与覆刻的关系。

杏雨藏本与北图藏本在行格字体上看上去完全一致，每行起始与结尾之字亦基本相同，若不详观细校，很难否认二者为同版之物。笔者为此专程赴杏雨书屋详校二本异同，发现二者之间存有明显差异，非为同版。既非同版，其刊刻年代亦应重新考订。

北图藏本与杏雨藏本的差异体现在以下三个方面。

第一，版式。北图藏本版心无鱼尾，原刻页不记刻工姓名，仅补刻页见“于原　浩　贾　琚”几字；杏雨藏本版心单鱼尾时有时无，偶尔亦有双鱼尾，可见刻工姓名近三十余处。又此两本各卷末小题，皆与正文隔一行，而杏雨藏本《吴太伯世家》卷末小题与正文未隔行，这显然与全书行格不符，应是雕刻疏忽所致，仅此一处，即为二本非为同版提供了有力证据。

第二，字体。初看两本字体几乎无别，并几同观，即知在刀法上存在明显差异。杏雨藏本的字体显得圆润柔和，而北图藏本字的笔画呈直线型；杏雨藏本字的竖画较粗，横画较细，而北图藏本无明显差别。这种差别在有原刻与覆刻关系的刻本中常见。虽然在覆刻时依照原本摹写雕刻，但在重刻的过程中，原来丰满的笔画逐渐变得单薄。

第三，原刻与补刻。杏雨藏本存六十九卷，与北图藏本相对应的有五十三卷，北图藏本有十六卷为它本补配，即：《魏豹彭越列传》《黥布列传》《淮阴侯列传》《韩王信卢绾列传》为清抄补；《田儋列传第》《樊郦滕灌列传》《张丞相列传》为南宋蜀刻本补；《郦生陆贾列传》自首页至第五页为南宋蜀刻本补，第六页（卷末）为清抄补；《傅靳蒯成列传》为清抄补；《刘敬叔孙通列传》为清抄补；《李将军列传》《匈奴列传》《卫将军骠骑列传》《东越列传》《朝鲜列传》为南宋蜀刊本补；《西南夷列传》清抄补。上述诸卷，杏雨藏本皆为原刻。

北图藏本中的补配部分，在杏雨藏本中皆为原刻。同时，杏雨藏本中亦有二十余页补刻页与补刻行，如：《吴太伯世家》第六页第十行至十四行，与前后文的字体不同，笔画明显加粗，结构亦呈松散形，而北图藏本则前后画一。《管蔡世家》通卷字体稚拙与原刻风格不一，显为补配。《梁孝王世家》第三页前半页与原刻字体不类，是为补配。《吕不韦列传》第三页字体类楷体，亦非原刻。以上诸处，北图藏本皆为原刻。从以上比较中，可以初步得出结论，北图藏本与杏雨藏本不可能是同版。水泽利忠先生没有对二本进行详细校对，便谓杏雨藏本（他称之为井々本）与北图藏本、陶氏景印百衲本《史记》所收第一种北宋小字集解本（以下简称陶氏本）为同版，在作《史记会注考证校补》时，以北图藏本代替杏雨藏本，殊不知二本在文字上并不完全一致。如：

1. “吴王病伤而死”，《集解》：“《越绝书》曰……”（吴太伯世家）《校补》：“景（景祐本）井（即杏雨藏本）蜀（淮南路本）、绍（朱中奉本）无书字。”按：北图藏本无“书”字，而杏雨藏本有“书”字。2. “周威烈王赐赵韩魏”（晋世家），《校补》：“井、蜀、耿无烈字”，按：北图藏本无“烈”字，而杏雨藏本有“烈”字。此二例，北图藏本脱“书”字、“烈”字，杏雨藏本不脱，水泽利忠先生据北图藏本出校，而谓井本作某，与事实不合。3. “虏我将公孙痤”（魏世家），《校补》：“痤，井、景、绍、耿、庆（即黄善夫本）作坐。”按：今查北图藏本作“座”，杏雨藏本作“痤”。4. “遂返杀高昭子”（田敬仲完世家），《校补》：“返，井、庆作反。”按：今查北图藏本、杏雨藏本皆作“返”不作“反”，不知水泽先生此说何据。5. “南通吴越之使”（田敬仲完世家），《校补》：“通，井作之。”按：今查北图藏本作“之”，而杏雨藏本作“通”。“之”字讹，北图藏本误。水泽先生据误本出校，显然未见杏雨藏本。6. “天下转输久矣”（郦生陆贾列传），《校补》：“久，井作人。”按：杏雨藏本作“久”，不作“人”，陶氏本作“人”。北图藏本此卷以蜀刊本补配，蜀刊本亦作“久”不作“人”，《校补》所据是陶氏本。

以上仅是就水泽利忠先生将北图藏本与杏雨藏本误作一本，而略举几例以明其非。如此尚不能看出二本文字差异的全貌，为了彻底明了二本的关系，有必要对二本的文字异同作以全面核查，为探寻二本的源流提供根据。

杏雨藏本存六十九卷，而可以与北图藏本互校的则不足此数，如前所述，北图藏本中含有补配的南宋蜀刊本与清抄本，不足为据。而北图藏本的补配部分，在陶氏本则为原刻。陶氏本与北图藏本是一版所印，二本文字版式皆无差异，通过互校，凡北图藏本异于杏雨藏本之处，陶氏本皆与北图藏本同。所以在对校时，凡北图藏本补配的部分则以陶氏本代替。

1. "曰：美哉，思而不惧，其周之东乎？"《集解》："杜预曰：宗周殒灭，故忧思"（吴太伯世家第一），北图藏本脱"故"字。2. "其先祖尝为四㞿"（齐太公世家），北图藏本"㞿"作岳。"㞿"为岳的古体，《说文》"岳"古文作"𡶳"，《鲁峻碑》作"𡴀"，《耿勋碑》作"𡴀"，与此本形体相近，杏雨藏本存古本之旧，抑或写本即如此。3. "诸侯会桓公于鄄"（齐太公世家），北图藏本作"甄"，各本同，《集解》："杜预曰：卫地，今东郡鄄城是也。"按：春秋时鄄为卫地，《说文·邑部》："鄄，卫地，今济阴鄄城。"段玉裁注："在周曰鄄，在汉为鄄城县也。"《春秋·庄公十四年》："单伯会齐侯、宋公、卫侯、郑伯于鄄。"杜预注："鄄，卫地，今东郡鄄城是也。"《史记·秦本纪》亦作鄄："齐桓公伯于鄄"，《正义》："甄当作鄄，《括地志》云：'濮州鄄城县'是也。"今各本皆误，唯杏雨藏本存《史记》之旧。4. "而顷公弛苑囿薄赋敛"（齐太公世家），北图藏本弛作"𢏏"，"𢏏"为弛的异体字。5. "其作女用咎"，《集解》："虽锡以爵禄"（宋微子世家），北图藏本"锡"讹作"肠"。6. "此十一人者"（陈杞世家），北图藏本此卷卷末二页为清抄补，陶氏本"此"作"右"。7. "周威烈王赐赵韩魏"（晋世家），北图藏本脱"威"字。8. "虏我将公孙痤"（魏世家），北图藏本讹作"座"。《秦本纪》及此卷皆作"痤"，唯北图藏本此处作"座"，知其刊刻时致误。9. "择郡国吏木诎为文辞"（曹相国世家），北图藏本"为"作"于"。10. "人主各以时行耳"（绛侯周勃世家），北图藏本"主"作"生"，《索隐》："谓人主各当其时而行事，不必一一相法也。"按：此节文义是景帝与窦太后论及封王后兄为侯事，景帝意谓应依先帝封侯例，不可破例，故窦太后说"人主各以时行耳"，人主即皇帝而言，作"人生"不可解。11. "曲周侯郦商"（郦生陆贾列传），北图藏本此卷为蜀刊本，陶氏本“周”讹作“固”。12.“令长吏簿责前将军广”（卫将军骠骑列传），陶氏本“责”误作“贵”。13.“以和柔自媚于上”（卫将军骠骑列传），陶氏本“柔”讹作“筑”。14.“自大将军围单于之后四十年而卒”（卫将军骠骑列传），陶氏本脱“军”字。15.“贺父浑邪，景帝时为平曲侯”（卫将军骠骑列传），陶氏本“邪”误作“邢”。16.“至武帝立八岁，为材官将军”（卫将军骠骑列传），陶氏本脱“帝”字。17.“斯亦曩时版筑饭牛之朋矣”（平津侯主父列传），陶氏本“朋”讹作“明”。18.“妾主岂可同坐哉？□□□□□□□且陛下幸之即厚赐之”（袁盎鼌错列传），北图藏本七空格处作“适所以失尊卑矣”，然字体与上下文差别明显，一看便知为补刻。

上举诸例可证杏雨藏本与北图藏本（陶氏本）差异明显，足证其非为一版。虽然存在版式文字上的差异，并不等于说二本就无关系了。从整体上看，二本的差异与一致相比还是微小的，这些差异不经逐字核校很难发现，否则水泽利忠先生也不会将三本视为同版了。十分明显，二本的关系是原刻本与覆刻本的关系。既然是原刻与覆刻，需要确定哪一本为原刻，哪一本为覆刻。

通过以上考察，已显示出二本的各自特点，其中便包括原刻与覆刻的特点，在此稍作归纳，即可清楚二本所应占据的位置。1.杏雨藏本版心有鱼尾，记刻工姓名，北图藏本无，当是覆刻时删掉。2.杏雨藏本字体圆润，北图藏本略呈刻板，是覆刻所带来的结果。3.二本的文字差异，以北图藏本讹误为多，此为覆刻时不慎所致。同时，北图藏本长于杏雨藏本之处，往往可以反映出是对原刻的更正，最为明显的是《袁盎鼌错列传》，杏雨藏本作“妾主岂可同坐哉？□□□□□□□且陛下幸之即厚赐之”，北图藏本依据他本，将七空格处补入“适所以失尊卑矣”七字，可知缺字在先，补文在后。由此得出结论：杏雨藏本为原刻，北图藏本为覆刻。

三　杏雨藏本特点考

杏雨藏本是现存最早的《史记》版本之一（一为景祐本），在文字方面有其不同于后世本的独自特点，并影响着其后《史记》版本的发展。考察杏雨藏本的文字特点，是探寻《史记》版本系统的必要途径之一。

杏雨藏本与他本《史记》相校，所见异文不多，具有监本之善的特点。而凡是异于诸本之处，以误为多，这是早期刻本的共性。杏雨藏本有原刻与覆刻，在考察其文字特点时，在区分原刻与覆刻差异的基础上，应把二本作为一个整体即一本对待。杏雨藏本的原刻六十九卷，以二十五世家为分析对象，其文字特点表现以下三个方面。

第一，误字。1. “其后箕子朝周，过故殷墟，城宫室毁坏，生禾黍”（宋微子世家），各本“城”作“感”，杏雨藏本误，此涉下文“宫室”而误，将“感”误作与“宫室”同类的“城”。2. “元公为鲁昭公避季氏居外，为之不入鲁”（宋微子世家），各本“不”作“求”，杏雨藏本因“不”“求”形近而讹。3. “三十干，曹倍宋又倍晋”（宋微子世家），各本“干”作“年”，干、年形殊，恐是版片漫漶不清所致。4. “齐桓公益骄，不务德而务远略，诸侯弗萃”（晋世家），各本“萃”作“平”，《史记》古抄本中“平”多误作“卒”，杏雨藏本又讹作“萃”。5. “于是丕郑使谢秦”《晋世家》，各本“丕”作“邳”，杏雨藏本失落偏旁。6. “公何不谋伐魏，田忌必侯”（田敬仲完世家），各本“侯”作“将”，此涉上文“其后成侯骀忌与田忌不善，公孙阅谓成侯忌曰”的“成侯”而误。7. “不如少遗兵，足以守荧阳”（陈涉世家），各本“荧”作“荥”（金陵局本亦作“荧”），杏雨藏本误。8. “吾是以先之”，《集解》：“参欲以道化其本，不欲㥐其末”（曹相国世家），各本“㥐”作“扰”，杏雨藏本误。9. “王犯纤个小过”（三王世家），各本“个”作“介”，杏雨藏本误。

上举诸例，除例6“将”误作“侯”，余皆为形似而误。此类误字明显，其致误之由亦易于明了。

第二，脱字衍文。1. “哀公时，纪侯谮之周”（齐太公世家），杏雨藏本脱“时”字。2. “齐田单以即墨击败燕军”（燕召公世家），杏雨藏本脱“军”字。3. “已而启与交党攻益，夺之”（燕召公世家），杏雨藏本脱“而”字。4. “臧文仲善此言。此言乃公子子鱼教愍公也”（宋微子世家），杏雨藏本不重“此言”二字。5.“先蔑、随会亡奔秦”（宋微子世家），杏雨藏本脱“先”字。6.“晋文公曰：‘我击其外，楚诛其内，内外相应。’于是乃喜”（宋微子世家），杏雨藏本无“内外相应”四字。7.“诸大夫所设行皆非仲尼之意”（孔子世家），杏雨藏本脱“皆”字。8.“大司马臣去病上书言”（三王世家），杏雨藏本脱“上”字。

以上诸例，与他本相校，似有脱文，杏雨藏本是最早的《史记》刻本之一，此本脱，他本不脱，他本应另有所据。然类上述文字之有无，似不可皆谓杏雨藏本为脱。如例2“齐田单以即墨击败燕军”，无“军”亦可，例4不重“此言”，文义亦顺。例6“内外相应”，文义重复，似后人所增。

第三，异体。古籍中的异体字一般不大为人们注意，因其虽形异而义无别。但是，从版本研究考虑，其对鉴定不同版本有参考价值，异体字在文字的演进过程中，不断淘汰和产生，具有时代的特征。对确定原刻本与覆刻本作用更为突出。

1.“其先祖尝为四岳”（齐太公世家），杏雨藏本“岳”作“⿱山王”，岳古文作“[illegible]”。2.“在今后嗣王纣，诞淫厥佚”（鲁周公世家），杏雨藏本“诞”作“信”，《校刊史记集解索隐正义札记》：“宋本作信，疑‘這’之讹，《说文》诞重文作‘這’。”《札记》之说可从。此字为杏雨藏本存古字之证，其所本应为唐抄本。3.“宣子，良大夫也，为法受恶。惜也，出疆乃免”（晋世家），杏雨藏本“疆”作“壃”，《字类》引《史记》同。“壃”为俗体字，《玉篇·土部》：“壃，同疆。”《战国策·燕策二》：“犀首送之于壃。”“疆”亦作“壃”。唐代仍见“壃”“疆”同用，柳宗元《咏史》：“悠哉辟壃理，东海漫浮云。”此本所据或亦为唐代抄本。4.“刳胎杀夭则麒麟不至郊”（孔子世家），杏雨藏本“麒麟”作“骐驎”，从马。“麒麟”为传说中的仁兽，“骐驎”为良马，《商君书·画策》：“骐驎、騄駬，日走千里，有必走之势也。”此本以“麒麟”作“骐驎”，先秦文献亦有同此者，《战国策·赵策》即作“刳胎杀夭则骐驎不至郊”，可见此本作“骐驎”渊源有自。

以上四例的异体字，于后世《史记》诸本中皆改为通行字体，仅

此即可证明杏雨藏本对唐写本有继承，其刊刻年代早于他本。

四　杏雨藏本刊刻时代考

杏雨藏本即为原刻，自然早于北图藏本，对其刊刻年代便需作以考证。

自1955年北京文学古籍刊行社影印出版北图藏本，将其定为“南宋绍兴初期杭州刊本”，纠正了以往误以此本为仁宗时刊本的看法。之所以产生仁宗时刊本说，关键所在是不知此本是覆刻本，而当作原刻。因为杏雨藏本在我国早已失传，国人无缘得见。而傅增湘先生在日本见过杏雨藏本，却未能分辨出北图藏本与杏雨藏本的差异，说“余昔年见端匋斋方藏宋百衲本《史记》为刘燕庭喜海故物，其中十四行本正是此刻”，不能不说是失之交臂。赵万里先生在不知杏雨藏本存在的前提下，提出三点根据，认为北图藏本是覆刻本，可谓独具慧眼。杏雨藏本是原刻，可知其是最早的十四行本。据文献记载及传世《史记》版本，十四行本仅存于宋代，宋以后未见此种行款的《史记》版本。而十四行本在《史记》版本研究中又占有重要地位。赵万里先生曾说，“明季南雍所储《史记》仅十四行本乃真北宋之仅存者”，而于十四行本的研究，历来是《史记》版本研究的薄弱环节，“在北宋监本中，其流传端绪独不可见，此今日目录学家所当致力者也”①。为此，从以下几点对杏雨藏本的刊年试作考证。

第一，避讳。探寻古书的刊刻年代，在无刊记及前人记载的条件下，该书自身的状况便为主要依据。而自身状况中，避讳字是其可依据的内容之一。杏雨藏本中避讳至宋真宗名“恒”字，（仁宗嫌名“贞”字，正文22处，皆不缺笔，唯卷三十八第三页后半页注文似缺末笔，可是此字前后“贞”字三见，皆不缺笔，故此字也不能当缺笔看待。）若仅据避讳，定杏雨藏本为仁宗以前所刊刻并不为过。赵万里先生之所以排除北图藏本为北宋仁宗时刊本，是依据刻工“贾

① 赵万里：《两宋诸史监本存佚考》，《中央研究院历史语言研究所专刊》（10），1932年。

琚”为南宋初杭州刻工，故其应为杭州刊本，此本不避仁宗讳，是覆刻时依照原本所致。这便等于说，若是原刻，定其为仁宗时本，根据还是充分的。如今杏雨藏本即是原刻，避讳字对此本刊刻年代的确定就值得重新考虑了。

程俱《麟台故事》记载，《史记》最早刊刻是在淳化五年，但淳化五年的刊本是十行十九字本，这已为诸家所证明，与十四行本无关。其后有关《史记》刊刻的记载亦无十四行本的内容，故其流传端绪属实不可见，但并不是毫无线索可寻。

北宋淳化五年第一次刊刻《史记》之后，过了十年，即宋真宗景德元年（1004）对《史记》又作了一次校勘，此次校勘是否开印，不见明文记载。但细读《麟台故事》所载中书门下牒国子监校刊《史记》的原牒：

> 奉敕：国家治洽承平，政先稽古，顾兹三史，继彼六经，昔尝列于学官，今见施于贡举。淳化中，慎择儒士，俾之校雠，寻募工徒，以从摹印，讨论之际，虽务精研，刊刻之间，犹或差谬，是再加于铅椠，庶悉辨于鱼鲁，克正前书，式资素业。敕至准敕！故牒。

由此可以推知此次校勘后，《史记》又一次付印。牒文所说“是再加于铅椠，庶悉辨于鱼鲁，克正前书，式资素业”是其明证。这次印行是对淳化本“差谬”的“克正”，所以不是重印淳化本，而是有区别于淳化本的新雕本，即此十四行本。正因开雕于真宗年间，故避“恒”字讳。

第二，刻工。杏雨藏本可见刻工 31 人，而姓名俱全的 12 人，即朱佐、何明、吴仙、吴政、胡七、胡祐、胡愿、张绛、叶辰、戴余老、韩正、愿吉。此 12 人，仅有胡祐一名见于北宋本《通典》，余皆不见。今存世北宋本已若凤毛麟角，比较各本刻工异同甚为困难。仅据日本版本目录学家长泽规矩也所著《宋刊本刻工名初稿表》对照，无一刻工名与上述 12 人名相合，此亦可说，这 12 名刻工距北宋末期已较遥远了。尾崎康先生据胡祐之名见于《通典》，推测杏雨藏本的刊刻时期或与《通典》同时，即刻于北宋徽宗建中靖国元年以前，此说很有参考价值，他明确了杏雨藏本最迟不晚于北宋末年。但是杏雨藏本仁宗以下宋帝名讳皆不避，尤其作为监本，这是不可能的事。仅一刻工名与《通典》合，不能不说有其偶然性。

对杏雨藏本的刊刻年代，现在仅能据以上两点立说，还不能提出更多的根据。依据这两点虽然不能完全肯定杏雨藏本刊刻于真宗时期，但确定其刊刻于真宗至仁宗时期还是可信的。

（原载《史学史研究》2001 年第 3 期）

日本藏南宋黄善夫刊《史记》“三家注”本研究

北宋刊本《史记》皆为《集解》单注本，至南宋始产生《集解索隐》二家注合刻本与《集解索隐正义》三家注合刻本。三家注合刻产生于何时，迄今为止尚无定说，现今所能见到的最早的三家注本是黄善夫刻本。存世二部，原皆藏于日本，后有六十九卷传回我国，现藏北京图书馆。

黄善夫本《史记》在《史记》版本史中占有重要位置，它上承《集解》单注本、《集解索隐》二家注合刻本之长，下启三家注合刻本之风，奠定了《史记》版本学的基础，此后的《史记》基本是以三家注合刻本为主。研究此本的特点，是《史记》版本学的重要课题。

一 《史记》三家注合刻时代考

《史记》三家注合刻的时期，前无定论，依诸家著录，谓曾有三本行世：

（一）元丰本

《四库总目提要》：“注其书者，今惟裴骃、司马贞、张守节三家尚存，其初各为部帙，北宋始合为一编。”《四库全书简明目录标注》谓《提要》所说“北宋始合为一编”之本即元丰本：“古注存者，有裴駰、司马贞、张守节三家。本各为书，宋元丰刊本合三家之注为一，至今仍之。”据此说，则《史记》三家注合刻本产生于北宋元丰

年间，然未见世有其书，亦为见明清藏书家书目，此北宋三家注本之说不可证。

（二）元祐本

《天禄琳琅书目·后目》：“前有骃、贞、守节序，目录后印‘校对宣德郎秘书省正字张耒’八分条记，按《集解》、《索隐》、《正义》本各单行，至宋始合刻，据校书官乃张文潜，知为元祐时刊。”《郘亭知见书目》亦载：“刘方伯尚有三家注合刊本，与柯本行款同，卷末有‘校对宣德郎秘书省正字张耒’隶书木记，与《天禄琳琅》所记同。”钱吉泰《甘泉乡人稿》载亦见刘方伯所藏此本，亦谓“似是柯本所从出者”。是为元祐本。叶德辉指出此本系明人伪造，《书林清话》：“《天禄琳琅》后编所载宋版书，有‘秘书省正字张耒……’八分条记，因定为元祐时刊。此书不见于各家书目，宋时官刻书有无此体式，其用八分而不用真书，正以掩其诈耳。”又说：“目录后第三行四行有割去重补之痕，当是明人所记刻书年月。书估以其形似宋版，故为割去。此书目录后无‘史记目录终’五字，而有‘校对宣德郎秘书省正字张耒’隶书木记，校前书所补之痕增宽一倍。若果为原版所有，前书何以割去？而补痕宽窄何以不合？按秘书省正字虽宋代官名，而张耒亦无可考，其为书估欲伪充宋椠，别刊目录，末页增入木记彰然矣。”叶氏为著名版本学家，且又亲见此本，其说可信。

（三）绍兴本

《天禄琳琅书目·后目》：“四《序》外，有《正义论例》、《谥法解》、《集解序》……《索隐后序》印记‘绍兴三年四月十二日右修职郎充提举茶盐司干办办公事石公宪发刊，至四年十月十二日毕工。’”钱吉泰《甘泉乡人稿》谓明嘉靖四年柯维熊本《索隐序》后亦有此印三十八字，凡三行。并定为柯本从绍兴本翻刻。邵懿辰《四库全书简明目录标注》说：“柯版《史记》前有费懋中序，作于嘉靖四年九月，柯维熊序作于嘉靖元年上元日。《索隐序》有‘绍兴三年四月十二日右修职郎充提举茶盐司干办办公事石公宪发刊’等三十三

（应是‘八’字，邵氏笔误）字，是柯本出于绍兴本也。”缪荃孙曾见此本，是《集解》本而非三家注合刻本：“石公宪本，沪上出一书，为某姓以二千元购得，曾过目，止有《集解》，而有《索隐序》，官衔分两行，非柯本所出。”① 绍兴本诸刻皆为《集解》本，石公宪本亦然。且今见北京图书馆藏柯本初印本、北大图书馆藏柯氏原刻本均无此印记，知所谓柯本出自绍兴本说不足信，亦证世间并无刻于绍兴三年的《史记》三家注本。

以上三本所谓宋版三家注合刻本皆出于伪造。另有所谓嘉祐二年（1057）建邑王氏世翰堂本，嘉定六年（1213）万卷楼本，前人考订是书贾以明秦藩本假冒，已成定论。又钱大昕说：“明嘉靖四年莆田柯维熊校本金台汪谅刻，始合《索隐》、《正义》为一书。前有费懋中序，称陕西翻宋本无《正义》，江西白鹿本有《正义》，是柯本出于白鹿本矣。……白鹿本未审刻于何时年，以意揆之，必在淳熙以后，盖以《索隐》为主，而《正义》辅之。”② 关于柯维雄本，清人莫友芝等以为出于绍兴本，其误已由缪荃孙纠正。《四库提要》谓柯本出自陕本，本来不错。所谓陕本实即廖铠本，“其书实刻于关中，故人呼之为陕本”③。人多不知廖本与柯本的关系，故所论断不尽足据。廖铠本，半页十行，行十八字，注双行，行二十三四字，细黑口，左右双边。王重民曾以柯本与之对校，“黄善夫本卷末所记史文若干字，柯本删去，此本仍之。黄善夫本大题在下，格式近古，柯本窜入‘莆田柯维熊校正’一行，移大题于小题右下旁……而此本一仍黄善夫本之旧”④。柯本史文及注与黄善夫本确有出入，这种不同，一是由于柯维熊的校改，二是由于刻印时产生的错误，不能因此否定它们的继承关系。王重民、张元济均谓柯本出于黄善夫本，他们的说法是有见地的。由此可知三家注合刻本非始于北宋，亦非始于绍兴年间。探讨三家注合刻的起始年代，宜应以现今所能见到的最早的黄善

① 邵懿臣：《增订四库全书简明目录标注》，中华书局 1959 年版，第 187 页。

② 钱大昕：《十驾斋养新录》，《钱大昕全集》第 7 册，江苏古籍出版社 1997 年版，第 346 页。

③ 王重民：《中国善本书目提要》，上海古籍出版社 1983 年版，第 72 页。

④ 同上。

夫本为线索，寻出三家注合刻产生的时代。善夫本《集解序》后有“建安黄善夫刊于家塾之敬室”木记二行，《目录》后有“建安黄氏刻梓”篆字木记一方，别无刊年的记载。黄善夫是南宋光宗、宁宗时期福建建宁府建安县的刻书家，除《史记》外，还曾刻过《汉书》《后汉书》《王状元集百家注分类东坡先生诗》等。其中《史记》与《汉书》《后汉书》版式相同，被认为是三史的丛刻本。与此同版式的《汉书·目录》末有“集诸儒校本三十余家，又五六友澄思静虑，雠对异同，是正舛讹。始甲寅年之春，毕丙辰之夏。建安黄善夫谨启”。及《列传》末有“建安黄善夫刊于家塾之敬室”识语。同版式的《后汉书》补史序后有“庆元戊午（四年）良月刘元起父谨识”识语。甲寅是宋光宗绍熙五年（1194），丙辰是宋宁宗庆元二年（1196），以此推知《史记》应是在庆元二年前刊刻。日本藏书家即称之为庆元本。但经日本版本目录学家长泽规矩也考证，认为此本应刊刻于光宗绍熙年间（1190—1195）。认为此本与同刊的《汉书》《后汉书》相关联，应早于《汉书》与《后汉书》，并以此本宋讳缺笔止于光宗为证。① 长泽规矩也此说有一定道理，作为三史丛刻之一的《史记》，应早于《汉书》《后汉书》，在庆元元年以前。

二　黄善夫本传入日本的时期

黄善夫本存世二部，一为一百三十卷本，一为七十二卷残本，原皆藏于日本，至于何时传入日本，未见记载。一百三十卷本最初藏于日本妙心寺的南化玄兴（1538—1604，妙心寺邻花院的创始人）处，后经直江兼续（1560—1619）转入米泽上衫家。此本入藏于上衫家的经过有两种说法：1. 此本每卷卷首有“兴譲馆藏书”朱印。“兴譲馆”是旧米泽藩校之名，据此知此本为米泽藩校旧藏。据说直江山城守文禄元年征伐朝鲜之际，带回许多书籍，因种种原因后都散佚，具体数目已不可知，主要的有《史记》九十册、《汉书》六十册、《后汉书》六十

① ［日］长泽规矩也：《关于宋代合刻本正史的传本》，《长泽规矩也著作集》第3卷，汲古书院1983年版。

册、《春秋左氏传》廿九册（后归上衫家），宋版《大般若经》（后归上衫神社），《苏东坡集》（藏米泽图书馆）等，皆为宋版珍品。明治十三年，私立米泽中学校（原兴讓馆）的校长古藤传之丞将以上前四种宋版书献给了上衫家。似谓黄善夫本是直江山城守出兵朝鲜之际（1592 年的文禄之战）带回的战利品。① 2.《图书寮善本书目解说》谓：此本中有月舟（寿桂、幻云，1460—1533）的藏书印，在《伯夷列传》《司马穰苴列传》《仲尼弟子列传》《苏秦列传》《孟尝君列传》《范雎蔡泽列传》《鲁仲连邹阳列传》七卷卷首可见。可证黄善夫本早在文禄战役前几十年即 16 世纪初就已归五山的学僧。又此本多处有“水光卯青”的朱印及墨印，日本宫内厅书陵部所藏《史记集解》旧钞卷子本（《范雎蔡泽列传》）中二处可见。卷子本的墨印押在《范雎蔡泽列传》的卷首，与黄善夫本押处相同，显示了二本经同一人收藏。而且此期应是卷子本书写的前后时期。该卷子本审其书体，殆镰仓（1185—1333）初期所写。若据此，黄善夫本应是镰仓初期传入日本的。冈本况斋《史记传本考》说：“宋本《史记》、《汉书》、《后汉书》三种，现今唐土所无，最初南禅寺南化和尚（名玄兴）所藏，后赠送上衫的家臣直江山城守。山城守被刑后，藏于上衫家。”二说虽略有不同，但流传管道无大异。七十二卷本原藏于狩谷棭斋求古楼，入藏时期大约在幕府末期（江户时代），后传回我国。据以上记载，此本传入日本时期甚早，但由何管道传入已不可考。

三　现存黄善夫本

黄善夫本传入日本若干年，不为世人所知，起初在日本亦未引起重视（曾作为教科书被使用）。在日本学者森立之《经籍访古志》著录之前，我国并不知有黄善夫三家注合刻本，可见此本在我国未得流传，其原因甚不可解。黄善夫刊三史是非常著名的，但《史记》仅存一部半，即米泽上衫家旧藏一部，后由日本国立历史民俗博物馆收购，藏于该馆。另半部是狩谷棭斋求古楼旧藏，后由求古楼散出，分

① 据［日］今井清见《直江城州公小传》，米泽市役所昭和十四年（1939）刊行。

散各处。

《经籍访古志》著录求古楼《史记》存七十二卷，缺卷为卷十三至卷十八、卷三十一至卷三十八、卷六十八至卷七十二、卷九十一至卷百二十九，凡五十八卷。此本如数传至浅野梅堂和岛田重礼。卷一末有两行墨书：“上虞罗振玉获观臣玉之印”“岛田先生家藏宋庆元刊本。丙午冬黄绍箕获观黄绍箕印（阴文）”。丙午为明治三十九年（1906），黄绍箕游历日本，于岛田邸得见此本。罗振玉移住日本是辛亥革命的1911年，其识语当题于以前来日之时。清末宣统季年，这七十二卷由湖北人田吴炤在日本购得，带到北京，不久便脱手转到书肆，为书肆分卖。① 张元济由正文斋得到六十六卷，《涵芬楼烬余书录》：“是本先由荆州田氏得之东瀛。宣统季年余购之厂肆，书本残缺，又为市估分截数卷，今所存者……凡得六十六卷。”南海宝礼堂潘宗周得到卷三十的《平准书》和卷八十六的《客列刺传》，潘宗周《宝礼堂宋本书录》：“清末有鄂人田氏购得之，携以回国，不久散出。余友张菊生得六十六卷，以归涵芬楼。余所得者仅此《平准书》、《刺客传》二卷而已。”但《刺客列传》中又有袁克文乙卯（民国四年，1915）十月题识。袁克文得《河渠书》一卷，后送给傅增湘，《藏园群书经眼录》：“存《河渠书》、《平准书》，计二卷。张菊生元济前辈曾于正文斋收得残帙，凡六十九卷。是田伏侯获自东瀛者。……乙卯夏袁抱存克文举是帙相贻……乙丑春日藏园记”，但《双鉴楼善本书目》只著录《河渠书》一卷。此外卷二、卷三被当时在北京的律师大木干一氏买到，现藏于东京大学东洋文化研究所。只有卷二十二《汉兴以来将相名臣年表》从求古楼散出后不知去向。涵芬楼的六十六卷、宝礼堂的二卷、双鉴的一卷，计六十九卷今皆归北京图书馆，《北京图书馆善本书目》和《中国古籍善本书目》著录同此。只是《北京图书馆古籍善本书目》将傅氏所藏卷二十九《河渠书》视为缺卷，著录为六十八卷，但卷二十九《河渠书》只有八页一册，实际包括在

① 田吴炤（1870—1926），原名行炤，字伏侯。光绪三十四年（1908）四月，赴日任留日学生监督及使署参赞，辛亥年（1911）任满回国。黄善夫本即此时带回。傅增湘：《藏园群书经眼录》，中华书局1983年版，第169页。

现存本中。除此之外，我国仍有残卷流传。民国六年傅增湘在文奎堂购得一部北宋刊递修本《史记集解》，有以他本配补者，配补本中有黄善夫本《列传》卷四十一至卷四十五。① 此本即前面所论及的景祐本。上海图书馆藏有黄善夫本《史记》的《高祖本纪》第一叶至第二十三叶。以上是黄善夫本传回我国后的收藏经过及我国现存黄善夫本的全部篇卷。

四 黄善夫本版本系统考

黄善夫本的产生，使《史记》版本又增加了一个系统，即三家注本系统。而在此之前，已有二家注本产生，构成了《史记》版本的三个系统（单《索隐》本上无所承下无所继，故不可谓其为一系统）。这三个系统之间是怎样的关系，前人未曾论及，而此点对《史记》版本研究又至关重要。这也是《史记》版本区别任何典籍之处。从时代考察，三个系统脉络很清楚，单注本在先，二家注本次之，三家注本殿后。若以注文而言，顺序亦同此。以版本学的角度而论，不同版本间的差异在于各版本本身的特点。系统的划分是以其具有的共同特点为基础，但这并不等于说各系统间泾渭分明，实际上不同系统的版本亦有相同点大于差异点。《史记》三家注合刻本于此就有最充分的体现。黄善夫本所依据的是其前的哪一版本系统，也就说它是依据单注本系统，还是依据二家注本系统，或是在二系统之外独自单创的一系统，有待考究。

前人曾探寻三家注合刻本产生于何时，离开了对黄善夫本与诸本关系的考察，是得不出结论的。因此，本文将从此点契入，展开对此本的研究。

（一）黄善夫本的文本形态

黄善夫本开三家注合刻之先，但在文本形态上，除加入在《正义》，并无大的变化。此本首卷依次为：《史记集解序》《补史记序》

① 傅增湘：《藏园群书经眼录》，中华书局1983年版，第160页。

《史记索隐序》《史记正义论例谥法解》《史记目录》《补三皇本纪》《五帝本纪》。由《五帝本纪》进入正文，小题在上，大题在下，题“五帝本纪（空六格）史记一”。左右双边，每半页十行，行十八字；注文小字双行，行二十三字。细黑口，版心双鱼尾，上鱼尾题“五帝本纪第一”，下记本卷页数；不记刻工姓名。每页末行框外有耳题，标本卷书名。每卷末隔三行记本卷史计若干字，注若干字，有的卷不记字数。《集解序》后有“建安黄善夫刊于家塾之敬室”木记二行，《目录》末页有“安成郡彭寅翁棨于崇道精舍”木记二行，此页是依元至元二十五年彭寅翁本补抄。在狩谷棭斋求古楼旧藏，北京图书馆现藏本中，此处有“建安黄氏刻梓”篆字木记一方。因上杉家旧藏，现日本国立历史民俗博物馆藏本此页缺，尚不能完全肯定“建安黄氏刻梓”五字是黄善夫本原刻。不记刊刻年月。宋讳玄、贞、讓、慎、殷、弘、征字缺笔。目录中，《伯夷列传》为第一，《老子庄子列传》为第三，而正文中，《老子伯夷列传》成了第一。此本虽为完本，但仍有二十余页补写页：《目录》第十八页；卷四十六第二页后半页；卷四十七第三十、三十一页；卷五十五第十五页；卷六十六第八页至十一页；卷六十七第一页前半页；卷六十九第二十七页、二十九页后半页；卷七十第一页前半页；卷七十三第六页、第十页；卷七十九第四页、第七页；卷九十二第十三页至十七页；卷九十三第七页、第八页；卷一百五十第三十一页，均为后人补写。亦有脱落重复之处：卷三十一第二页前半页第六行全脱（张元济在涵芬楼百衲本二十四史影印本中补入“伯仲雍之后得周章周章已君吴因而封之乃”十八字）；卷百二十八第二十七页后半页第三、四行与第六、七行重复（张元济在涵芬楼百衲本二十四史影印本中删去第六、七行）。

黄善夫本的文本形态较其前诸本都为整齐而有条理，为后世《史记》诸本所继承。此本应引起注意之处有两点：《老子列传》为列传第一，此与黄善夫本的版本系统有一定关系。下文将涉及此点。

（二）黄善夫本与诸本关系考

1. 与《集解》本关系考

从第一部《史记》刻本——淳化本产生到南宋黄善夫本，历时二百年。最初的《史记》刻本及其以后的相当一个时期，皆为《集解》单注本。其间《史记》多经雕刻，虽版本繁杂，但皆各有所承，只因刊本多有亡佚，寻究各本所属系统并非易事。但依现存版本，也可以对某本所属版本系统有所确定。黄善夫本虽为三家注合刻本，但其正文及《集解》注文与单注本基本相同。这就使我们思考一个问题，黄善夫本是否以某一《集解》本为基础，增加《索隐》《正义》而成，也就是说，黄善夫本的正文及《集解》注文与某一《集解》本属于同一版本系统。经过全面考察，黄善夫本与现存的《史记集解》本正文及《集解》注文多有不同，不是对某一《集解》单注本的直接继承。现以四卷《本纪》为例卷，证明其与各《集解》本的关系。

《五帝本纪》　①“艺五种”，景祐本、杏雨藏本、朱中奉本、北大藏本、淮南路本“艺”作“蓺”。②“举风后、力牧、常先、大鸿以治民”，《集解》：“黄帝相也”，景祐本、杏雨藏本、朱中奉本、北大藏本、淮南路本“黄帝相也”后有“大鸿见《封禅书》”六字。③“众皆于尧曰”，景祐本、杏雨藏本、朱中奉本、北大藏本、淮南路本“皆”下有“言”字。④“烝烝治不至奸”，景祐本、杏雨藏本、朱中奉本、北大藏本、淮南路本下有《集解》注“孔安国曰不至于奸恶”九字。⑤“同律度量衡”，《集解》：“律音同阴律度”，景祐本、杏雨藏本、朱中奉本、北大藏本、淮南路本无“阴”字。⑥“即求尝在侧”，景祐本、杏雨藏本、朱中奉本、北大藏本、淮南路本“尝”作“常”。

《夏本纪》　⑦“壶口治梁及岐”，《集解》：“在河东北屈”，景祐本、杏雨藏本、朱中奉本、北大藏本、淮南路本“屈”字下有“县之东南”四字。⑧“雷夏既泽，雍、沮会同”，《集解》：“在济阴城阳”，景祐本、杏雨藏本、朱中奉本、北大藏本、淮南路本“阳”字下有“县西北”三字。⑨“海岱及淮维徐州”，景祐本、杏雨藏本、朱中奉本、北大藏本、淮南路本“维”作“惟”。[按贺次君谓各本“惟”作“维”，此（淮南路本）与《禹贡》同。贺说误，宋本皆作“惟”，不作“维”。]

《殷本纪》　⑩“子相土立”，《集解》：“宋衷曰”，宋本“衷”作“忠”。⑪“子报丁立”，《集解》：“报音博冒反”，黄善夫本脱此

注。⑫"汤始居亳",《集解》:"梁国谷熟为南亳",景祐本同,杏雨藏本、朱中奉本、北大藏本、淮南路本"熟"作"孰"。⑬"伊尹名阿衡",《索隐》:"皇甫谧云:'伊尹,力牧之后'",宋本"云"作"曰"。⑭"作女鸠女房",《集解》:"二篇皆所以丑夏而还之意也",淮南路本同,景祐本、杏雨藏本、朱中奉本、北大藏本"皆"作"言"。⑮"封纣比干之墓",杏雨藏本、北大藏本同,景祐本、淮南路本无"纣"字,朱中奉本作"封空比干之墓"。⑯"封子武庚禄父",杏雨藏本、北大藏本、朱中奉本同,景祐本、淮南路本"封"下有"纣"字。

《周本纪》 ⑰"自漆沮度渭",景祐本、杏雨藏本、淮南路本、朱中奉本、北大藏本"度"皆作"渡"。⑱"季历娶太任",《集解》:"太姜有台氏之女",杏雨藏本、朱中奉本、北大藏本同,景祐本、淮南路本"台"作"任",他本作"吕"。⑲"以请纣去炮烙之刑",朱中奉本同,景祐本、杏雨藏本、北大藏本、淮南路本"烙"作"格"。⑳"西伯盖受命之君",景祐本、杏雨藏本、淮南路本、朱中奉本"君"下有"也"字。㉑"小子受先功,毕立赏罚",景祐本、杏雨藏本、淮南路本、朱中奉本"立"作"力"。㉒"武王朝至于商郊牧野",景祐本、杏雨藏本、淮南路本、朱中奉本"以"作"于"。㉓"百夫荷罕旗以先驱",《集解》:"云罕九旒。薛综曰旒旗名",景祐本同,杏雨藏本、朱中奉本、淮南路本"旒"作"斿"。㉔"日夜劳来我西土",朱中奉本同,景祐本、杏雨藏本、淮南路本、北大藏本"来"下有"定"字。㉕"以存亡国宜告武王亦丑",杏雨藏本、北大藏本同,景祐本、朱中奉本、淮南路本重"王"字。㉖"东代淮夷残奄",朱中奉本同,景祐本、杏雨藏本、北大藏本、淮南路本"代"作"伐"。㉗"公行不下众,王御不参一族",《集解》:"韦昭云",景祐本、杏雨藏本、淮南路本、朱中奉本"云"作"曰"。㉘"诸侯复立懿王太子燮",景祐本、杏雨藏本、淮南路本、朱中奉本"燮"作"爕"。㉙"大夫芮良正谏厉王曰",景祐本、杏雨藏本、淮南路本、朱中奉本"正"作"夫",黄善夫本误。㉚"师箴,瞍赋,蒙诵",《集解》:"朦主弦歌讽诵箴谏之语也",景祐本、杏雨藏本、淮南路本、朱中奉本"弦"作"弦"。㉛"厉王出奔于堯”，景祐本、杏雨藏本、淮南路本、朱中奉本“奔”作“犇”。㉜“乃料民于太原”，《集解》：“汉江之门”，宋本“门”作“间”，黄善夫本误。㉝“有寇至则举熢火”，景祐本、杏雨藏本、淮南路本、朱中奉本“熢”作“烽”。㉞“庄王嬖姬姚生子颓”，景祐本、杏雨藏本、淮南路本、朱中奉本“颓”作“穨”。㉟“不与厉公爵”，《集解》：“惠王以后之鞶鑑与郑厉公”，景祐本、杏雨藏本、淮南路本、朱中奉本“郑”字作“之”。㊱“郑居王于泛”，景祐本、杏雨藏本、淮南路本、朱中奉本“于”作“于”。㊲“信东周也”，《集解》：“姓氏谱云”，景祐本、杏雨藏本、淮南路本、朱中奉本“谱”作“注”。㊳“秦庄襄王灭东西周”，《集解》：“偃师巩緱氏”，景祐本、杏雨藏本、朱中奉本、北大藏本“巩”作“蛩”，淮南路本作“维”。㊴“而周复都丰镐”，景祐本、杏雨藏本、淮南路本、朱中奉本“镐”作“鄗”。

经过核校，四卷《本纪》中，黄善夫本与诸宋本异文三十九处，黄善夫本或异于诸宋本，或时而同于此宋本，时而同于彼宋本，其与诸宋本的差别较为明显，与任何一宋《集解》本均无直接继承关系。黄善夫本异于诸宋本的现象，反映出其与《集解》单注本版本系统上的差别。

2. 二家注合刻本关系考

在黄善夫三家注合刻本产生之前，已有《集解索隐》二家注合刻本，即刻于南宋孝宗乾道七年（1171）的建安蔡孟弼东塾刻本、刻于南宋孝宗淳熙三年（1176）的张杅桐川郡斋刻本、刻于淳熙八年（1181）的澄江耿秉重修桐川郡斋本。在此三家二家注合刻本之前尚有据说是刻于南宋高宗绍兴（1131—1162）间的杭州本。此本已残，仅余十卷存于清人刘燕庭所集百衲本中。《集解索隐》本已开《史记》合刻之先，黄善夫本刊于南宋光宗绍熙五年（1194）至宁宗庆元二年（1196），不能不说是受了二家注合刻本的启发。黄善夫本既然与《集解》本系统有别，那么黄善夫本或许在某一二家注合刻本的基础上又加入了《正义》，而形成了三家注合刻本。今以黄善夫本与二家注合刻本相校，探究黄善夫本与二家注本间版本关系。

（1）黄善夫本与蔡梦弼本

蔡梦弼本是最早的二家注合刻本，如本章第四节所述，在蔡梦弼本之前无二家注本。蔡本为二家注本之先，流传亦广，势必对其后的《史记》注文合刻产生了积极的影响。因此考察蔡梦弼本与黄善夫本的异同，是研究黄善夫本版本来源的重要途径。

据目前所知，蔡本有四种存世。一为存三十九卷本，一为存九十二卷本，一为存百十三卷本，一为存百二十九卷本。北京图书馆所藏为九十二卷本，其中卷百二十至卷百二十三配宋淳熙八年耿秉重修张杅桐川郡斋本；卷百零一、卷百一十配清顾柔嘉抄本；卷百零二配宋绍兴杭州刻本；卷三十四《燕召公世家》为残卷。在文本形态上，蔡本与黄善夫本基本一致。今以《世家》四卷，《列传》十一卷例卷，考察黄善夫本与蔡本的关系。

《燕召公世家》　①"哥咏之"，黄善夫本同，他本"哥"作"歌"。②"百姓恫怨"，黄善夫本同，他本"怨"作"恐"，蔡本讹。

《陈杞世家》　③"远过陈"，黄善夫本同（影印本改作"还"），他本"远"作"还"，蔡本讹。④"弟平公爕立"，黄善夫本同，他本"爕"作"燮"，蔡本讹。

《宋微子世家》　⑤"弟炀公熙公"，黄善夫本同（影印本改作"立"），他本后"公"字作"立"，蔡本讹。

《卫康叔世家》　⑥"懿公即位好鹤"，黄善夫本同，他本"鹤"作"鹤"（鹤为俗字，见《干禄字书》《龙龛手鉴》）。⑦"君好翟，鹤可令击翟。于是遂入，杀懿公"，黄善夫本同，他本重"翟"字，"鹤"作"鹤"。⑧"晋更从南河度"，《集解》："齐之东南流河也"，黄善夫本同，他本"齐"作"济"，蔡本讹。⑨"子君角立"，《索隐》："《年表》与此不同，徐注备矣"，黄善夫本同，他本无《索隐》注。

《鲁仲连列传》　⑩"犹豫不能自决"，黄善夫本"豫"作"预"。⑪"出遂之收"，黄善夫本"之"作"不"。

《屈原贾生列传》　⑫"眴兮窈窈"，黄善夫本"窈窈"作"窈窕"。⑬"夫差刻败"，黄善夫本同，他本"刻"或作"以"。⑭"控搏"，黄善夫本同（影印本改作"抟"），他本作"抟"。

《刺客列传》　⑮“请益其车骑”，蔡本“益”讹作“登”。⑯“太子恐惧”，他本“太子”后有“丹”字，蔡本脱。⑰“椹其胸”，黄善夫本同，他本“椹”作“揕”，蔡本讹。⑱“箕倨”，黄善夫本“倨”作“踞”，蔡本讹。

《李斯列传》　⑲“开于侧”，黄善夫本“开”作“闲”，蔡本讹。⑳“赐志欲广”，黄善夫本同，他本“赐”讹作“肆”。㉑“戴王”，黄善夫本“王”作“主”，蔡本讹。㉒“周邵”，黄善夫本“邵”作“召”。

《蒙恬列传》　㉓“取成皋”，黄善夫本同，他本“成”作“城”。㉔“筑长城因地形用制险塞”，黄善夫本同，他本“制险”倒。㉕“公子胡亥”，与景祐本、杏雨藏本及黄善夫本同，他本“公子”作“少子”。㉖“复贵事”，黄善夫本同，他本“贵”下有“用”字，蔡本脱。

《张耳陈余列传》　㉗“右提左挈”，黄善夫本“左右”互易。

《司马相如列传》　㉘“相如乃与驰归”，黄善夫本同，他本“驰归”后有“成都”二字。㉙“布获闳泽”，黄善夫本同（影印本改作“濩”），蔡本“获”作“濩”。㉚“岩陀”，黄善夫本“陀”作“陁”。㉛“蜼蠼飞鸓”，黄善夫本同（景印本改作“玃”），他本“蠼”作“玃”。㉜“宫宿馆客”，黄善夫本同，他本“客”作“舍”。㉝“然后杨节而上浮”，黄善夫本同（影印本改作扬），他本“杨”作“扬”。㉞“普天之下莫非王土”，蔡本与他本同，黄善夫本“非”作“匪”。㉟“德洋洋而恩普”，蔡本与景祐本、杏雨藏本，黄善夫本重“而”字。㊱“形容甚臞”，黄善夫本同，他本“臞”作“曜”。㊲“责唐蒙等”，与景祐本、杏雨藏本、淮南路本同，与《汉书》合。㊳“其词”，黄善夫本“词”作“辞”。㊴“猋风”，黄善夫本同，他本“猋”作“焱”。㊵“厮征伯侨而役羡门兮”，黄善夫本“伯”作“北”。㊶“侄入雷室之砰磷郁律兮”，黄善夫本“侄”作“径”。㊷“赤幸有三足乌为之使”，黄善夫本同，他本“赤”作“亦”，蔡本讹。㊸“君子之能”，黄善夫本“能”讹作“熊”。㊹“依类记寓”，黄善夫本同，他本“记”作“托”。《札记》：“‘托’从旧刻，与《汉书》、《文选》合。据《集解》则本是‘托’，他本作'记'非。"

《淮南衡山列传》 ㊺"昔秦绝先王之道"，黄善夫本同，他本"先王"作"圣人"。㊻"一船之载"，蔡本脱"一船"二字，黄善夫本同。㊼"天下安宁有万倍于吴楚之时"，黄善夫本同，他本"吴楚"作"秦"。㊽"淮南王有女陵，彗，有口辩"，黄善夫本同，他本"彗"作"慧"。㊾"女子纷绩不足以盖形"，黄善夫本同（影印本改作"纺"），他本"纷"作"纺"。㊿"徙郡国豪杰任侠及有耐罪以上"，黄善夫本同，他本"杰"作"桀"。51"死劾庆死罪"，黄善夫本同（影印本改作"故"），他本前"死"字作"故"，蔡本讹。52"坏人家以为田"，黄善夫本同（影印本改作"冢"），他本"家"作"冢"，蔡本讹。53"为置吏二百石以人"，黄善夫本同（影印本改作"上"），他本"人"作"上"，蔡本讹。54"衡山使人上书"，黄善夫本同，他本"衡山"下有"王"字。55"吏称嬴"，黄善夫本同（影印本改作"捕"），他本"称"作"捕"，蔡本讹。56"信哉是也"，黄善夫本同，他本"是"下有"言"字，蔡本脱。

《儒林列传》 57"伐秦"，黄善夫本"伐"作"代"。58"然齐鲁之门学者独不废也"，黄善夫本同，他本"门"作"间"，蔡本讹。59"其高第可以为郎中者"，黄善夫本同，他本"第"作"弟"。

《酷吏列传》 60"事下汤"，黄善夫本无"事"字。61"使使捕案汤左右信等"，黄善夫本同（影印本改作"吏"），他本后"使"字作"吏"，蔡本讹。62"偏见汤贵人"，黄善夫本同，他本"偏"作"徧"，蔡本讹。63"纵一补鞠曰"，黄善夫本同，他本"补"作"捕"，蔡本讹。64"为纵爪牙之吏任用"，黄善夫本同，他本"爪牙"作"牙爪"。65"官事寖以耗废"，黄善夫本同，他本"耗"作"秏"。66"广汉李贞檀磔人"，黄善夫本同，他本"檀"作"擅"。

《大宛列传》 67"善贾氏"，黄善夫本同，他本"氏"作"市"，蔡本讹。68"为发道绎抵康居"，黄善夫本同（影印本改作"驿"），他本"绎"作"驿"。69"威德徧于四海"，蔡本与他本同，黄善夫本"徧"讹作"偏"。70"数月功"，黄善夫本"月"作"有"，蔡本讹。71"酒泉张掖北至居延"，黄善夫本同（影印本改作"置"），他本"至"作"置"，蔡本讹。72"窥知申生军曰少”，黄善夫本同，他本“曰”作“日”，景祐本无“曰”字。⑬“故待遇汉使善者为昧蔡”，黄善夫本“为”作“名”，蔡本讹。

以上以四世家、十一列传为例卷，考察了黄善夫本与蔡本的异同，从中可以看出，蔡本独自异于他本的文字极为少见，而且皆为明显的误刻，后世本一般不会沿袭此类误字。所以，在探究版本间承继源流时并不以此类异文为根据。除去此类异文，黄善夫本与蔡本的一致率甚高。蔡本与黄善夫本同而异于其他宋本，反映出二本的版本渊源关系。这是蔡本与黄善夫本区别于其他宋本的一个显著特点。在此类文字中，基本是蔡本与黄善夫本所误相同，二本同误率如此之高，不能说是偶然现象。黄善夫本承袭蔡本明显的讹误，既证明了黄善夫本依据蔡本上版刊刻，亦体现出黄善夫本校勘不精之弊。在同一卷中，二本分别同于他本的情况极为少见，更应考虑二本的继承性。以《司马相如列传》为例，全卷蔡本与他本的异文计十六处，仅四处与黄善夫本不同，其余十二处蔡本与黄善夫本皆同而异于他本。与其他宋本相比，黄善夫本更近于蔡本。

蔡本、黄善夫本与其他宋本不同，反映了二本与现存的宋本，如景祐本、杏雨藏本、淮南路本不是属于一个版本系统。蔡本《补史记序》《乐书》《历书》及刘氏百衲本中的《秦楚之际月表》《汉兴以来诸侯年表》后均有“建谿蔡梦弼傅卿谨案京蜀诸本校理寘梓于东塾”二十字题记，据此，知蔡本所据《集节》本不主一本，而是按“京蜀诸本”校理而成，故与其他宋本有异。蔡本与黄善夫本同而异于他本，显然是黄善夫本对蔡本的承继。蔡本产生早于黄善夫本二十余年，在时间上，为黄善夫本继承蔡本提供了可能。

黄善夫本刊于建安，蔡本亦为建安刊本，从目前所能掌握的资料考察，建安是私家刻书最集中而又最发达的地区，《史记》的最初私刻本——朱中奉本就产生于建安附近的邵武。私家刻书，往往以赢利为目的，将二家注、三家注集于一本之下，势必受士人欢迎，故刻书家首创合刻体例。观蔡本、黄善夫本皆为建安刊本，可证合刻之风于闽地尤盛。可以肯定，在黄善夫刊刻三家注合刻本之时，毫无疑问是能够见到蔡本的，也正是因此受到启发而将三家注合为一刻，而蔡本又为三家注合刻提供了版本的依据。

（2）黄善夫本与耿秉本

蔡梦弼《集解索隐》二家注合刻本刊行后五年，宋淳熙三年(1176)，张杅于常州又刻二家注合刻本。淳熙八年，耿秉重修张杅本，与张杅本无大异，可视为同本。蔡本与耿本虽同为二家注本，但如前所述，二本来源不同，不属同一版本系统。从时间上考察，张杅桐川郡斋本及澄江耿秉重修桐川郡斋本更近于黄善夫本，亦应考虑黄善夫本有无受张本或耿本的影响。在上述所举诸卷中，黄善夫本、蔡本同而异于诸本，同时异于耿本（张杅本与耿本基本相同），故知其与耿本的关系较远。在考察黄善夫本与蔡本的关系时，重在探究二本间及与他本间在正文与《集解》注文上的差异，并未涉及《索隐》注文，其实，在《索隐》注文方面，蔡本与黄善夫本也是极为一致的。若从《索隐》注文方面考察，蔡本、黄善夫本与耿本的差异更为明显。

据张杅本目录后淳熙三年张杅跋：“朅来桐川逾季，郡事颇暇，因搜笥中书，蜀所刊小字者偶随来，遂令中字书刊之。”知其所据底本为蜀刻《集解》本。在蜀本基础上加入《索隐》。而蔡本是在参校京、蜀诸本后形成的一《集解》本的基础上附一《索隐》本，故知二本不仅正文有明显差异，所据以合刻的《索隐》亦不相同。耿本与蔡本的差异，由黄善夫本与耿本的比勘亦可得到反映。今以《宋微子世家》为例卷，试观二本异同。

①“崇侯虎知之，以告纣”，《索隐》：“即今之黎亭是也”，黄善夫本、蔡本无“是也”二字。②“若涉水无津涯”，《索隐》：“徐广曰典国典也”，黄善夫本、蔡本无此七字。③“箕子者，纣亲戚也”，《索隐》：“有箕子冢焉”，黄善夫本、蔡本无“焉”字。④“纣始为象箸”，《索隐》：“周礼六尊”，黄善夫本、蔡本“尊”作“樽”。⑤“纣为淫佚”，黄善夫本、蔡本“佚”作“泆”。⑥“故传之曰箕子操”，《索隐》：“不惧不慑”，黄善夫本、蔡本“慑”作“摄”。⑦“我不知其常伦所序”，《索隐》：“言我不知天所以定民之常道次叙”，黄善夫本、蔡本“叙”作“序”。⑧“宋襄公为鹿上之盟”，《索隐》：“诈未合至女阴鹿上”，黄善夫本、蔡本“诈”作“计”，“女”作“汝”。⑨“去而取郑二姬以归”，《索隐》：“谓郑夫人芈

氏”，黄善夫本、蔡本“夫人”作“大夫”。⑩“宋败长翟缘斯于长丘”，《索隐》：“又合谥昭乎”，黄善夫本、蔡本“合”作“岂”。⑪“子景公头曼立”，《索隐》“音万”，黄善夫本、蔡本作“按曼音万”。⑫“国以不宁者十世”，《索隐》：“按春秋公羊有此说”，黄善夫本、蔡本“春秋公羊”作“公羊春秋”。⑬“宋襄之有礼让也”，《索隐》：“卒传冢嗣”，黄善夫本、蔡本“冢”作“家”。

仅此一卷，即已体现出耿本与黄善夫本的明显差异，同时亦反映出黄善夫本与蔡本具有较高的一致性。耿本是桐川张杅郡斋本的重修本，基本保持了张杅本的原貌。张杅本刊于孝宗淳熙三年（1176），晚于蔡本五年。但张杅未曾见过蔡本，其所据蜀小字《集解》本及合入此本的《索隐》单注本，均与蔡氏所据本异。后五年（1181），耿秉重修张杅本，也只是加进了原来所删去的九篇，所以蔡本与耿本的正文与注文均多有不同。黄善夫本虽与耿本年代相近，但并没有采用耿本。

（三）黄善夫本底本考

从文字异同方面考察，黄善夫本与蔡刻二家注合刻本相近，若仅以此而论，不妨可以说黄善夫本以蔡本为底本而又加入了《正义》，是为三家注合刻之始。但二本的篇卷结构存在明显不同，黄善夫本老子与伯夷同为列传第一，而蔡本以伯夷为列传之首，合理解释这一现象，对确定蔡本与黄善夫本的版本关系尤为重要。

黄善夫本以老子为列传之首，是《史记》版本一特殊现象。观《太史公自序》：“末世争利，维彼奔义；让国饿死，天下称之。作伯夷列传第一。”“李耳无为自化，清净自正；韩非揣事情，循艺理。作老子韩非列传第三。”知《史记》原本是《伯夷列传第一》，《老子列传第三》，今所见《史记》诸本，除黄善夫本系统与景祐本（景祐本与黄善夫本亦有别，见下文）外，皆与《太史公自序》所列次第同。出现这种现象，是封建王朝人为制造的结果。其一出现在唐代：唐尊老子为玄元皇帝，唐玄宗开元二十三年敕升老子为列传之首，处伯夷上。其二在北宋末：吴曾在《能改斋漫录·记事门·诏〈史记〉升老子为列传首》中说：“政和八年，诏《史记·老子传》升为列传

之首，自为一帙，《前汉书·古今表》叙列于上圣，其旧本并行改正。”黄善夫本虽以老子为列传之首，处伯夷之前，却不能认为是奉敕、诏行事：1. 黄善夫本刊于南宋，无奉唐开元敕书之理。2. 北宋虽有政和八年升老子为列传之首之诏，但并未真正实行，仅政和间补刊景祐本时，以此诏改定了原本的次第，而南宋刊刻的诸本《史记》均未从此诏。黄善夫本的列传次第如此排列另有因由，而且与黄善夫本所据底本有直接关系。

黄善夫本刊于光宗末年，在其前确有据徽宗政和八年诏而改易《史记》列传次第之事，即今所见到的景祐本。然此次改定仅是将《老子列传》抽出置《伯夷列传》前，同为列传第一，与黄善夫本次第不同。黄善夫本老子、庄子皆提至伯夷前，而景祐本则庄子、申、韩为一卷。黄善夫本在《老子伯夷列传·正义》后有注“监本老子与伯夷同传第一，庄子与韩非同传第三”，此注文当为黄善夫所加，其所说的“监本”即指景祐本而言。可见黄善夫本老庄列传的排列次第与政和八年的诏令无关。

贺次君也认为黄善夫本列传的次第与其所据底本有关，他据《能改斋漫录》，说：“据此可知黄氏所据为徽宗政和以后，重和、宣和间刊本矣。”[①] 是谓黄善夫本之前已有三家注合刻本，并进一步推测“此本与监本同列老子于卷首，或是据徽宗时另一改定本翻刻耶?”此说与其“绍兴诸刻皆止《集解》”之说相互矛盾。[②] 绍兴时尚无三家注合刻本，更何况徽宗时期。徽宗时期不要说《史记》三家注合刻，二家注合刻也未产生。在此贺先生混淆了唐、宋两次提升老子为列传之首的敕（诏）令，故作出了不符合事实的推测。黄善夫本列传次第如此排列，与《正义》本有直接关系。

《老子列传》在《史记》中的位置，因时代的不同而有所变动，但并不复杂，只有三种形式，即：伯夷自为列传，老、庄、韩非同传，单《索隐》本如此；老、庄、伯夷同传，韩非子为列传，单《正义》本如此；老子、伯夷同传，庄子、韩非同传，宋监本如此。

---

① 贺次君：《史记书录》，商务印书馆1958年版，第96页。

② 同上。

单《索隐》本存司马迁之旧，《正义》本从唐玄宗开元二十三年之敕令，宋监本则从宋徽宗政和八年之敕令。唐宋两朝都将老子升为列传之首，唐朝既升了老子，并及庄子得以同升。宋朝则只升老子，而不及庄子。这是两朝的差异。黄善夫本依《正义》本，老庄列传的次第是从唐朝旧本，与宋朝改定本并无关系。黄善夫本《正义》后注文亦明言："《正义》本老子庄子伯夷居列传之首，《正义》曰：'老子庄子开元二十三年奉敕升为列传首，处夷齐上。'然汉武帝之时，佛教未兴，道教已设，道则禁恶，咸致正理，制御邪人，未有佛教可导，故列老庄于韩之上。今既佛道齐妙，兴法乖流，理居列传之首也。今依《正义》本。"又《申不害韩非列传》下注："开元二十三年敕升老子庄子为列传首，故申韩为此传。"《正义》完成于唐开元二十四年，故奉敕升老庄为《史记》列传之首。《正义》本三十卷，如单《索隐》本标字列注，不与《史记》正文相比附，知黄善夫本《史》文及《集解》《索隐》注文非出自《正义》本，而是另有所据。上文已经证明黄善夫与蔡本相近，黄善夫以蔡本为底本，首次引入《正义》，刊成三家注合刻本，然将老庄列传次第改从《正义》本，这便是黄善夫本的形成过程，由此更足以说明是黄善夫本是三家注合刻之始。

黄善夫首创三家注合刻，其后《史记》三家注合刻本皆为黄善夫本所从出，均以老子、庄子居《伯夷传》之前，同为一卷居第一，申不害、韩非为一卷居第三。王鸣盛亦认为这种次第是从《正义》本，他说："常熟毛氏刻《集解》及《索隐》皆《伯夷列传第一》，《老子韩非列传第三》，此原本也。而震泽王氏刻盖《正义》本也。开元二十三年奉敕升老子，庄子因老而类升，张守节从之。"① 王氏虽知王震泽本列传次第从《正义》本，而不知此实承黄善夫本而来。贺次君先生说："明代嘉靖三刻，与此本（黄善夫本）行款一贯，秦藩本除校雠不精外，大体与黄善夫本不异，或即翻刻黄善夫本。而柯、王两本《史》文及注则颇不同，疑柯、王、秦藩三本与黄氏皆祖一本，惟黄氏本特加校雠，正其舛讹，亦如所刻《汉书》然，故

---

① 王鸣盛：《十七史商榷·正义改列传之次》，中国书店出版社 1987 年版，第 30 页。

较柯、王诸本少错而完备。”① 贺氏疑嘉靖三刻“与黄氏皆祖一本”，是谓黄善夫本之前已有三家注合刻本，实是无据揣测，所疑不当。

五　黄善夫本的版本价值

黄善夫本开创了《史记》三家注合刻的体例，功不可没。贡献不仅在于免除读者披览正文，又检注解，左翻右阅之烦劳，更为重要的是，它使《正义》赖以流传。同时，对《索隐》也有保存之功。

张守节《史记正义》三十卷，完成于唐开元二十四年，其始单行。现在所能见到的早期《史记》版本，从唐抄本至北宋刻本皆为《集解》本，《正义》单本只见于史志著录，而未见到原本。只能根据单本《索隐》的形式去推想《正义》本的形态，黄善夫之前的《史记》版本无载《正义》者。或云恰因三家注合刻，才导致《正义》本的失传，此说有欠公允。古代典籍流传的一条普遍规律是单行之书极易亡佚，更何况如《正义》不载《史记》全文，是与正文分行的注释书。所以，《正义》幸与《史记》正文及二家注合刻，才得以流传至今。黄善夫本所载《正义》是今所存《正义》文最全的刊本，明代闽中廖铠本、金台汪谅本（莆田柯维熊校正，亦称柯本）、震泽王延喆本及秦藩本皆与黄善夫本有直接或间接的承继关系，属黄善夫本系统。莫友芝《郘亭知见传本书目》卷四《史记正义》下注云：

> 明嘉靖四年震泽王延喆刊本，是年汪谅刊柯维熊校本，十三年秦藩刊本，俱翻宋板，每半页十行，行大字十八字，小字二十三。柯本《索隐序》后有“绍兴三年四月十二日右职郎充提举茶盐司干办公事石公宪发刊，至四年十月二十日毕工”三行，知三本并出绍兴本也。

钱泰吉《甘泉乡人稿》卷五、邵懿辰《四库简明目录》，均据

① 贺次君：《史记书录》，商务印书馆1958年版，第96页。

《索隐序》后有绍兴三年石公宪发刊题记，并谓柯本出自绍兴本。今原柯本两部及北京图书馆所藏原刻初印本，《索隐序》后俱无绍兴三年石公宪发刊题记。《四库简明目录标注》有缪荃孙附录云："石公宪本，沪上出一书，为某姓以二千元得之，曾过目，止有《集解》，而有《索隐序》，官衔系两行，非柯本所出，柯本出于白鹿本也。"

贺次君说：

> 费懋中云："金台汪谅得旧本，遂重刻焉"，柯云："京师汪子得《史记》旧本，欲翻以布，属余校正焉。"是所谓旧本者，即南宋所刻，与黄善夫本同，又即王延喆、秦藩二本所从出者。汪谅所得旧本非即黄善夫本，但其间关系至为密切……据此则汪谅所得本，即同时王延喆据以翻刻者，与南宋黄善夫本俱为徽宗重和、宣和间升老子为列传之首后所刊三家注合刻本，惟黄善夫本曾加校仇，刊正舛讹，故略胜它刻。若谓王、柯本皆祖黄善夫本，是仅见其行款幅式一贯，实未深考其《史》文及注之异同耳。

张元济《百衲本二十四史》黄善夫本《史记》跋尾说：

> 明代覆刻黄善夫本者有震泽王延喆及秦藩鉴抑道人二本，同时尚有莆田柯维熊本，行款相同，或谓其亦出黄氏。又云："震泽王本亦不尽与黄善夫本同，其所遗失不少概见，必其所得黄善夫本重有残佚，不得已以他本足之，故有若干叶行数字数不能与黄善夫本密合。"然王、柯两本虽与黄善夫本颇相同，而并非覆刻黄善夫本。王、刻二本虽同祖一本，惟互有残佚，各取他刻补足之。

以上诸家均注意到后出三家注本与黄善夫本的关系，其中以张元济的看法接近实际。而贺次君所谓"王、柯或与黄善夫本同出徽宗重和、宣和间刊本"之说最为无据。上文已对黄善夫本的来源作了探

讨，其与后出三家注本的关系，将在第六章详细论述。

黄善夫本虽在《史记》版本史上占有重要地位，但应当指出，黄善夫本作为建刊本，具有建刊本的明显特点，即校勘不精，脱衍讹误比较严重。前人以其为三家注合刻最早之本，并因其字体嘉美而受到赞誉，如傅增湘曾说：“精雕初印，棱角峭厉，是建本之最精者。”[①] 傅增湘仅是就此本的刻印形式而发出的赞叹，其对朱中奉本亦有如此评价，但若深入此本的内容，就会认识到，与朱中奉本一样，黄善夫本并非精善之本。日本学者尾崎康先生在整理黄善夫本的过程中，发现此本讹误严重，指出，以黄善夫本为首的南宋中期建安刊本误字过多，未必称得上善本。小泽贤二也认为不宜对黄善夫本作出过高的评价。水泽利忠先生曾对黄善夫极力推崇，后也修正了原见解，同意尾崎康、小泽贤二的看法。[②] 因黄善夫本传回我国较晚，六十九卷原本常人难能得见，所见为涵芬楼影印本，而此影印本已经张元济做了大量校改，已非黄善夫本原貌。据影印本而评价黄善夫本，未免郢书燕说，于实不符。如贺次君先生曾列举了四十七例，谓“凡此所举，不但可以刊正柯、王两本之讹脱，南宋蔡孟弼、张杅本虽号亦精善，以视此本，奚翅天壤”[③]。贺氏所谓黄善夫本精善之处，皆与柯王本同误，皆经过张元济在影印之际校改，并非黄善夫本原文。现举黄善夫本《封禅书》讹误之文，即见此木文字之一斑。

1.“岱宗，泰山也”，《正义》：“兖州镇曰岱宗”，黄善夫本“岱”下衍“尾”字。2.“北岳，恒山也”，《正义》：“周礼云并州镇曰恒山”，黄善夫本脱“州”字。3.“秦襄公既侯，居西垂”，《正义》：“今在秦州上邽县西南九十里也”，黄善夫本“邽”讹作“封”。4.“于陈仓北阪城祠之”，《正义》：“山有石鸡，与山鸡不别。赵高烧山……或言是玉鸡”，黄善夫本“烧”讹作“绕”，“或”讹作“昔”。5.“磔狗邑四门，以御蛊菑”，《索隐》：“皿虫为蛊”，黄善夫本“皿”讹作“血”。6.“七十二家”，《正义》：“韩诗外传云”，黄善夫本

① 傅增湘：《藏园群书经眼录》，上海古籍出版社1983年版，第169页。

② ［日］水泽利忠：《史记正义研究》，汲古书院1992年版。

③ 贺次君：《史记书录》，商务印书馆1958年版，第98页。

“诗”讹作“书”。7. “则五岳、四渎皆并在东方”，黄善夫本“五”讹作“天”。8. “于是自殽以东”，《索隐》：“崤在弘农渑池县西南”，黄善夫本“池”讹作“弛”。9. “曰华山”，《正义》：“开山图云巨灵胡者”，黄善夫本“开”讹作“关”。10. “水曰河，祠临锦”，《索隐》：“龙鱼河图云”，黄善夫本“龙鱼”互倒。11. “祠汉中”，《索隐》：“汉女，汉神也”，黄善夫本“汉神”作“汉臣”。12. “于湖有周天子祠”，《索隐》：“地理志湖县属京兆”，黄善夫本“湖”讹作“胡”。13. “于亳有三社主之祠”，《索隐》：“京兆杜县有亳亭”，黄善夫本“杜”讹作“社”。14. “九天巫，祠九天”，《正义》：“太玄经云一中天，二羡天，三徒天”，黄善夫本脱“二羡天”三字。15. “其令郡国县立灵星祠”，《正义》：“龙星左角为天田”，黄善夫本脱“田”字。16. “无有所兴，至今天子”，《集解》：“今直载徐义”，黄善夫本“载”讹作“歳”。17. “其游以方徧诸侯”，黄善夫本“徧”讹作“偏”。18. “天神贵者太一”，《索隐》：“乐汁征图曰……天一、太一各一星”，黄善夫本“征”讹作“微”，“各”讹作“名”。19. “其赞飨曰”，《索隐》：“汉旧仪云‘赞飨一人，秩六百石’也”，黄善夫本“旧”讹作“书”。20. “以牡荆画幡日月北斗登龙”，黄善夫本“牡”讹作“壮”。21. “甘泉则作益延寿观”，《索隐》：“汉武故事云”，黄善夫本“武”误作“帝”。

以上仅举《封禅书》一卷，既见二十余处讹误，以此可说黄善夫本不仅不能称为善本，比之耿本、蔡本亦稍为逊色。上文曾论及黄善夫本与蔡本有版本的承继关系，但黄善夫本这些讹误并非由蔡本而来，而是刊刻不精所致。这是建本的通弊。黄善夫刊刻《史记》的同时亦刊刻了《汉书》《后汉书》，其刊刻质量如同《史记》。傅增湘曾谓黄善夫所刻《后汉书》“校勘未精，差失时见，何小山至斥为闵市恶本”[①]。顾广圻对《汉书》的评价亦同此，发出“每之冏（问）而愈况，胡项背之敢望”的慨叹。[②]《汉书》《后汉书》的牌记已改为

① 傅增湘：《藏园群书题记·宋刊〈后汉书〉残本跋》，上海古籍出版社1989年版，第77页。

② 顾广圻：《百宋一廛赋》，载《清人书目题跋丛刊六》，中华书局1993年版，第399页。

"建安刘元起（之问）刊于家塾之敬室"。据日本学者阿部隆一考证，三史的校订出版是之敬室同人数人的工作，主持人是黄善夫。《汉书》刊行以后，黄善夫不知何因去世，副主持人刘元起（之问）代替了黄善夫，牌记也就改为"刘元起刊于家塾之敬室"①。三史皆出于之敬室数同人之手，黄善夫本《史记》刊刻质量较差也就不足为奇了。

黄善夫本《史记》存在大量的脱、衍、误、倒现象，涵芬楼将此本收入百衲本二十四史时，经张元济校订，这些讹误大部分得到了纠正，所以影印本已不是黄善夫本的原貌了。如《乐书》：

1. "爵举贤，则政均矣"，《正义》："而又言举禄者"，彭寅翁本同，各本"禄"作"贤"，影印本改作"贤"。2. "治定制礼"，《正义》："故名礼乐章"，彭寅翁本同，各本作"乐礼"，影印本改作"乐礼"。3. "地气上济，天气下降"，彭寅翁本同，各本"济"作"隮"，影印本改作"隮"。4. "是故微焦衰之音作"，彭寅翁本同，各本"故"下有"志"字，影印本补"志"字。5. "是故先王之性情"，《正义》："此言乐章第二段也"，彭寅翁本同，各本作"乐言"，影印本正。6. "水烦则鱼鳖不大"，《正义》："故此前以天地为譬"，黄善夫本"以天地"作"弘天也"，影印本改作"以天地"。7. "然后圣人作为鞉、椌楬、壎、篪"，《索隐》："大如鹅子，形似锤"，黄善夫本"锤"作"锺"，影印本改作"锤"。8. "有司失其传也"，《正义》："贾答言武王伐有贪"，彭寅翁本同，各本"伐"作"非"，影印本改作"非"。

仅依《乐书》，即可得知黄善夫本与涵芬楼影印本的差别。从版本学的角度划分，黄善夫本与涵芬楼影印本已不可视为同本，因其所作的改动之大，已远远超出了影印的界限，所以，在《史记》版本研究上，不应将二本混同为一。

（原载《北京大学古文献研究中心集刊》第2辑，北京大学出版社2001年版）

---

① ［日］水泽利忠：《史记正义研究》，东京汲古书院1992年版。

日本南化本《史记·秦始皇本纪》疏证

本文及以下五篇“疏证”是以日本室町时代及其以前的《史记》古注为研究物件，对其进行综合疏理及考证。

日本学者注解《史记》，以镰仓时代（1192 —1333）为发轫期，至室町时代（1338—1573）达到高峰。此时期是日本汉学研究最辉煌时期，也是《史记》注解的全盛时期。但该时期的古注原本大多亡佚不存。室町时代，日本京都建仁寺僧人月舟寿桂（1460—1533）及其弟子们将能见到的《史记》古注，抄录在《史记》黄善夫刊本（此本国内不存，被日本列为“国宝”，今藏日本历史民俗博物馆）板页的边栏外，或抄为另页，附于每篇之后，致使这些弥足珍贵的古注流传至今。这些古注，字体行草相兼，中国、日本汉字混合使用，注文排列，或横或纵，杂乱无序。而且所引古籍或简称其书名，或以作者名代指书名，或删节，或增益。正因为如此，要确定某注为何句注解、所书古字、俗字、僻字、讹字为何字，均非易事。往往为辨一字，竟要翻阅数部文献。

疏理考证《史记》日本古注对《史记》研究及依靠《史记》研究中国古代社会、历史、文化具有重要参考价值，具有全新特色。同时，日本古代学者在注解中所体现的社会历史观，有利于学术界认识了解日本古代的《史记》研究状况。更为重要的是，这些古注所引用的《古本论语》、三国蜀谯周的《古史考》，晋孔衍庐藏用注《春秋后语》、南朝梁的邹诞生的《史记音》、唐的刘伯庄的《史记音义》、陆善经的《史记注》等六朝以前以及隋唐以前的佚书，引用日本南北朝时期藤原英房《史记说》及室町时代僧人南化玄兴、桃源瑞仙、灵元的《史记》注及博士家《史记》说等，今皆不存，其吉光片羽尚弥足珍贵，况如此集中出于一处，实乃学术界之幸事！另外，以往《史记》研究，基本以《史记集解》《史记索隐》《史记正义》为根据，而日本古注所引的大量古文献内容，或可补三家注之不足，或可纠三家注之谬误。其爬梳归纳、条分缕析之结集，为后人留下了珍贵的资料。如古注大量引用胡三省在《资治通鉴注》中考证评论《史记》的内容，拓展了《史记》研究的范围，也启发了学者审视相关古文献对研究《史记》的价值。至于所引其他经史文献，如《尚书》《左传》《国语》《战国策》等，亦对正确诠释《史记》有重要参考价值。

本书在进行过程中，发现以往被学术界肯定的成果尚有值得商榷的必要。比较明显的是对《史记正义》佚文的研究。20 世纪 30 年代，日本学者泷川资言引用《史记》日本古注中的《正义》佚文，引起学术界的广泛关注。但经过对古注中《正义》佚文的梳理，可以认为，这些佚文真伪相杂，并非完全是真正的佚文。此成果公布后，应该会推动此课题的研究。其他诸如所谓刘伯庄、陆善经等人的《史记注》，也需进行去伪存真的考辨。

此五篇“疏证”遵循“凡例”如下。

○以日本国立历史民俗博物馆藏“南宋黄善夫本《史记》”(1998 年日本汲古书院影印本）为底本，包括《史记》正文、三家注注文及板框外注解文字（以下简称古注)。

○《史记》正文仅截取与古注相关的文字，故不以是否为完整语句为标准，但均以句号结句。与古注文字相关的《集解》《索隐》《正义》注文，亦截取相关文字，排在正文后。正文以该篇文字先后为序，以阿拉伯数字依次排列。

○与正文、三家注文相关的古注，另行空两格，置于正文、三家注文下。

○古注的异体字、俗体字、讹误字、日本汉字均一仍其旧，不作改动；但易引起歧义者，在古注后空两格，以“按语”形式注明。

○因虫蛀、破损等，个别古注文字实难辨识，以□代之。如可确认当为某字者，在“按语”中注明。

○正文文字及三家注文与他本《史记》不同者，即使能证明其误，亦不改动原文，仅在“按语”中指明。

〇古注依据讹误正文或三家注注文进行解说者，在按语中考证，指出其误。

〇日本古注诠解《史记》记载的人物、事件，明显偏误者，在按语中考核订正。

〇古注引用中国古代文献，文字明显失误者，则径改。

〇古注引用中国古文献原文者，原文用引号；引大意者，则不用引号。

〇古注中，“幻谓”“幻按”“幻曰”等，为幻云（月舟寿桂）注语；“师说”“师云”等，为桃源瑞仙注语；“抄云”“抄谓”“抄曰”等，为桃源瑞仙《桃源史记抄》中内容；“《史记》抄”“私云”“私曰”等，为藤原英房所著《史记抄》的内容；“菅家说”“菅曰”“良氏说”“江氏说”“家本”等，均为日本平安时代博士家训解《史记》的内容；“《正义》曰”，基本是室町前期京都南禅寺僧人灵元所辑《史记正义》佚文；“小板”，指日本宫内厅所藏彭寅翁本《史记》；无冠名氏之注者，均为幻云注语。

〇本人按语，以“春按”形式出现。按语不作烦琐考证与评论，而以纠误为宗旨。

〇《史记》百三十卷，然非篇篇皆有古注，如《十表》《历书》等无注语。

1. 秦襄王为秦质于赵。

《正义》曰：质，音致。

2. 生始皇。

始皇以秦昭王四十八年正月生于邯郸。

3. 秦地已并巴、蜀、汉中、越宛有郢。

“宛”，于袁反，又于远反。

4. 蒙骜、王齮、麃公等为将军。

“骜”，五高反，又五到反。《通鉴》胡注：“骜，五到翻。”

5. 元年，将军蒙骜击定之。

幻语：“元年乃即位明年也。”

春按："幻"指幻云。

6. 二年，麃公将卒攻卷。

《通鉴》第六："麃公将卒攻卷"，胡注："《索隐》曰：'麃，邑名。麃公，史失其姓名。'麃，悲骄翻。将，即亮翻，又音如字。卷，逵员翻，邑名。"

"卷"，邹："丘全反，一作'权'。"

春按："邹"指南齐邹诞生《史记音义》。

7. 十月，将军蒙骜攻魏氏暘、有诡。

胡注："徐广音场，《索隐》音畅，《类篇》又直亮翻，仲郎翻。"

8. 蝗虫从东方来，敝天，天下疫。

一本，"天下"之下有"大"字。家本无"大"字。"蝗"，胡孟反，又音皇。

9. 五年，将军骜攻魏，定酸枣、燕、虚、长平、雍丘、山阳城。

《通鉴》："虚，如字。"

"山阳"，《通鉴》胡注："《史记正义》曰：'《地理志》，河内郡有山阳县。'余考之上文，此非河内之山阳，盖班《志》山阳郡之地。"

"蒙"，本。

春按：此"本"字指一本有"蒙"字。

10. 六年，韩、魏、赵卫、楚共击秦，取寿陵。

《通鉴》："楚、赵、魏、韩、卫合从以伐秦，楚王为从长，春申君用事，取寿陵"，胡注："徐广曰：'陵在常山。'《史记正义》云云，余据五国攻秦，取寿陵，至函谷，则寿陵不在新安、宜阳之间，当在河东郡界；常山无乃太远。"

11. 其君角率其支属徙居野王。

"支"，作"枝"，本。胡注："班《志》：'野王县属河内郡。'"

12. 将军壁死，卒屯留、蒲鶮反。

陆曰："反，退返也。屯留，今盾潞州，其却还，故军吏皆有罪。"

春按："陆"指唐陆善经《史记注》。

13. 轻车重马东就食。

"重"，刘云："去奁骑马之索也。"

师说：良马也。陆说："不读马字。"一本作"轻车马"。

春按：刘指唐刘伯庄《史记音义》。

14. 嫪毐封为长信侯。

《通鉴》胡注："师古曰：'嫪，居虬翻；许慎郎到翻；康卢道切。毐，乌改翻。'"

师说云：良家说云："戎狄一君云之舍人，一也。"贺阳说云："戎狄一君云一舍人。一为仁通。"师说：戎狄之君一舍人。一，巨家用此说。

春按："师说"指月舟寿桂（1460—1533）。贺阳、巨家待考。

15. 四月寒冻，有死者。

师说：菅江□曰："四月寒也，冻而有死者。"《五行志》云："此岁寒，民有冻死。"《项羽传》又依此等文为读。《集注》："寒字绝句也。"野及良大夫按："《洪范五行传》云：'始皇之时，四月寒冻，又从死。曰：始皇之时复冻冬雷。'"良大夫说："冻"字绝句。

春按：菅江□待考；"野"字不清，亦待考。

16. 齐、赵来置酒。

师说：置酒乃历难义野。但《文选》置酒如淮泗也。

17. 大梁人尉缭来说秦王。

"尉"如字，又音郁。"缭"，力绍反。

18. 臣但恐诸侯合从，翕而出不意。

师说：翕者聚也。良、江二家说："翕，忽然之意也。"

"翕"，《韵会》作"醮"，注："翕祭，盟誓之义也。子咲反。《史记》作翕，然'初出不意'，言诸侯更从，翕然而出于不意也。"菅说："聚也。"

19. 王翦攻阏与。

《秦本纪》："昭襄王卅八年，攻赵阏与。"孟康云："上焉下预。"刘云："阏，于葛反，下音余。"又云："焉，乙连反。"橑杨。徐广云云，《十三州志》云云，盖唐东平郡地，今之辽州也。据《十三州志》，橑当作辽。

20. 翦将十八日。

王，本。

春按：此指一本“翦”上有“王”字。

21. 什推二人从军取邺安阳，桓齮将。

《通鉴》：“桓齮取邺安阳”，胡注：“邺县有安阳城，曹魏置安阳县，属魏郡。”

22. 其舍人临者。

胡注：“临，良鸩翻，哭也。”

23. 操国事不道如嫪毐、不韦者籍其门。

胡注：“操，七刀翻。”

刘云：“封籍子孙禁锢不得仕也。”

师说：俗本无“籍”字，误也。徐作“文”，言以文书记录家门，而视此嫪毐也。

24. 十三年桓齮攻赵平阳，杀赵将扈辄。

《通鉴》胡注：“齮，丘奇翻，又去倚翻。辄，陟涉翻。《后汉志》，魏郡邺县有平阳城。《括地志》：‘平阳城，在相州临漳县西二十五里。’《史记正义》曰：‘平阳，战国时属韩，后属赵。’若据《正义》所云，则以此平阳为河东之平阳，非也。当以《后汉志》《括地志》为正。”

25. 桓齮定平阳、武城。

胡注：“《后汉志》，魏郡邺县有武城。”

26. 十六年九月，发卒受地韩南假守腾。

《通鉴》：“韩献南阳地”，胡注：“此汉阳之地，时秦、楚、韩分有之。”

27. 十七年，内史腾攻韩，得韩王安。

《通鉴》：“内史胜灭韩”，胡注：“《史记》本纪作‘内史腾’班《书·百官表》：‘内史，周官，秦因之，掌治京师。’余按秦内史兼治汉三辅之地，始皇并天下，置三十六郡，内史其一也。”

28. 王翦将上地，下井陉。《正义》曰：上都上县，今绥州等是也。

《通鉴》：“将上地兵”，胡注：“《史记正义》曰：‘上郡上县，今绥州是也。’余谓上地，以地在大河上游，凡上郡抵河西之地，皆是也。”

“上都”，胡三省注引《史记正义》作“上郡”。

29. 端和将河内，羌瘣伐赵。

“伐”作“代”。

30. 引兵欲攻燕，屯中山。

胡注：“中山，春秋之鲜虞也，战国时为中山国；赵灭之，以其地为中山郡。《水经注》曰：‘城中有山，故曰中山。’唐之定州即其地也。”

31. 东与燕合兵，军上谷。

胡注：“谷，燕地；秦置上谷郡；唐易州、妫州之地”云云。

32. 秦王觉之，体解轲以徇。

胡注：“体解，支解也。解，佳买翻。”

33. 昌平军徙于郢。

“军”，本作“君”。师说：音□无君字，文势不安。

34. 取陈以南至平舆。

《汉书·地理志》作“与”，应劭曰：“与音豫。”

35. 异日韩王纳地效玺。

《汉书·高纪》，师古曰：“异日犹往日。”

36. 寡人以眇眇之身。

“眇眇”，犹微微。眇，小也。

37. 赖宗庙之灵，六王咸伏其辜。

“神”，本。

春按：指一本“灵”作“神”。

38. 今名号不更，无以称成功。《集解》：应劭曰：“侍御史之率，故称大夫也。”

“率”，《正义》曰：“所类反。”

《通鉴》卷七：“秦王初并天下，自以为德兼三皇，功过五帝，乃更号曰‘皇帝’”，胡注：“伏羲、神农、黄帝为三皇。少昊、颛顼、高辛、唐尧、虞舜为五帝。宋均注《援神契》引《甄耀度》曰：‘伏羲、神农、燧人为三皇。黄帝、颛顼、帝喾、唐尧、虞舜为五帝。’孔颖达曰：‘郑玄注《中候敕省图》引《运斗枢》：伏羲、女娲、神农为三皇。五帝者，德合五帝座星者称帝，则黄帝、金天氏、高辛氏、陶唐氏、有虞氏是也。实六人而称五者，以其俱合五帝座星也。'《白虎通》取伏羲、神农、祝融为三皇。帝者，天之一名，所以名帝。帝者，临也，言天荡然无心，忘于物我，公平通远，举事审谛，故谓之帝也。帝号同天，名所莫加，而称皇者，以皇是美大之名，言大于帝也。"

39. 命为"制"，令为"诏"，天子自称"朕"。

《通鉴》胡注："师古曰：'天子之言，一曰制书，二曰诏书。制书，谓其制度制谓也。'如淳曰：'诏，告也。自秦汉以上，唯天子得称之。'"

40. 追尊庄襄王为太上皇。

胡注："太上者，极尊之称也。始皇自号曰始皇帝，故追尊庄襄王为太上皇。自汉高帝以尊太公，此后不复为为追号。"

41. 自今以来除谥法。

胡注："周公作谥法，缘行之美恶以立谥。如幽、厉之君，虽孝子、慈孙，百世不能改也。今秦除之，畏后人加己以恶谥也。"

42. 始皇推终始五德之传。

《通鉴》："初，齐威、宣之时，邹衍论著终始五德之运"，胡注："所谓终始五德之运者：伏羲以木德王；木生火，故神农以火德王；火生土，故黄帝以土德王；土生金，故少昊以金德王；金生水，故颛顼以水德王；水生木，故帝喾以木德王；木又生火，故帝尧以火德王；火又生土，故帝舜以土德王；土又生金，故夏以金德王；金又生水，故商以水德王；水又生木故周以木德王。此五德之终而复始也。邹衍以为周得火德，盖以火流王屋为周受命之符，且服色尚赤故也。就邹衍之说以为终始，秦当以土为行。今始皇以水胜火，自以水为行，所谓推五胜也。汉初以土为行，盖亦祖衍之说也。"

43. 改年始，朝贡皆自十月朔。

《通鉴》卷七："始改年，朝贺"，胡注："'改年'句断。夏以建寅之月为岁首，殷以建丑之月为岁首，周以建子之月为岁首，今始皇以建亥之月为岁首，是改年也。自此纪年皆以十月为岁首，朝贺以十月朔。以水为行，故色尚黑。水数六，故以六为纪。"

44. 更名河为德水，以为水德之始。

"始"，作"治"。

45. 丞相绾等言：诸侯初破，燕、齐、荆地远。

胡注："避庄襄王讳，故以楚为荆。《索隐》曰：'丞相绾，姓王。'"

46. 始皇下其议于群臣。

《通鉴》："下其义"，胡注："下，遐嫁翻，凡自上而下之下皆同音。"

47. 廷尉李斯议曰。

胡注："班《书·百官公卿表》：'廷尉，秦官。'应劭曰：'听狱必质朝诸廷，与众共之；兵狱同制，故称廷尉。'师古曰：'廷，平也。治狱贵平，故以为号。'"

48. 诸子功臣以公赋税重赏赐之，甚足易制。

《通鉴》："易制"，胡注："易，以豉翻。《史记正义》'音以职翻'，非也。"

49. 分天下以为三十六郡，郡置守、尉、监。

胡三省《通鉴辨误第一》："郡置守、尉、监，海陵本《释文》曰：'监，居衔切。'余谓守、尉、监，官名也，当从去声；若监郡之监则从平声。《记·王制》：'天子使其大夫为三监，监于方伯之国。'陆德明《释文》：'监，古暂翻；监于，古衔翻'，可以知矣。"

50. 更名民曰"黔首"。

《通鉴》："使黔首自实田"，胡注："孔颖达：'黔，黑也。凡民以黑巾覆头，故谓之黔首。'"

51. 收天下兵聚咸阳，销以为钟鐻。

胡注："鐻与虡同，音巨。虡者所以悬钟；横曰筍，植曰虡。"

52. 金人十二，各重千石。

《正义》曰：《关中记》云："董卓坏铜人，余二枚。"

"余"，或作"十"。

53. 地东至暨朝鲜。

卢云："《汉书·地理志》云：'辽东有仙水通海，潮上下，故名朝鲜，假音为名也。'"

54. 诸庙及章台、上林皆在渭南。

胡注："上林在汉长安县西南。秦始起上林苑，至汉武帝又增而广之。"

55. 秦每破诸侯，写放其宫室，作之咸阳北阪上。

《通鉴》胡注："程大昌《雍录》曰：'咸阳北阪，汉武帝别名渭城。'阪，即九嵕诸山麓也。"

56. 自雍门以东至泾、渭，殿屋复道周阁相属。

胡三省《通鉴辨误》："雍门，司马史炤《释文》曰：'雍，纡龙切，齐城门。'海陵本同。余按《左传》'晋围齐，伐雍门之萩'，《经典释文》：'雍，音于周翻。'"胡注："徐广云云，《史记正义》云云。余按班《志》，高陵县属左冯翊，左辅都尉治焉；雍县属右扶风。二说相去何远也。《三辅黄图》曰：'长安城西出北头第一门曰雍门。'但长安本秦离宫，秦之咸阳则汉扶风之渭城也。渭城与长安相去虽不远，然秦时长安未有十二门也，岂作史者因汉之雍门而书之欤！泾、渭，言泾、渭之交也。复道，阁道也。上下有道，故谓之复。"

57. 始皇巡陇西、北地，出鸡头山。

《通鉴》："至鸡头山，过回中焉"，胡注："范《史·隗嚣传》：'王孟塞鸡头道'，贤注曰：'在原州高平县西。'《括地志》：'成州上禄县东北二十里有鸡头山。'劭曰：'回中在安定高平。'孟康曰：'回中在北地。'贤曰：'回中在汧。'《括地志》：'回中宫在雍西四十里。'《史记正义》云云。余谓上书巡陇西、北地，则先至原州之鸡头山而还过回中，道里为顺。若出成州之鸡头，则须先过回中而后至鸡头。以书法之前后观之，居然可见。"

58. 自极庙道通郦山，作甘泉前殿，筑甬道……治驰道。

《通鉴》："作甘泉前殿"，胡注："《三辅黄图》曰：'甘泉宫，一名云阳宫。'《关辅记》：曰'林光宫，一曰甘泉宫，始皇造，在今池阳县西。故甘泉山宫州匝十余里，汉武帝广之，州十九里。'又《黄图》曰：'咸阳北至九嵕、甘泉，南至鄠、杜，南至河，西至汧、渭之交；东西八百里，南北四百里，离宫、别馆，联望相属。甬道，唐夹城之类也。'应劭曰云云。孔颖达曰：'驰道，如今御道路也。是君驰走车马之处，故曰驰道。属，之欲翻'。"

59. 始皇东行郡县，上邹峄山。

胡三省《通鉴辨误》："上邹峄山，史照《释文》曰：'峄山在东海。'海陵本同。余按《汉书·地理志》'鲁国邹县，峄山在北。'应劭曰：‘邾文公迁于峄，即此。’《括地志》：‘邹峄山在兖州邹县南二十二里。’盖县有迁徙，故汉时峄山则在县北，唐时则在县南也。恶得在东海邪。”

60. 刻石颂秦德，议封禅望祭山川之事。

《通鉴》卷七：“至泰山下，议封禅。……始皇以其难施用，由此绌儒生”，胡注：“《括地志》：‘泰山在兖州博城县西北三十里，一曰岱宗。’服虔曰：‘封者，增山之高；禅者，广地也。’张晏曰：‘天高不可及，于泰山上立封禅以祭之，冀近神灵也。’项威曰：‘封泰山，告太平，升中和之气于天。祭土为封，谓负土于泰山为坛而祭也。除地为墠，后改墠为禅。’《晋太康地记》：‘为坛于泰山以祭天，示增高也；为墠于梁父以祭地，示广也。’《白虎通》曰：‘王者易姓而起，必升封于泰山之上者何。因高告高，顺其类，故升封者增高也。下禅梁父之基，广厚也。刻石记号者，著己之功迹以自劝也。增泰山之高以报天，附梁父之基以报地。’恶，乌路翻。师古曰：‘蒲车，以蒲裹轮。“葅秸”，班《志》作“苴秸”。’如淳曰：‘苴，读如租；秸，读如戛。’晋灼曰：‘苴，藉也。’师古曰：‘茅，藉也。苴，本作葅，假借用。’应劭曰：‘秸，藁本，去皮以为席。绌，与黜同，黜退也。’”

61. 垂于后世，承顺勿革。

“顺”，或作“慎”。

62. 昭隔内外，靡不清净。

“净”，作“静”，本。

63. 遵奉遗诏，永承重戒。

“承”，本作“永”。

64. 南登琅邪，大乐之。

《通鉴》：“大乐之”，胡注：郭璞曰：“琅邪临海边，有山曰琅邪台。越王句践……《史记》曰：始皇徙三万家于台下，是其所作因越之旧也”云云。邪，音耶。大乐之，乐琅邪之风景也。乐，音洛。

65. 颂秦德，明德意。

“德”，本作“得”。

春按：他本亦作“得”。

66. 器械一量，书同文字。

《刘向传》注：师古曰："械者，器之总名也。"

67. 匡饰异俗，陵水经地。

"陵水"，刘曰："陵犹梁也。为桥梁。"陆曰："陵，绝度也。经地，画经界也。"

"经地"，师说：菅江氏说："经谓经纪疆界也，宜读吉也。"良此说经于尺也。今按：此□说，其义不异，今依先说也。

68. 远迩辟隐，专务肃庄。

"迩"作"近"，本。

春按："本"，谓一本。

69. 诛乱除害，兴利致福。

"诛"，本作"去"。

70. 黔首安宁，不用兵革。

"不用"，本作"以销"。

71. 北过大夏……无不臣者……泽及牛马……各安其宇。

刘以"夏""者""马"三字本音，即与"宇"字相叶。

72. 秦王兼有天下，立名为皇帝。

"为"字或无。

73. 列侯武成侯王离……伦侯建成侯赵亥。

刘曰："列，封土也；伦，类也。积功劳食封邑，谓之列侯；地但有封名而无食邑，谓之伦侯。"

74. 诸侯各守其封域。

"诸侯"，或作"王侯"。

75. 海中有三神山。

"神山"，或云仙。

76. 清得斋戒，与童男女求之。

"祷祀"，本有。

春按：谓一本后有"祷祀"二字。

77. 斋戒祷祀，欲出周鼎泗水。

胡注："《水经》：'泗水出鲁国卞县北山，东南过彭城县，又东过下邳县入淮。'时人相传以为宋太丘社亡而周鼎没于泗水中，故祠泗水，欲出周鼎。”

78. 乃西南渡淮水，之衡山、南郡，浮江，至湘山祠。

师说：良大夫等旧说曰：“在湘山而祠之也。”菅说：“至湘山之祠，楚人所为祠也，即为下通。”

79. 使刑徒三千人皆伐湘山树，赭其山。

“赭”，玉，云赤玉也。按：赭盖取众人赭衣之意也。胡注：“赭，音者，赤也。”

80. 始皇东游，至武阳博狼沙中。

《留侯世家》“狼”作“浪”。

《通鉴》：“博浪沙中”，胡注：“班《志》：‘武阳县属河南郡，有博浪沙。’《索隐》曰：‘浚仪西北四十里有博浪城。’《史记正义》曰：‘郑州武阳县有博浪沙，当有道。’师古曰：‘狼，音浪，《史记》作浪，《正义》音狼。’”

春按：《史记》作“狼”不作“浪”，班《志》亦作“浪”，《正义》“浪，音浪”。是《正义》亦作“浪”。《通鉴》胡注引《索隐》云云，今不见于《索隐》。

81. 建定法度，显著纲纪。

“纲”，本作“经”。

82. 六国回辟，贪戾无厌。

“辟”，本作“壁”，疋赤反。

83. 烹灭强暴，振救黔首。

“烹”，刘曰：“‘烹’字当作‘克’，古克，胜也。”

本作“亨”。

84. 遂登之罘，昭临朝阳。

“昭”，作“照”。

85. 事无嫌疑，黔首改化。

“改化”，良家说：“改于始皇之化也。”巨家说：“改先代圣化也。”

86. 常职既定，后嗣循业。

“职”，作“体”，本。

“循”，作“修”，本。

87. 遂之琅邪，道上党入。

刘曰："东方事讫而旋还也。"

《通鉴》："始皇遂登之罘，刻石；旋，之琅邪，道上党入"，胡注："旋，即还字。之，往也。"

88. 三十一年。

《集解》：徐广曰："使黔首自实田也。"

师说："实田"者，今无检也。

89. 更名腊曰"嘉平"。

《集解》：盈曾祖父蒙，乃于华山之中，乘鹤驾龙。

"蒙"，本作"濛"。

春按：他本皆作"濛"，《索隐》亦作"濛"，不作"蒙"。

90. 始皇之碣石。

《通鉴》："始皇之碣石"，胡注："班《志》：'大碣石山在右北平郡骊城县西南。'文颖曰：'碣石在辽西絫县。碣音桀。'"

91. 使燕人卢生求羡门、高誓。刻碣石门。

《集解》：徐广曰："一作'盟'。"

"誓"，本。

春按：徐广说一本"碣石门"之门作"盟"。此本注：一本"门"作"誓"。

92. 坏城郭，决通堤防。

《通鉴》"防"作"坊"。胡注："坊，读若防。"

93. 文复无罪，庶心咸服。

"庶"，作"民"。

"庶"，或作"众"。

94. 赏及牛马，恩肥土域。

"域"，作"城"。

95. 黎庶无繇，天下咸抚，男乐其畴。

"抚"，安也。"畴"，并留反。

96. 惠被诸产，久并来田。

《集解》：徐广曰："久，一作'分'。"

师说：作"分"，正本也，音去声。作文字又□案也。

97. 以鬼神事，因奏录图书。

胡三省注："录图书，如后世谶纬之书。"

98. 发诸赏逋亡人、赘壻、贾人略取陆梁地。

"尝"，本。

《通鉴》："发诸尝逋亡人、赘婿、贾人为兵"，胡注："贾谊曰：'秦人家贫子壮则出赘。'师古曰：'谓之赘婿，言其不当出在妻家，犹人身之有肬赘也。转货贩易者为商，坐市贩卖者为贾。'赘，之锐翻。"

"略取南越陆梁地"，胡注："《索隐》曰：'谓南方之人，其性陆梁，故曰陆梁地。'班《表》，汉高帝功臣有陆量侯须无，诏以为列诸侯，自置吏令、长，受令长沙王。如淳曰：'陆量，《秦始皇本纪》所谓陆梁地也。'"

贞曰："南方之人，其性陆梁，故曰陆梁。"

春按：此谓一本"赏"作"尝"。它本作"尝"，不作"赏"。贞即司马贞。此文出自《史记索隐》，然南化本无此注文，他本有之，应是此本脱落。

99. 为桂林、象郡、南海，以适遣戍。

胡注："桂林因产桂而名。合浦以南，山间无杂木，冬夏长青，叶长尺余。文颖曰：'桂林，今鬱林。'师古曰：'桂林，今桂州界是其地，非鬱林也。南海郡，今广州。'《茂陵书》曰：'象郡治临尘，去长安万七千五百里。'韦昭曰：'今日南是也。'"

《通鉴》："以谪徙民五十万人戍五岭，与越杂处"，胡注："所谓谪戍也。《晋志》曰：'自北徂南，入越之道，必由岭峤；时有五处，故曰五岭。'师古曰：'岭者，西自衡山之南，东穷于海，一山之限耳，而别标名，则有五焉。'裴氏《广州记》曰：'大庾、始安、临贺、桂阳、揭阳为五岭。'邓德明《南康记》曰：'大庾岭，一也；桂阳骑田岭，二也；九真都庞岭，三也；临贺萌渚岭，四也；始安越城岭，五也。'师古以裴说为是。《蜀注》曰：'大庾岭在虔州；永明岭、白芒岭在道州；腊岭在郴州；临源岭在桂州。'谪，则革翻。处，昌吕翻。"

100. 筑长城及南越地。

本作"城"。

101. 无辅拂，何以相救哉。

“拂”，江本作“弼”。

102. 百姓当家则力农工。

师说：“当家”二字宜速读也。今按：当于□也，言百姓当家而食也。此□之一，当存之。

103. 夸主以为名，异取以为高。

“异取”，本作“取异”。

104. 臣请史官非秦记皆烧之。

《通鉴》：“非秦记”，胡注：“此烧列国史记也。”

105. 天下敢有藏《诗》《书》百家语者，悉诣守、尉杂烧之。

《通鉴》：“皆诣守、尉”，胡注：“秦之焚书，焚天下之人所藏之书耳，其博士官所藏则故在。项羽烧秦宫室，始并博士所藏者焚之。此所以后之学者咎萧何不能于收秦图书之日并收之也。”

106. 周驰为阁道，自殿下直抵南山。

《通鉴》：“直抵南山”，胡注：“关中有南山、北山：自甘泉连延至巀嶭、九嵏为北山；自终南、太白连延至商岭为南山。”

107. 表南山之颠以为关。

“颠”，本作“巅”。

108. 以象天极阁道、绝汉抵营室也。

《通鉴》胡注：“《天官书》：‘天极后十七星，抵汉抵营室，曰阁道。北辰为天极。营室二星，天子之宫也。’”

109. 隐宫刑徒者七十余万人。

《通鉴》胡注：“刑徒者，有罪既加刑，复罚作之也。”

110. 乃冩蜀、荆地材皆至关中。

邹：“昔陆曰冩，谓转运如依冩也。”

胡三省《通鉴辨误·第一》：“‘冩蜀、荆地材皆至关中’，史炤《释文》曰：‘冩，四衣切。舍车解马为冩，或作“卸”。’余谓此非舍车解马之‘卸’，乃前‘冩放宫室’之‘冩’。读如字。冩之为义，除也，尽也。晋时人多说‘冩’字：杜预注《左传》云：‘冩器令空’；郗夫人语二姊云：‘倾筐倒冩’，皆除、尽之义。”

《通鉴》：“皆至关中”，胡注：“或曰：‘皆至’当属上句。《关中记》云：‘东自函关弘农郡灵宝县界，西至陇关汧阳郡汧源县界，二关之间，谓之关中，东西千余里。’”

春按：“邹”指邹诞生《史记音义》。

111. 皆复不事十岁。

《通鉴》：“皆复”，胡注：“复，方目翻，除也。不事者，不供征伐之事。”

112. 因徙三万家丽邑。

“徙”，或作“迁”。

113. 人主时为微行以辟恶鬼。

胡注：“辟，读曰避。”

114. 人主所居而人臣知之，则害于神。

师说：言人臣知人主之所居则害人主意神也。

江说：言人臣知人主之所居则有害于神灵也，小人主之心神也。

115. 吾慕真人，自谓真人，不称朕。

胡三省《通鉴辨误》：“‘不称朕’，海凌陵本《释文》曰：‘称，去声。不称，不惬意也。’余谓始皇初并天下，自称曰朕，至此不称朕耳。”

116. 乃令咸阳之旁二百里内宫观二百七十复道甬道相连。

“甬”，即驰道。

117. 博士虽七十人，特备员弗用。

“特”，本作“将”。

118. 倚辨于上，上乐以刑杀为威，上不闻过而日骄。

师说：“于上”“上乐”“上不闻”，凡三字者，皆上下之上也。下云“决于上”“上至”“今上”“唯上”凡四字者，是主上之上也。

良氏说：七上字皆主上之上也。

119. 不敢端言其过。

“端”，正也。

120. 上至以衡石量书。

陆说：“是时用简牍故也。衡石称量，为每日之程限。衡，称衡也。”

121. 日夜有呈，不中呈。

“呈”，本作“程”。

122. 徒奸利相告以闻。

《集解》：徐广曰："一作'间'。"

师说：注一作"间"，言徒以奸利而告者，曰间杂于朝也。简为间杂之间。

123. 吾使人廉问，或为妖言以乱黔。

《通鉴》："廉问"，胡注："廉，察也。秦有诽谤、妖言之罪，汉除之。首訞或作妖。"

124. 于是使御史按问诸生。

《通鉴》"使御史"云云，胡注："秦置御史，掌讨奸猾，治大狱，御史大夫统之。"

125. 诸生传相告引。

《通鉴》："诸生传相告引"，胡注："传相告引者，谓甲引乙，乙复引丙也。传，柱恋翻；相，如字。"

126. 益发谪徙边。

《集解》：徐广曰："《表》云徙于北河、榆中，耐徙三处。"

"耐"，少态。《后汉书》：耐，任也。师说：韦昭以为"耐，罪之尤轻物也"。

127. 诸生皆诵法孔子。

《通鉴》："诵法孔子"，胡注："诵孔子之言以为法也。"

128. 使扶苏北监蒙恬军于上郡。

《通监》："北监蒙恬军于上郡"，胡注："为胡亥夺嫡杀扶苏张本。"

129. 有坠星下东郡，至地为石。

胡注："东郡，本卫地，秦徙卫于野王，以其地置东郡。"

130. 尽取石旁居人诛之。

"诛"作"舍"，本。

131. 为吾遗滈池君。

"滈"，湖老反。又云"昊"，又作"鄗"。

132. 卦得游徙吉，迁北河、榆中三万家。

"吉"，本作"居"。

133. 今年祖龙死。

三体诗："关阿空，锁祖龙。居又东，焚石鳌。"歌当年何人佐祖龙。注："今年"，作"明年"。

134. 少子胡亥爱慕请从。

邹："'爱慕'，《李斯传》：'少子胡亥爱'，下无'慕'字。"

135. 左丞相李斯从，右丞相去疾守。

胡注："去疾，姓冯。从，才用翻。守，手又翻。"

136. 浮江下，观籍柯，渡海渚，过丹阳。

《正义》：《括地志》云："舒州同安县东。"按：舒州在江中，疑"海"字谟，即此州也。

《通鉴》："藉柯"，胡注："藉，秦昔翻。柯，音歌。"

"柯"，作"河"。

注"谟"字，胡三省《通鉴》注作"误"字。

"海"，或作"梅"。

师说："海"为正本。梅渚，地名。海渚者，海滨之意也。

"阳"，本作"杨"。

春按：此本《正义》作"谟"，他本作"误"，此本因形近而误。

137. 群臣诵功，本原事迹，追守高明。

《索隐》："今检《会稽刻石》文，'首'字作'道'。"

"守"，本作"首"。

"首"犹向也。江说：犹首于剩首也。陆作"道"，追论明之德也。道，言语也。

春按：此本作"追首高明"，他本"守"作"首"，应以陆本作"道"为是。

138. 秦圣临国，始定刑名，显陈旧章。

"秦"作"泰"。"旧"作"书"。

春按：《正义》："作'彰'，音章。碑文作'画璋'也。"古文章多作"彰"，"画""书"形近而讹作"画"。

139. 饰省宣义，有子而嫁。

"宣"作"寡"，本。

陆曰："修饰寡有节义者也。"

140. 防隔内外，禁止淫泆。

"泆"，作"佚"。

141. 夫为寄豭，杀之无罪。

陆曰："寄豭，谓寄于妇家也。《左传》曰：'盍归吾爱豭'也。"

142. 并海上，北至琅邪。

"并"作"旁"。刘："白浪反。凡旁缘循而行上云如并，缘海畔行也。"

143. 然常为大鲛鱼所苦。

刘曰："鲛及大鱼并为害。"

144. 今上祷祠备谨，而有此恶神。

本无"备"之字，有"慎"字。

145. 乃令入海者捕巨鱼具。

"巨"，作"巨"，本。

146. 至平原津而病。

《通鉴》："平原津"，胡注："平原县，秦属齐郡，汉分置平原郡。《史记正义》云云。余按《公孙弘传》，封勃海高城县之平津乡，则平津非平原津也。班《志》：'笃马河至平原东北入海。'此盖津渡处。"

147. 在中车府令赵高行符玺所。

《通鉴》："中车府"，胡注："班《书·百官表》：'太仆，秦官，其属事有车府令。'"

148. 乃秘之不发丧，棺载辒凉车中。

刘氏曰："棺音官，又古患反。"师说云："官是棺柩之官也。言以始皇棺柩而载车。又古患反，是棺敛之义也。言棺敛而载于辒车也。"

《通鉴》卷七："辒凉车"，胡注："文颖曰：'辒凉车，如今丧輀车也。'孟康曰：'如衣车，有窗牖，闭之则温，开之则凉，故名。'如淳曰：'辒辌车，其车广大，有羽饰。'沈约《宋书·礼志》曰：'汉制：大行载辒辌车，四轮，其饰如金根，加施组，连壁交路；四角金龙饰，衔璧，垂五彩饰羽流苏，前后云画帏裳；虡文画曲轓，长与车等，太仆御驾六白骆马，以黑药灼其身为虎文。'"

149. 遂从井陉抵九原。

"从"，或作"至"。

150. 乃诏从官令车载一石鲍鱼。

卢曰："以草花包鲍，取其臭气相乱。"

《通鉴》卷七："一石鲍鱼"，胡注："孟康曰：'百二十斤曰石。'班《书·货殖传》：'鲰鲍千钧，'师古注曰：'鲰，膊鱼也，即今之不著盐而干者也。鲍，今之腌鱼也。而说者乃读鲍为鮠鱼之鮠，失义远矣。郑康成以腌于煏室干之，亦非也。煏室干之，即鲍鱼耳。盖今巴、荆人所呼鳀鱼者是也。秦皇载鲍乱臭者，则是腌鱼耳；而煏室干者，本不臭也。'"

151. 行从直道至咸阳，发丧。

《通鉴》胡注："直道，即三十五年孟恬所除者。"

152. 宫观百官奇器珍怪徙臧满之。

"徙臧"，菅刑部及江相公之说：府库也。徙库府之珍怪，物也。贺家之说：言以奇器珍怪之物徙入冢藏之中，充满也。师说：菅为先，贺为次。

153. 或言工匠为机，藏皆知之。

"为机藏"，陆善经之说。"为机、藏"，刘伯庄之说。菅说用刘，良家说亦同。师说用陆。

154. 藏重即泄，大事毕。

《通鉴》："藏重即泄"，胡注："谓工匠若更为第二重机藏，与外人近，即泄其所以为机藏之事，故大事尽则皆闭之墓中。大事尽，句绝，谓既下窆，则送终之大事尽也。"

155. 四海之内皆献贡职，增牺牲，礼咸备。

"礼"，作"祀"，本。

156. 而尽刻始皇所立刻石。

"尽"，作"书"，本。

157. 以罪过连逮少近官三郎无得立者。

刘曰："逮谓追捕也。立或作'脱'。"

158. 吾未尝敢不从宾赞也。

"赞"，作"赞"，本。

159. 如始皇计尽征其材士五万人为屯卫咸阳。

"尽"，作"画"。

160. 遂杀章曹阳。

“遂”，作“逐”。

161. 故群臣不敢为非进邪说。

“而”，本。

春按：指一本“进邪说”上有“而”字。

162. 奈何与公卿廷决事。

“朝”，本。

春按：指一本“廷”上有“朝”字。

163. 请且止阿房宫作者，减省四边戍转。

“减省”，作“省减”。

164. 尧舜采椽不刮。

“采”，邹作“采”。

春按：“邹”指邹诞生。

165. 禹凿龙门，通大夏，决河亭水。

“大夏”，刘本作“王夏”。

“亭”，一作“停”。又云：决亭渠之水。

春按：刘本指刘伯庄本。

166. 凡所为贵有天下者，得肆意极欲，主重明法。

胡三省《通鉴辨误》：“主重明法”，史炤《释文》曰：“‘直龙切’。余按：二世之言曰：凡所为贵有天下者，得肆意极欲，主重明法也。是以肆意极欲与主重明法为二事。主重者，谓君臣之势。上之所主者重则下之势轻。”

167. 章邯等军数却。

“数却”，本作“却数”，或本无“却”字。今按《史记》无“数却”字。

168. 大氏畔秦吏应诸侯。

“大氏”，刘云：署也。大略尽畔秦也。刘：“与畔同。”

169. 二世梦白虎啮其左骖马，杀之。

胡三省《通鉴辨误》第一云：“二世梦白马”云云，史炤《释文》曰：“‘三马为骖。’余按：王肃云：‘古者一辕之车，夏后氏驾两马，谓之骊；殷益一騑，谓之骖；周人又益一騑，谓之驷。自时厥后，夹辕曰服，两旁曰骖，《诗》所谓“两服上襄，两骖雁行”者也。’《史》言左骖，则必有右骖，不当引三马为骖以释左骖。”

170. 心不乐，怪问占梦。

《通鉴》卷八：“怪梦占梦”，胡注：“《周礼》：春官之属有占梦，掌其岁时，观天地之会，辨阴阳之气，以日、月、星、辰占六梦之吉凶：一曰正梦，二曰噩梦，三曰思梦，四曰寤梦，五曰喜梦，六曰惧梦。”

171. 泾水为祟。

“祟”，卢曰：“鬼物，灾曰祟。”

胡注：“祟，人祸也，鬼厉也。”

172. 遣乐将吏卒千余人至望夷宫殿门，缚卫令仆射。

《通鉴》：“卫令扑射”，胡注：“卫尉掌宫门屯兵，其属有卫士令。秦官自侍中、尚书、博士、郎及军屯吏驺、永巷皆有仆射，取其领事之号。”

173. 周庐设卒甚谨。

《集解》：薛综曰：“士傅宫外，向为庐舍。”

《通鉴》：“周庐”，胡注：“胡广曰：‘周庐者，卫士于周垣内卫区庐。’师古曰：‘区庐者，今之仗宿屋。’”

注“向”，本作“内”。

春按：此本《集解》注文作“向”，他本作“内”。

174. 乐遂斩卫令，直将吏入，行射，郎宦者大惊。

“卫”，或作“尉”。

《通鉴》胡注：“射，而亦翻。郎属郎中令，宦者属少府。”

175. 郎中令与乐俱入，射上幄坐帏。

《通鉴》：“幄坐帏”，胡注：“《三礼图》曰：‘上下四旁悉周曰幄。’幄，乙角翻。帏，羽非翻，单帐也。”

176. 以黔首葬二世杜南宜春苑中。

《通鉴》：“宜春苑中”，胡注：“宜春苑在杜县南，汉起宜春观于此地。”

177. 令子婴斋，当庙见，受王玺。

《通鉴》：“受玉玺”，胡注：“玉玺，即卞和玉所刻传国玺。”

春按：《史记》各本均作“王玺”，不作“玉玺”，《通鉴》及胡注误。

178. 奉天子玺符，降轵道旁。

胡三省《通鉴辨误》：“汉高帝元年，秦王婴降轵道旁，史炤《释文》曰：‘字书云：车轮之穿为轵。’余按：《汉书》注，徐广曰：‘轵道在霸陵。’苏林曰：‘在长安东十三里。’《汉宫殿·疏》曰：‘轵道亭东去霸陵观四里，观东去霸水百步。’乌得以车轵为说邪？”

179. 善哉乎贾生推言之也。

是《过秦论》下篇也。

180. 据险塞，修甲兵以守之。

“修”，本作“修”。

181. 不用弓戟之兵，钼櫌白梃。

《汉书·诸侯表》集：剥木去皮以为杖，谓之白梃也。

182. 以三军之众要市于外。

“要市”，刘云：“谓以秦军要项羽以求王，如市买卖求利也。”

183. 岂世世贤哉，其势居然也。

《文选》，陆善经云：“居然者，安然之谓也。”贺大夫说地势之意。“势居”二字连读。菅说读居然，叶陆义也。

184. 当此之世。

“世”，作“时”。

185. 收弱扶罢，以令大国之君。

“令”作“全”，本。

大国善六国也。江说：秦也。

186. 重足而立，拑口而不言。

师说云：良家以拑为塞。贺阳说：相度于缄恶，非以物缄口吟，含云唇也。良说先也。

187. 先王知雍蔽之伤国也。

“雍”作“壅”，又作“拥”。

188. 百姓怨望而海内畔矣。

“望”，本无。

189. 变化有时，故旷日长久而社稷安矣。

《陈涉世家》“有”作“应”。

190. 尊贤重士，约从离衡。

刘云：“衡，胡盲反。”今按：《音义》误也。何名上□连衡闻诸侯。音故盲反。

春按：《音义》即刘伯庄所著《史记音义》。

191. 常以十倍之地。

“常”，作“尝”。

192. 百万之众，叩关而攻秦。

“叩关”，《世家》作“仰关”，庄作“卬”，音仰，同谓秦地形高，故仰关门而攻秦。

193. 于是从散约解，争割地而奉秦。

“奉”，作“赂”。

194. 士不敢弯弓而报怨。

“弯”，本作“贯”，衔上弦也。

195. 焚百家之言，以愚黔首。

“黔首”，作“百姓”，本。

196. 然后斩华为城。

《集解》：“徐广曰：‘斩，一作践’。”

“践”，师古云：“剪也。”

197. 因河为津。

“津”，作“池”。

198. 天下以定。

“以”，作“已”。

199. 而倔起什伯之中。

“倔”，本作“俛”。

“仟伯”，一作“阡陌”。“倔”，其勿反。《陈涉世家》，贞云：“如字”。师说：伏起也。先出俛起什陌之中，后出倔起什陌之中。

200. 行军用兵之道，非及乡时之士也。

“乡”本作“向”，向时犹往时也。

201. 招八州而朝同列，百有余矣。

“招”，《陈涉世家》作“抑”，刘：“音乙力反”，《汉书》作“招”。

202. 身死人手，为天下笑，何也。

“何也”，本无。

203. 周室卑微，五霸既殁。

“霸”，作“伯”。

204. 令不行于天下，是以诸侯力政。

《汉书·五行志》曰：“京房《易传》曰：‘天子弱，诸侯力政。’”颜师古曰：“政亦征也，言专以武力征讨也。一说诸侯之政当以德礼，今王室微弱，文教行不遂，乃以力为政，相攻伐也。”

205. 天下之嗸嗸，新主之资也。

“嗸”，本作“敖”。

206. 乡使二世有庸主之行。

“乡”，作“向”。

207. 是以牧民之道，务在安之而已。

“之”，作“定”，本。

208. 贵为天下，富有天下。

“下”，作“子”。

春按：此本作“下”，他本作“子”。

209. 襄公立，享国十二年。

师说：襄公初为诸侯，然则可续立国，然而此说不安也。

“享”，本无。

210. 出子享国六年，居西陵。

“陵”，作“阪”。

211. 率贼贼出子鄙衍，葬卫。

师说：鄙衍者，是地名。良氏说：鄙衍者，是出子之名也。

212. 葬宣阳聚东南。

“阳”，作“杨”，本。

213. 缪公学著人。

陆谓：与华同著人之服。秦本与戎狄同俗。

春按："陆"指陆善经。

214. 共公享国五年。

"共"，作"龚"，本。

215. 居雍高寝，葬丘里南。

"高"作"宣"，本。

216. 城雍。

师说曰："城雍"者，地名也。言葬悼公于僖公西之地，名城雍。良大夫曰：葬于僖公之西也，又城于雍也。江说依之，为下通。师说云：城雍于字例不安，如葬之中城。

217. 生剌龚公。

"剌"，作"赖"，本。

218. 献公享国二十三年。

《索隐》："《系本》称元献公立二十二年，《表》同，《纪》二十二年。"

《十二诸侯年表》作"二十三年。"

219. 葬弟圉。

"弟"，作"茅"，本。

220. 葬茝阳。

"茝"，本作"芷"。下同。

221. 葬郦邑。

"郦"作"丽"，本。

222. 孝明皇帝十七 十月十五日乙丑日。

"曰"，本。

春按：此指一本"乙丑日"作"乙丑曰"。此本作"日"，他本作"曰"。

223. 周历已移，仁不代母，秦直其位。

陆曰：此后汉明帝时制也。周历已移，运数尽也。仁不代母，谓周母德，汉火德。火为木子，仁心不忍相代，故令秦当其中。直，当也。伍，行列也。位，陆作"伍"。

224. 据狼、狐，啖参、伐。

"啖"，作"蹈"，本。

225. 佐攻驱除，距之。

泱云：距，至也。师说如字，不用泱。《集注》引纬，以为距驱之义也。

226. 不笃不虚亡，距之不得留。

师云：《集》引《孔衍图》云："拒也"，陆云："至也"，唯上之下通。师说如字，驱除意也。泱云不用此说。

227. 冠玉冠，佩黄绂，车黄屋。

师说、良家、安家说同，车如字。一说车家为居。

228. 莫不悦忽失守，偷安日日。

"偷安"，师说、良家即以为盗。《苏秦传》，刘氏曰："偷者，苟且而□□计也。"又说《苍颉篇》"偷者也"。

229. 贾谊、司马迁曰。

"迁"，本无。

230. 向使婴有庸主之才。

"有"，作"为"。

231. 至于子婴车裂赵高，未尝不楗其决。

"决"，或作"本"。

春按："楗"，他本作"健"，似误。

（原载《古文献与传统文化学术研讨会论文集》，华文出版社 2005 年版）

日本南化本《史记·高祖本纪》疏证

1. 高祖。

《集解》:《汉书音义》曰:“讳邦。”

《韵会》“之”字注:“荀悦云:‘高祖讳邦,之字曰国。惠帝讳盈,之字曰满。文帝讳恒,之字曰常。’故之字非助语。《示儿编》曰:‘之字训变。’谓君讳臣下所避者,变以相代也。谓讳邦,变国字以代之。如《左传》:‘遇观之否。’谓观变为否也。今以盈之恒之为名,而以满、常为字者,盖非矣。”

2. 母曰刘媪。

《索隐》:又据《春秋握成图》,以为执嘉妻含始游洛池,生刘季,《诗·含神雾》亦云。姓字皆非正史所出,盖无可取。《正义》:《帝王世纪》云:“汉昭灵后含始游洛池,有宝鸡衔赤珠出炫日,后吞之,生高祖。”

私云:《握成图》《感神雾》,父子各别,《握成图》误欤。太公不得其位,岂有瑞云。

3. 廷中吏无所不狎侮,好酒及色。

《正义》曰:“廷中吏,泗水及沛县之廷也。狎,轻狎也,怠慢也。府县之吏,高祖皆轻慢也。廷音停。”

春按:今本《正义》无此文。

4. 醉卧,武负、王媪见其上常有龙,怪之。

《正义》曰:“王媪者,王家母。武负者,魏大夫如再之母也。”

春按:今本《正义》无此文。谓武负为魏大夫如再之母,不知何据。待考。

5. 高祖每酤留饮，酒雠数倍。

《正义》曰："言圣帝所至，皆有福佑，故酒售数倍，及众惊恐。"

春按：今本《正义》无此文。

6. 高祖常繇咸阳。

"常"，或作"甞"。

春按：似以作"甞"为是。"甞"即"尝"字异体字，曾经之义。

7. 萧何为主吏。

《集解》：孟康曰："主吏，功曹也。"

崔浩云："若今之主簿也。"

8. 见高祖状貌，因重敬之，引入坐。

或本有"上坐坐"三字。

9. 无所诎。

《正义》：音丘忽反 。

《正义》曰："诎，谓不屈于人下。"

春按：今本《正义》无此文。

10. 到丰西泽中，止饮，夜乃解纵所送徒。

《汉书》："泽中亭。"

11. 妪曰："吾，白帝子也……今为赤帝子斩之。"

《集解》：应劭曰："……秦自谓水，汉初自谓土，皆失之，至光武乃改定。"

"为"，《汉书》作"者"。"秦自谓水"，秦以周为火，灭火者水，故自号水。"汉初自谓土"，张苍以汉十月始至灞上，故困秦，以十月为岁首。推五德之运，以为当水德之时也。当理如故。鲁人公孙臣上书言：汉，土德之时，又为土德。"光武乃改定"，光武改为火。秦称水，不入五行之例，以为润位。光武推五行之运，周是木德，木生火故也。

《困学纪闻》十二："《通鉴》不书福瑞，高帝赤帝子之事，失之删削，《纲目》因之，《文公语录》因之。"

12. 人乃以妪为不诚，欲笞之。

《集解》：徐广曰："一作'苦'。"《索隐》曰：《说文》云：

“笞，击也。”

《汉书》作“苦”，谓欲困苦辱之。

“笞”，师说：刘氏与马贞今为异本，通。但“苦”字劣，异本作“笞”。

春按：中华书局本作“苦”，与此本异。当以作“笞”为是。

13. 高祖即自疑，亡匿，隐于芒、砀山泽岩石之间。

“当”，《汉书》。

春按：此谓“砀”，《汉书》作“当”。然今本《汉书》与此本同。待考。

14. 沛令恐，欲以沛应涉。掾、主吏萧何、曹参。

《索隐》：按《汉书·萧曹传》，参为狱掾，何为主吏也。

胡三省注：“孟康曰：‘主吏，功曹也。’”

15. 刘季乃书帛射城上，谓沛父老曰。

谓沛父老，《汉书》“谓”作“与”。

春按：《汉书》作“与”，与《史记》异，虽义同，但不如《史记》贴切。

16. 萧、曹等皆文吏，自爱，恐事不就，后秦种族其家。

乐颜云：“谓诛其种族。”

17. 众莫敢为，乃立季为沛公。

《通鉴》“沛公”，胡注：“春秋之时，楚僭王号，其大夫多封公，如申公、叶公、鲁阳公之类是也。今立刘季为沛公，用楚制也。”

18. 祠黄帝，祭蚩尤于沛庭。

《集解》：应劭曰：“《左传》曰：黄帝战于阪泉，以定天下。蚩尤好五兵，故祠祭之求福祥也。”《索隐》曰：按《管子》云：“葛卢之山，发而出金。今注引‘发’作‘交’，误也。”

五兵：郑玄云：“一弓矢，二戈，三刀，四盾，五戟也。”又《汉书音义》云：“一弓弩，二戟盾，三刀，四甲铠，五鼓。”

注“葛卢”，《正义》曰：“管仲子云：‘葛卢之山，发而出金，蚩尤受之以作剑戟。’今注引‘发’作‘交’。然则‘交’者‘发’也。”

春按：《索隐》“今注引‘发’作‘交’，误也”，他本作“今注引‘发’作‘交’及‘割’，皆误也。”又，此本引《正义》注文，他本无。

19. 沛公左司马得泗川守壮，杀之。

《通鉴》卷八：“泗川守壮”云云，胡三省注云：“壮者，泗川守之名。班《志》：‘戚县属东海郡。’《括地志》：‘忻州临沂县有戚县故城。’戚，如字，如淳将毒反。余以地理考之，沛郡之与东海相去颇远，壮兵败而走，未必能至东海之戚也。师古曰：‘得者，司马之名。’贡父曰：‘得杀之者，得而杀之；《汉书》多以以获为得。司马掌兵，周之夏卿。春秋之时，晋置三军及新军，各有卿、佐，复置司马以掌军中刑戮之事；后复分为左、右；又其后也，军行有军司马、假司马；下至部曲，有候，有司马。’”

20. 是时秦将章邯从陈，别将司马尼。

《通鉴》：“司马𡰥”，胡注：“师古曰：‘古夷字。’《类篇》曰：‘古仁字；又延知翻。’”

春按：此本作“尼”，《集解》《索隐》注文亦作“尼”。今本作“柅”，应是误字。

21. 与诸将约，先入定关中者王之。

《通鉴》胡注：“秦地西有陇关，东有函谷关，南有武关，北有临晋关，西有散关。秦地居其中，故谓之关中。”

22. 当是时，秦兵强，常乘胜逐北，诸将莫利先入关。

《通鉴》胡注：“言莫有以入关为利者，盖畏秦也。”

23. 独项羽怨秦破项梁军，奋，愿与沛公西入关。

《汉书》“奋”字下有“势”字。

春按：《索隐》“韦昭云：‘愤，激也。’”据此知《索隐》本“奋”作“愤”，于义为长。若作“奋”，似有“势”字为宜。

24. 项羽为人僄悍猾贼。

胡注：“猾，狡也；贼，残害也。”

25. 项羽尝攻襄城，襄城无遗类。

《正义》曰：“言项羽曾攻襄城，襄城之人无问大小尽杀之，无复遗余种类，皆坑之。《汉书》‘噍类’，即依古义。”

春按：此或为《正义》佚文，诸本均无。

26. 不如更遣长者扶义而西。

《通鉴》胡注："师古曰：'扶，助也，以义自助也。'余谓扶义，犹言杖义也。"

27. 今项羽僄悍。今不可遣。

《集解》："徐广曰：'一无此字。'"

"今"字，或本无之。

28. 乃道砀，至成阳与杠里秦军夹壁。

《集解》："《汉书音义》曰：'道由砀也。'"

"道砀"，师说云："道"依本注。《汉书音义》："道由砀也。"《始皇本纪》："道上党入。"《索隐》："道犹从也。"然则有交通也。

《通鉴》卷八："沛公道砀，至阳城与杠里"，胡注："道砀，自砀取道而西也。此据《汉书》书之。'阳城'，《史记》作'成阳'。韦昭注曰：'在颍川，'则是谓阳城也。《索隐》曰：'在济阴'，则是谓成阳也。杠里，孟康、服虔皆以为地名，而班《志》无之。余按沛公之兵自砀而攻秦，道成阳与杠里，而后破东郡尉于成武。成阳属济阴，成武属山阳。济阴，唐为曹州，成武属焉。若取道颍川之阳城，当自此西趋洛、陕，安得复至成武耶！书'成阳'为是。杠里之地，盖在成阳、成武之间。杠，音江。"

29. 与魏将皇欣、魏申徒武蒲之军并攻昌邑。

《通鉴》"皇欣"，胡注："皇，姓也。《左传》：郑有大夫皇颉。"

30. 杨熊走之荥阳，二世使使者斩以徇。

《集解》："徐广曰：'四月。'"

《汉书》在三月。南攻颍阳四月也。

31. 秦兵尚众，距险。

胡注："依险以距敌也。"

32. 于是沛公乃夜引兵从他道还，更旗帜。

《汉书》作"偃"。《通鉴》："偃旗帜"，胡注："旗，旗之属。帜，即幖也。或曰：旗帜，总称。帜，昌志翻。"

33. 高武侯鳃。

《通鉴》胡注："鳃，人名也，史失其姓。"

34. 遇番君别将梅锠。

《通鉴》:“《姓谱》:梅本自子姓,殷有梅伯,为纣所醢。”

35. 与皆,降析、郦。

“皆”,本作“偕”。《通鉴》作“偕”。

36. 秦人憙,秦军解,因大破之。

《通鉴》作“秦人皆喜”。

37. 汉元年十月。

《通鉴》:“冬,十月”,胡注:“古有三正:子为天正,周用之,以十一月为岁首,丑为地正,殷用之,以十二月为岁首;寅为人正,夏用之,以十三月为岁首。秦,水德,谓建亥之月水得位,故以十月为岁首。高祖以十月至霸上,因而不革。至武帝太初元年,定历,改用夏正,始以寅为岁首。至于今因之。”

38. 沛公兵遂先诸侯至霸上。

《通鉴》“沛公至霸上”,胡注:“《考异》曰:‘《史记》《汉书》、荀悦《汉纪》,皆云“是月五星聚东井”。’按魏收《后魏书·高允传》:‘崔浩集诸术士考校汉元以来日月薄蚀、五星行度,并讥前史之失,别为魏历,以示允。允曰:“善言远者必先验于近。且汉元年冬十月五星聚于东井,此乃历术之浅事,今讥汉史而不觉此谬,恐后之讥今犹今之讥古。”浩曰:“所缪云何?”允曰:“按星传:金、水二星常附日而行,冬十月,日旦在尾、箕,昏没于申南,而东井方出于寅北,二星何因背日而行!是史官欲神其事,不复推之于理。”浩曰:“欲为变者,何所不可!君独不疑三星之聚,而怪二星之来。”允曰:“此不可以空言争,宜更审之。”时坐者咸怪。东宫少傅游雅曰:“高君长于历,当不虚言也。”后岁余,浩谓允曰:“先所论者,本不经心;及更考究,果如君语,以前三月聚于东井,非十月也。”’‘今从之,十月不言五星聚。’”

幻按:《通鉴》不书“五星聚于东井”,盖袒高允、崔浩也。吕东莱《汉书详解》书“五星聚于东井”。《汉书》曰:“元年冬十月,五星聚于东井,沛公至灞上。”

《通鉴》卷九《汉纪一》,胡三省注:“项羽之分天下,王诸将也,王沛公于巴、蜀、汉中、曰汉王。王怒,欲攻羽。萧何谏曰:

‘语曰“天汉”，其称甚美。’于是就国。及灭项羽，有天下，遂因始封国名而号曰汉。”

《困学纪闻》卷六：“史墨曰：‘越得岁而吴伐之，必受其凶。’杜牧注《孙子》曰：‘岁为善星，不福无道；火为罚星，不罚有德。’嘉定中，日官言五福太一临吴分。真文忠公奏：汉之肇造，以宽仁得民，而不在五星之聚井；晋之却敌，以将相有人，而不在岁星之临吴。”

39. 秦王子婴素车白马，系颈以组，封皇帝玺符节。

《通鉴》“秦王子婴”云云，胡注：应劭曰：“子婴不敢袭帝号，但称王耳。素车、白马，丧人之服。组者，天子韨也。系颈，言欲自杀也。”师古曰：“此组，谓绶也，所以带玺也。组，总五翻，今绶纷絛是也。”应劭曰：“玺，信也；古者尊卑共之。左传：襄公在楚，季武子使公冶问玺书，追而与之。秦、汉尊者以为信，群下乃避之。”《汉官仪》曰：“子婴上始皇玺，因服御之；代代传受，号‘汉传国玺’。”沈约曰：“高祖入关，得秦始皇蓝田玉玺，螭虎纽，文曰‘受天之命，皇帝寿昌。’后代名传国玺。”《史记正义》曰：“天子有六玺：皇帝行玺，皇帝之玺，皇帝信玺，天子行玺，天子之玺，天子信玺。皇帝信玺，凡事皆用之，玺令施行。天子信玺，以迁拜、封诸侯之玺，以发兵，皆以武都紫泥封。”虞喜《志林》曰：“传国玺自在六玺之外；天子凡七玺。符，说文曰：信也。韦昭曰：符，发兵符也。”师古曰：“符，诸所合符以为契者也。《周礼·地官》之属有掌节。郑玄注云：节，犹信也，行者所执之信。”《三礼义宗》曰：“节长尺二寸；秦、汉以下改为旌幢之形。”韦昭曰：“节者，使所拥也。《释名》云：为号令赏罚之节也。”师古曰：“节以毛为之，上下相重，取象竹节，将命者持之以为信。”

40. 乃以秦王属吏，遂西入咸阳。

《通鉴》胡注：“属吏者，付之于吏，使监守之也。”

41. 父老苦秦苛法久矣。

《通鉴》：“苛法”，胡注：“苛，音何，细也。”

42. 与父老约，法三章耳。

《困学纪闻》卷十二：“考史曰：‘与父老约’为句，下云‘法三章耳’。”

“约法三章”，《正义》曰：“约，省也、减也。省减秦之烦法，唯三章，谓杀人、伤人及盗。”

43. 诸吏人皆按堵如故。

《通鉴》“案堵”，胡注：“案，次第也，墙堵也，言不迁动也。”

44. 乃使人与秦吏行县乡邑，告谕之。

《通鉴》：“行县乡邑”，胡注：“秦制：县大率方百里，十里一亭，十亭一乡，所封食邑。”

45. 秦人大喜，争持牛羊酒食献飨军士。

“人”，作“民”。

《通鉴》作“民”。

46. 仓粟多，非乏，不欲费人。人又益喜。

“人”，作“民”。

《通鉴》作“民”。

47. 可急使兵守函谷关，无内诸侯军。

《通鉴》：“无内诸侯军”，胡注：“内音纳，又如字。今传内从‘人’者，奴对翻；从‘入’者，读为纳。”

48. 秦人大失望，然恐，不敢不服耳。

《通鉴》：“秦人大失望”，胡注：“秦民初见沛公无所侵暴而悦，及为项羽残灭，失其初所望也。”

49. 更立沛公为汉王，王巴、蜀、汉中，都南郑。

《通鉴》“王巴、蜀、汉中”云云，胡注：“巴、蜀、汉中，秦所置三郡地也。班《志》：南郑县属汉中。《括地志》：南郑县，今梁州治所。近世有季文子者，蜀人也，著《蜀鉴》曰：南郑自南郑，汉中自汉中。南郑乃古褒国，秦未得蜀以前，先取之。汉中乃金、洋、均、房等州六百里是也。秦既得汉中，乃分南郑以隶之而置郡焉，南郑与汉中为一自此始。《春秋》：‘楚人、巴人灭庸’，即今均、房两州地。班《志》：汉中郡治西城，今金州上庸郡是也。”

50. 司马欣为塞王，都栎阳。

《通鉴》“故立欣为塞王，王咸阳以东”云云，胡注：“韦昭云云，《史记正义》云云。塞，先代翻。栎阳县属冯翊。《括地志》：‘汉七年，分栎阳城内为万年县；隋改为大兴县；唐复万年。秦献公所城栎阳故城，在今雍州栎阳县东北二十五里。’项梁尝有栎阳逮，请蕲狱掾曹咎书以抵欣而事得已，所谓‘有德于梁’也。”

51. 番君吴芮为衡山王，都邾。

《通鉴辨误》：“‘吴芮为衡山王，都邾’，史炤《释文》曰：‘古邾子国即邾县，属江夏。’余按：古邾国，汉鲁国邹县也，为江夏之邾县。先儒以为楚灭邾，徙其君于此，非古邾子国也。”

52. 怀王柱国共敖为临江王，都江陵。

《通鉴》“共敖”，胡注：“共，音龚，人姓也。《姓谱》：‘共，商诸侯之国。晋有左行共华。’又云：‘郑共叔段后。’临江，孟康曰：‘本南郡，汉改为临江国，江陵县属焉。’”

53. 故燕王韩广徙王辽东。

《通鉴》“徙燕王韩广为辽东王，都无终”，胡注：“故无终子之国。班《志》：无终县属北平郡，非辽东郡界。盖羽令韩广都于无终，而令并王辽东之地故也。”

54. 楚与诸侯之慕从者数万人，从杜南入蚀中。

《通鉴》：“从杜南入蚀中”，胡注：“汉京兆杜县之南也。如淳曰：‘蚀，入汉中道川谷名。’近世有程大昌者著《雍录》曰：‘以地望求之，关中南面背碍南山，其有微径可达汉中者，唯子午谷在长安正南，其次向西则骆谷。’此蚀中，若非骆谷，即是子午谷。”

55. 楚令萧公角击彭越。

孟康云：“萧，令也。特令皆称公。”

春按：“角”是令之名。

56. 从故道还，袭雍王章邯。

《通鉴》：“从故道出，袭雍”，胡注：“《春秋释例》：‘掩其不备曰袭。’班《志》：故道县属武都郡。《括地志》：‘故道，今凤州两当县。’杜佑《通典》曰：‘故道，凤州梁泉、两当县地。’”

57. 东至咸阳，引兵围雍王废丘。

“引”，本作“别”。

58. 于是置陇西、北地、上郡、渭南、河上、中地郡。

胡注：“渭南，后曰京兆；河上，后曰冯翊。”

59. 三月，汉王从临晋渡。

《通鉴》："临晋"，胡注："师古曰：'其地在河之西滨，东临晋境，即今之同州朝邑界也。'《史记正义》曰：'临晋即蒲津关。'"

60. 新城三老董公遮说汉王以义帝死故。

《通鉴》："洛阳新城"，胡注："班《志》：平阴县属河南郡。《水经》：河水径平阴县北。魏文帝改平阴曰河阴。洛阳县属河南郡；新城时属县界，惠帝四年始置新城县。"

61. 今项羽放杀义帝于江南，大逆无道。

《通鉴》："项羽为无道，放杀其主"，胡注："放，谓迁义帝于郴；杀，谓杀之江中。杀，读曰弑。"

62. 悉发关内兵，收三河士，南浮江汉以下。

《正义》：南收三河士，发关内兵，从雍州入子午道，至汉中，历汉水而下，从是东行，至徐州，击楚。

《通鉴》："南浮江、汉以下"云云，胡注："《史记正义》曰：'南收三河士，发关内兵，从雍州入子什道至汉中，历汉水而水，东行至徐州击楚。'余谓《正义》之说迂矣！三河在彭城之北，已不可谓南收三河士。若发关内兵，南浮江、汉，独不能出武关而浮江、汉，而必入子午谷至汉中而下汉水邪！况子午道此时亦未通凿，其可引之而为说乎。此特言发三河士以攻其北，又南浮江、汉，下兵以夹攻之也。"

63. 欲遂破之而击汉。

"项羽欲遂破之"，《项羽纪》："项王因留，连战"，以此言，上与齐兵连战，遂破之；后欲击汉。或说言已连故击齐之兵，欲遂破之而击汉。是未知何是。

64. 汉王以故得劫五诸侯兵。

师古曰："五诸侯兵者，谓常山、河南、韩、魏、殷也"，是注为长。应劭曰："雍、翟、塞、殷、韩也。"如淳曰："塞、翟、魏、殷、河南也。"韦昭曰："塞、翟、韩、殷、魏也。雍时已败。"

65. 项羽闻之，乃引兵去齐，从鲁出胡陵。

《通鉴》"从鲁出胡陵"云云，胡注："鲁，即伯禽所都；秦置鲁县，属薛郡；汉后以薛郡为鲁国。《史记正义》曰：'鲁，今兖州曲阜县。萧县，秦属泗水郡；唐徐州萧县是也。'"

春按：胡注引《史记正义》文，与今本《正义》异。或胡注另有所据。

66. 与汉大战彭城灵壁东睢水上。

《通鉴》："灵壁东"，胡注："臣瓒曰：'谷、泗二水皆在沛郡彭城。'《水经注》：'睢水出陈留县西蒗荡渠，东过沛郡相县；又径彭城郡之灵璧而东南流，项羽败汉王处也。'《汉书》又云：'东逼谷、泗。'服虔曰：'水名也，在沛国相县界。又详睢水径谷熟而两分，而睢水为蕲水，故二水所在枝分，通为兼称。谷水之名，盖因地变。然则谷水即睢水也。睢水又东南至下相而入于泗，谓之睢口。泗水又东南过彭城县东北，南至下邳入淮。'孟康曰：'灵璧故小县，在彭城南。'《史记正义》曰：'灵璧在徐州符离县西北九十里。'"

《正义》曰："睢音虽，睢水故渎，首起汴□陈留县，南合通齐渠入泗。"

春按：此本无《正义》注文，注所补《正义》，与他本所载异。

67. 多杀士卒，睢水为之不流。

颜师古曰："杀人既多，堙塞此水。"

68. 吕后兄周吕侯为汉将兵。

"周"，名泽；"吕"，周封国名。

69. 魏王豹谒归视亲疾，至即绝河津，反为楚。

《正义》曰："绝，断也。河津即蒲州，蒲津关也。蒲津桥即此处也。媲豹从同州由桥河东即断之而叛汉也。"

《通鉴》："谒归"，胡注："谒归，谓谒告而归也。豹都平阳，在河东，故断其津济以拒汉军。"

70. "反国之王，难与守城。"因杀魏豹。《集解》：徐广曰："案《月表》，三年七月，王出荥阳。八月，杀魏豹。而又云四年三月，周苛死。四月，魏豹死。二者不同。项羽杀纪信、周苛、枞公，皆是三年中。"

《正义》曰："《史记·项羽纪》及《高祖纪》，《汉书》及《史记·月表》，皆言三年杀魏豹。而《月表》又言周苛、魏豹死在四年夏四月。《表》误。"

71. 袁生说汉王曰。

《通鉴》:“辕生说汉王”,胡注:“辕,姓也。《姓谱》:‘陈大夫辕涛涂之后。以其所本考之,亦与爰、袁二姓通。’《汉书》文颖曰:‘辕,姓;生,谓诸生。’”

《困学纪闻》卷二十:“《集古录·汉袁良碑》云:‘当秦之乱,隐居河洛。高祖破项,实从其册。天下既定,还宅扶乐。’欧阳公:‘盖不知何人也。’愚案:《高祖纪》三年,汉王自成皋入关收兵,欲复东。辕生说汉王曰:‘汉与楚相距荥阳数岁,汉常困。愿君王出武关,项羽必引兵南走,王深壁,令荥阳、成皋间且得休息。使韩信等辑河北赵地,连燕、齐,君王乃复走荥阳,未晚也。如此则楚所备者多,力分,汉得休息,复与之战,破楚必矣。’汉王从其计,出军宛、叶间。此即辕生也。‘辕’与‘袁’同。”

72. 使韩信等辑河北赵地。

“辑”,《正义》曰:“‘辑’与‘集’同。集谓和合也。”

73. 汉王从其计,出军宛叶间。

《通鉴》:“宛叶”,胡注:“班《志》:二县属南阳郡。”

74. 汉王跳。

《项羽纪》“跳”作“逃”。

《通鉴》作“逃”。

75. 引兵临河,南饗军小修武南。

《通鉴》“饗”作“鄉”。胡注:“鄉,读曰嚮。”

76. 郎中郑忠乃说止汉王。

《通鉴》:“郎中”,胡注:“汉制:议郎、中郎,秩比六百石;侍郎,比四百石;郎中,比三百石;皆属郎中令。说,式芮翻。”

77. 我十五日必定梁地,复从将军。

师古曰:“从,就也。”

78. 楚汉久相持未决。

“持”,本作“枝”。

79. 汉王伤匈,乃扪足曰。

“扪足”,《正义》曰:“恐士卒坏散,故言‘中吾足指。’”

80. 割鸿沟而西者为汉，鸿沟而东者为楚。

《通鉴》胡注："杜佑曰：'郑州荥阳县西有鸿沟，楚、汉分境之所。'"

81. 至固陵，不会。

《通鉴》卷十一："冬，十月，汉王追项羽至固陵"，胡注："徐广曰：'固陵在阳夏。'晋灼曰：'即固始县。'余据班《志》，固始与阳夏为两县，皆属淮阳国。刘昭《志》：陈国阳夏县有固陵聚。《括地志》：'固陵，县名，在陈州宛丘县西北四十二里。'"

82. 乃使使者召大司马周殷举九江兵而迎武王。

《正义》曰："汉亦遣人诱楚大司马周殷。殷畔楚，以舒屠六，举九江兵迎黥布。"

83. 大王不尊号，皆疑不信。

"信"，本作"宜"。

84. 故临江王驩为项羽叛汉。

师说：驩为共敖之子也。

85. 镇国家，抚百姓。

"镇"，《通鉴》作"填"，胡注："填，读曰镇。"

86. 即立太尉卢绾为燕王。

《通鉴》："绾家与上同里闬，绾生又与上同日；上宠幸绾，群臣莫敢望，故特王之。"胡注"《考异》曰：'《史记》《汉书·高纪》'，于此皆云：'使丞相哙将兵平代地。'"

春按：《樊哙传》：从平韩王信，乃迁左丞相；是时未为丞相，又代地无反者，《哙传》亦无此事；疑《纪》误。

87. 利几者，项氏之将。

《通鉴》："项王故将利几反"，胡注："利几以陈令降，上侯之颍川。上至洛阳，召之；利几恐而反。《风俗通》：'利，姓也。'《姓谱》：'楚公子食采于利，后以为氏。'"

88. 太公拥篲，迎门却行。

《正义》曰："拥，抱也。篲，长箒，卒之所执也。"

春按：拥篲，曲腰持箒。太公曲腰若拥箒。

89. 心善家令言，赐金五百斤。

故得赐金，非善其令父敬己也。

90. 田肯贺，因说高祖曰。《索隐》:《汉纪》及《汉书》作“宵”。

《汉书》作“肯”，《索隐》误。

91. 南有泰山之固，西有浊河之限。

《通鉴》:“浊河”，胡注：“晋灼曰：‘齐西有平原。河水东北过高唐。高唐，即平原也。孟津号黄河，故曰浊河也。’余谓孟津在河内，去平原甚远，晋说失之拘。盖河流浑浊，故谓之浊河也。”

92. 北有勃海之利。

《索隐》曰:《齐都赋》云:“海旁出为勃，名曰勃海郡。”

《通鉴》:“渤海”，胡注：“《索隐》云云，余据班《志》，齐地北至勃海，有高乐、高城、阳信、重合之地。”

93. 故此东西秦也。

《通鉴》:“东西秦”，胡注:“言齐地形胜与秦亢衡也。”

94. 封韩信为淮阴侯，分其地为二国。

《通鉴》卷十一：“春，正月，丙午，分楚王信地为二国：以淮东五十三县立从兄将军贾为荆王。”胡注：“《索隐》曰：‘乃王吴地，在淮东也。’余据《班》史，时以故东阳郡、鄣郡、吴郡五十三县王贾。东阳，汉下邳地；鄣郡，汉丹阳地；吴郡，即会稽地；盖其地自淮东而南，尽丹阳、会稽也。贾死后，以其地王吴王濞，故《索隐》云‘王吴地也。’如淳曰：‘荆，亦楚也。’贾逵曰：‘秦庄襄王名楚，故改曰荆，遂行于世。’晋灼曰：‘奋伐荆楚，自秦之先固已称荆。’《索隐》曰：‘姚察按：虞喜云：“总言荆者，以山命国也。”今西南有荆山，在阳羡界。贾分封吴地而号荆王，指取此义。’《太康地志》:‘阳羡县，本名荆溪。’”

95. 民能齐言者皆属齐。

《集解》:《汉书音义》曰。

注《汉书音义》云云，《通鉴》胡注作“孟康曰”云云。

96. 七年，匈奴攻韩王信马邑。

《正义》曰：“《汉书》云：‘韩王信之将曼丘臣、王黄共立故赵后赵利为王。’”

春按：故赵，六国时之赵也。

97. 高祖东击韩王信余反寇于东垣。

《通鉴》卷十二："八年，冬，击韩王信余寇东垣"，胡注："班《志》：'高帝十一年，更名东垣曰真定；武帝元鼎四年，置真定国。'垣，音辕。"

《通鉴辨误》第一："'东垣'，史炤《释文》曰：'高帝十一年更名真定国。'余按：高帝十一年击陈豨，豨将赵利守东垣。帝攻之，卒骂帝。既拔东垣，卒骂者杀之，不骂者原之。因改东垣曰真定，是改东垣县为真定县也。至武帝元鼎四年，始置真定国。高帝曷尝置真定国哉！"

98. 非壮丽无以重威，且无令后世有以加也。

《通鉴》卷十一："臣光曰：王者以仁义为丽，道德为威，未闻其以宫室填服天下也。天下未定，当克己节用以趋民之急；而顾以宫室为先，岂可谓之知所务哉！昔禹宫室而桀为倾宫。（胡注：孔子曰：'禹卑宫室而尽力乎沟洫。桀为倾宫、瑶台以殚百姓之财。'）创业垂统之君，躬行节俭以示子孙，其末犹入于淫靡，况示之以侈乎！乃云：'无令后世有以加'，岂不谬哉！至于孝武，卒以宫室罢敝天下，未必不由酇侯启之也！"

99. 始大人常以臣无赖。

《集解》：晋灼曰：……或曰江淮之间谓小儿多狡猾为"无赖"。

《正义》曰："《通俗文》云：'狡猾，小儿戏也。'"

100. 楚王、梁王皆来送葬。

《集解》：《汉书》云："葬万年。"

《正义》曰："《括地志》曰：'太上皇陵在雍州栎阳县北二十五里。'《汉书》云：'高帝十年，太上皇崩，葬万年陵也。'"

101. 马邑不下，即攻残之。

《通鉴》："攻残之"，胡注："残，谓多所杀戮。"

102. 立子长为淮南王。

《通鉴》："乃立皇子长为淮南王"，胡注："《考异》曰：'《史记·诸侯年表》云："十二月，庚子，厉王长元年。"《汉书·诸侯王表》："十月庚午立。"今从《汉书·帝纪》。'"

103. 置酒沛宫。

《正义》:《括地志》云“沛宫故地在徐州沛县东南二十里一步。”注“一步”,《通鉴》胡注作“一十步”。

104. 汉将别击布军洮水南北。

“将别”,《汉书》《通鉴》作“别将”。

《通鉴》胡注:“林曰:‘洮,音兆。’徐广曰:‘洮,音道,在江、淮间。’余据布军既败走江南,则洮水当在江南。罗含《湘中记》:‘零陵有洮水。’《水经注》:‘洮水出洮阳县西南,东流注于湘水。’如淳注:‘洮阳之洮,音韬。盖布旧与长沙王婚,其败也,往从之,而洮水又在长沙境内,疑近是也。’杜佑曰:‘汉洮阳县城在永州湘源县西北。’按今全州,汉洮阳县地,有洮水,在清湘县北。”

105. 辟阳侯归,具言绾反有端矣。

《正义》曰:“《方言》云:‘端,绪也。’”

106. 吾以布衣持三尺剑取天下。

《通鉴》“持”作“提”。

春按:今本作“提”。

107. 四月甲辰,高祖崩长乐宫。

《集解》:皇甫谧曰:“高祖以秦昭王五十一年生,至汉十二年,年六十三。”

《汉书·高祖纪》注:臣瓒曰:“帝年四十二即位,即位十二年,寿五十三。”

《通鉴》胡注:“寿五十三。”

春按:今本《史记·集解》作“年六十二”。

108. 四日不发丧。吕后与审食其谋曰。

《通鉴》胡注:“《考异》曰:‘《汉书》云:“吕后与审食其谋尽诛诸将。郦商见审食其,说以:‘如此,大臣内畔,诸将外反,亡可蹻足待也。’审食其入言之,乃以丁未发丧。”按:吕后虽暴戾,亦安敢一旦尽诛大臣!又时陈平不在荥阳,樊哙不在代;此说恐妄,今不取。’”

109. 皆令为吹乐。

“吹乐”,《正义》曰:“以前但有歌儿,今加吹乐。”

110. 忠之敝，小人以野。

“敝”，或作“弊”。

111. 敬之敝，小人以鬼。

《集解》：郑玄曰：“多威仪，如事鬼神。”

注“如”，或作“而”。

112. 文之敝，小人以僿。

《正义》曰：“僿，先代反，又音四。僿，犹细碎也。言周末世文细碎，鄙陋薄恶，小人之甚。”

113. 故汉兴，承敝易变。

“承敝易变”，《正义》曰：“夏之政忠，忠之敝，其末世败坏多威仪，如事鬼神。周人承殷为文，其末细碎薄陋，文法无有悃诚。故秦人承周，不改其敝，反成酷法严刑。故汉人承秦苛法，约三章及其忠政，使民不倦，得天统矣。故太史公引《礼》文为此赞者，美高祖能变易秦敝，使万姓安宁。”

（原载《澳门文献整理研究暨数字化论集》，澳门近代文学学会 2008 年版）

日本南化本《史记·范雎蔡泽列传》疏证

1. 范雎者，魏人也，字叔。

《通鉴》第五："范雎"，胡注："《姓谱》：'模板陶唐氏之后，随会为晋大夫，食采于范，后有氏焉。'雎，音虽。"

《通鉴》第五："秦王用范雎之谋雎"，胡注："雎，息随翻。"

《十九史略》："范雎"注，"千余反。"《韵府·余韵》："雎，七余切，人名，范雎"云云。

2. 须贾为魏昭王使于齐。

《索隐》曰：《世本》："昭王名遬，襄王之子也。"

"速"，籀文作"遬"。《玉篇》："遬，圣力切。"

3. 以为雎持魏国阴事告齐，故得此馈。

"馈"，《韵会·寘韵》："馈，《说文》：'饷也。'《周礼·膳夫》注：'进食于尊曰馈，或作归'云云；通作'馈'，孟于齐馈兼金。"

4. 魏齐大怒，使舍人笞击雎，折胁折齿。

《索隐》："折音力答反。谓打折其胁而又拉折其齿也。"

《通鉴》："折胁"云云，胡注："《索隐》云云。余谓箦字从竹，盖竹为之，非苇荻之薄也。又谓竹东南之产，北人贵之，自江以北饶苇荻，人率织之以为薄，寝或以为荐籍。《索隐》以苇薄为箦，习于所见而从俗所呼者耳。相，息亮翻。笞，丑之翻。折，力答翻。箦，竹革翻。更，工衡翻。溺，奴吊翻。"

《韵会·合韵》："拉，落合切。《说文》：'摧也。'《广韵》：'折也。'"

5. 雎详死，即卷以箦。

《索隐》："箦谓苇荻之薄也，用之以裹尸也。"

《毛韵·铎韵》："薄，大帘也，亦作箔簿。《毛韵》箦，侧革切。"

6. 故僇辱以惩后，令无妄言者。

苌云："惩，止也。"

7. 当此时，秦昭王使谒者王稽于魏。

《通鉴》："秦谒者王稽"，胡注："谒者，秦官，汉因之。《志》云：'主殿上时节威仪。谒者仆射一人为谒者台率，其下有给事谒者，有灌谒者。'使，疏吏翻。率，读曰帅。"

8. 魏有贤人可与俱西游者乎。

抄："贤人"，非圣贤之贤，指才智之人。

9. 先生待我于三亭之南。

《正义》：《括地志》云"三亭冈在汴州尉氏县西南三十七里。"按：三亭冈在山部中名也，盖"冈亭"误为"南"。

注"冈亭"，《大正义》亦同之。

10. 秦相穰侯东行县邑。

穰侯，魏冉也。

11. 谒君得无与诸侯客子俱来乎。

讲云："谒君，言谒诸侯之君也。"

幻谓："谒者，王君之义也。"

12. 乡者疑车中有人，忘索之。

《索隐》：索犹搜也。

《毛韵·尤韵》："索也，求也，亦作搜。"

13. 秦王之国危于累卵。

《正义》：《说苑》云"敢有谏者斩；臣能累十二博基，加九鸡子其上；左右惧慑息；危哉，危哉。"

"谓"，小板作"诸"，非。"基"，《正义》亦作"基"，恐非乎。

春按："基"，今本作"棊"。

"惧假"，《大正义》并小板作"慴"。

"危哉"，《大正义》亦三重，同。

《毛韵·叶韵》："慑，质涉切，怖也，心伏也，丧气也，怯也，亦作'慴'。"

14. 楚怀王幽死于秦。

《毛韵》："幽，囚也。"

15. 愍王尝称帝，后去之。

"常"，作"尝"。

16. 数困三晋。

"数困"，抄：三晋辩士数谏，其言不信，故秦困焉。

17. 且欲越韩、魏而伐齐纲寿，欲以广其陶封。

《魏冉传》曰："乃封魏冉于穰，复益封陶。""伐齐纲寿"，《通鉴纲目》："穰侯言于秦王使客卿灶伐齐，取刚、寿以广其陶邑。"《集览》："刚寿，刚县属济北郡，寿即郓州寿张县。《括地志》云：'故刚城在兖州龚丘县界。'陶邑，魏冉先封穰，复益封陶，今济阴定陶县是。《括地志》云：'济州平阴东三十五里有陶山。'"

18. 今臣之胸不足以当椹质。

《索隐》曰："椹音陟林反。椹者，椹也。质者，剉刃也。腰斩者当椹质也。"

《韵会·去声·个韵》："莝，《说文》：'斩刍也。'"

"椹质"，《韵会·侵韵》："椹，斫木櫍也，一曰木跌。《周礼》：'射甲革椹质'，《集韵》或作'枯锶'，又《寝韵》：《文字指归》云：'俗用桑椹字'。"幻按：《周礼》八卷《司弓矢职》云："射甲革、椹质者，夹弓、庾弓以授。"郑氏注云："往体多，来体寡，曰夹、庾"云云；"甲革，革甲也。《春秋传》曰：'蹲甲而射之。'质，正也。树椹以为射正。射甲与椹，试弓习武也"云云。《音义》："射甲，食亦反云云；椹，张林反。夹，占洽反，刘，古协反。庾，师儒相传读庾，本或作'庾'。"

19. 岂敢以疑事尝试于王哉。

"疑事"，言事可成耶，不可成耶，未定也。

20. 无反复于王邪。

三告范雎于王也。

21. 且臣闻周有砥砨，宋有结绿，梁有县藜，楚有和朴。

《事文类聚》续集廿六玉部引《玉书》云："周有砥砨，宋有结绿，梁有悬黎，楚有和璞，晋有垂棘。"

抄云："和朴"，朴与璞通。盖下和璞也。

22. 天下有明主则诸侯不得擅厚者。

"主"，作"王"。

23. 为其割荣也。

抄："割荣"，诸明主割取诸侯之荣也。

24. 良医知病人之死生。

"病"，本乍"疾"。

25. 虽舜禹复生，弗能改已。

上所谓之程，虽舜禹不能改也。

26. 语之至者，臣不敢载之于书。

《正义》曰："语犹深也，极也。"

27. 意者臣愚而不概于王心也。

"不概"，师说："陆曰：'王之意者，以为臣愚说呈，不经概于王之心也耶。已弃其言乎。为以臣之贱而不可用乎。'《正义》曰：'概犹平也。'雎秦政教不能例于王心耶。"

"不概"，《韵会·去声·队韵》："概，居代切。《广韵》：'平斗斛木。'又感概，前《郭解传》注：师古曰：'感意气而立节概，又感触经心也。《庄子》岂能无概于心'云云。亦书作'概'。"

28. 亡其言臣者贱而不可用乎。

师说曰："今按陆本以'亡其言'连于上句，又'者臣'作'臣者贱。'"

29. 望见颜色。

"颜色"，或无。

30. 详为不知永巷而入其中。

"永巷"，《集览》："巷或作'衖'。《离骚经》'五子用失乎家衖'注'家衖'，宫中之道所谓永巷也。"《玉篇》："衖，胡绛切，亦作'巷'，义同。"

"永巷"，"后四年，夏少帝自知非皇后子，出怨言。皇太后幽之永巷。"注：如淳曰："《列女传》周宣姜后脱簪珥，待罪永巷，后改为掖庭。"师古曰："永，长也。本谓宫中之长巷也。"

31. 范雎谬为曰："秦安得王。"

"范雎谬曰"，胡注："谬，靡幼翻，误也，诈也。穰，人羊翻。"

32. 会义渠之事急。

"义渠之事"，《集览》："义渠，戎王与秦太后乱，有二子，太后诈杀戎王于甘泉，遂起兵灭义渠"云云。

33. 秦王屏左右，官中虚无人。

"官"，乍"宫"。

34. 秦王跽而请曰。

胡注："跽，忌己翻，跪也。"

35. 范雎曰："唯唯。"

胡注："唯，于癸翻，盖应声也。凡唯诺之唯皆同音。"

36. 范雎曰："非敢然也。"

《通鉴》："范雎曰：'非敢然也'"，胡注："雎，音虽。然，犹言如是也。"

37. 身为渔父而钓于渭滨耳。

《正义》曰："《括志地》曰：'泉水源出岐州岐山县西南，凡北流十二里。注于渭，太公钓此，所谓磻溪。'"

38. 已说而立为太师，载与俱归者。

讲云："立为太师者，在载归后，今先之者，欲俾人早知。"

39. 而文武无与成其王业也。

"正"，本乍"王"。

40. 漆身为厉，被发为狂不足以为臣耻。

《正义》曰："漆身，豫让也。"

《正义》曰："被发，箕子也。"

41. 成荆、孟贲、王庆忌、夏育之勇焉而死。

《正义》："贲，音奔。"

42. 可以少有补于秦。

"有"，小板无。

43. 伍子胥橐载而出昭关，夜行昼伏，至于陵水。

《正义》："临水在临淮。"

《正义》曰："橐载，上音讬。杜预云：'昭关在淮北，云橐也。'

伍子胥与太子建之子胜奔吴，到昭关，归关欲执之。伍胥逐与胜独身步走。”

44. 是臣之说行也，臣又何忧。

抄云：“臣说行则以幽囚死，不复见王者不足忧焉。”

45. 因以是杜口裹足，莫肯乡秦耳。

《通鉴》：“莫肯乡秦耳”，胡注：“谓天下之士惩雎之死，不敢复言。乡，读曰向。”

46. 足下上畏太后之严。

“畏”是言不行。

47. 是天以寡人慁先生。

《索隐》曰：“不鲜，言必令鲜美作食，莫令见不鲜之物也。韦昭曰：‘慁，污辱。’”

《汉书·陆贾传》：“一岁中以往来过它客，率不过再过，数击鲜，毋久溷女为也。”服虔曰：“溷，辱也。吾常行，数击新美食，不久辱汝也。”师古曰：“鲜谓新杀之肉也。溷，乱也。言我至之时，汝宜数数击杀牲牢，与我鲜食，我不久住，乱累汝也。数音所角反。溷音下困反。”

《史记陆贾传》：“数见不鲜，无久慁公为也。”

《唐书》：“元结举进士，杨浚曰：‘一第慁子尔，有司得子是赖。’”

《韵会·去声·慁韵》：“慁，胡困切，乱也。双污辱也。《礼记》：‘儒有不慁君王’，《范雎传》：‘以慁寡人云云’，《陆贾传》‘无久慁公为也’，唐《元结传》：‘一第慁子耳’，义与‘溷’同。”

《通鉴》：“溷先生”，胡注：“溷，谓溷渎之也。汉陆贾曰：‘毋久溷公！’即此义，音户困翻。毛晃曰：‘溷，浊也，又污辱也。’”

48. 大王之国，四塞以为固。

《集览》：“四塞，先代反。高诱曰：‘四面有山关之固，故曰四塞’，误，正：悉则切，四面皆充塞也。”

49. 北有甘泉、谷口。

《正义》：《郊祀志》“黄帝得仙寒门，寒门者，谷口也。”按：九嵕山西谓之谷口，即古寒门也。在雍州醴泉县东北四十里。

“甘泉、谷口”，注“《郊祀志》云云”，汉《郊祀志》：齐人公孙卿曰“今年得宝鼎”云云。卿有札书曰：“黄帝得宝鼎冕候，问于鬼臾区”云云。“其后黄帝接万灵明庭。明庭者，甘泉也。所谓寒门者，谷口也。”注：服虔曰：“黄帝升仙之处也。”师古曰：“谷口，仲山之谷口也，汉时为县，今呼之治谷是也。以仲山之北寒凉，故谓此谷为寒门也。”《毛韵》：“嵕，祖红切。”九嵕，山名。又峯聚之山曰“嵕”。“崚”乍“嵕”。《正义》作“嵕”。注寒仙云云，《正义》本注同，皆误。“于寒门”：寒门，谷口。

50. 南带泾、渭，右陇、蜀，左关、阪。

“左关、阪”，刘曰：“关谓函谷，阪谓商阪也。”

51. 王并此二者而有之。

抄：“二者地形胜与民勇战也。”

52. 譬若施韩卢而搏蹇兔也。

《通鉴》“走韩卢”，胡注：“韩卢，天下之骏犬。蹇兔，病足之兔。韩卢搏兔，无不获者，况蹇兔乎！”

53. 破军杀将，再辟地千里。

“辟土”，《孟子·梁惠王》章曰：“辟土地，朝秦楚，莅中国而抚四夷也。”注：“莅，临也。言王意欲庶几王者临莅中国而安四夷。”

《通鉴》“破军杀将”，胡注：“谓杀唐昧也，见上卷十四年。闵，读曰闵。昧，莫葛翻。”《通鉴》卷三：周赧王十四年，“秦庶长奂会韩、魏、齐兵伐楚，败其师于重丘，杀其将唐昧；遂取重丘。”

54. 诸侯见齐之罢弊。

《通鉴》：“诸侯见齐之罢敝”，胡注：“事见上卷三十一年。罢，读曰疲。”

《通鉴》卷四：“赧王三十一年，赵王以相国印授乐毅，乐毅并将秦、魏、韩、赵之兵以伐齐。齐闵王悉国中之众以拒之，战于济西，齐师大败”云云；“剧辛曰：‘齐大而燕小，赖诸侯之助以破其军，宜及时攻取其边城以自益，此长久之利也。今过而不攻，以深入为名，无损于齐，无益于燕而结深怨，后必悔之。’乐毅曰：‘齐王伐功矜能，谋不逮下，废黜贤良，信任谄谀，政令戾虐，百姓怨怼。

今军皆破亡，若因而乘之，其民必叛，祸乱内作，则齐可图也。若不遂乘之，待彼悔前之非，改过恤下而抚其民，则难虑也。’遂进军深入。齐人果大乱失度，闵王出走。”

55. 王不如远交而近攻。

《困学纪闻》卷十一：“晋楚之争霸在郑，秦之争天下在韩魏。林少颖谓‘六国卒并于秦，出于范雎远交近攻之策，取韩魏以执天下之枢也。其远交也，二十年不加兵于楚，四十年不加兵于齐；其近攻也，今年伐韩，明年伐魏，更出迭入，无宁岁。韩魏折而入于秦，四国所以相继而亡也。秦取六国谓之蚕食，盖蚕之食叶，自近及远。’《古史》云：‘范雎自为身谋，未见有益于秦。’愚谓此策不为无益，然韩不用韩玘，魏不废信陵，则国不亡。”

56. 且昔者中山之国地方五百里。

《十九史略》：“中山，中音仲。”

“中山”，《通鉴》第一：“使乐羊伐中山。”胡注：“中山，春秋之鲜虞也，汉为中山郡。宋白曰：‘唐定州，春秋白狄鲜虞之地。’隋《图经》曰：‘中山城在今唐昌县东北三十一里，中山故城是也。’杜佑曰：‘城中有山，故曰中山。’”

57. 今夫韩、魏，中国之处而天下之枢也。

“今夫……”，处，上声，止也。《正误》：“今按：处当读去声，谓国所在也”云云。

58. 王其欲霸，必亲中国以为天下枢。

《通鉴》第五：“王若用霸”，胡注：“用霸者，谓用霸天下之术。”

59. 楚强则附赵，赵强则附楚。

“楚强”，胡注：“强者未易柔服，故先亲附弱者。易，以豉翻。”

60. 乃拜范雎为客卿，谋兵事。

《通鉴》：“谋兵事”，胡注：“范雎谋兵事，则三晋受兵祸，而穰侯兄弟皆为秦所逐矣。”

61. 使五大夫绾伐魏，拔怀。

《通鉴》：“拔怀”，胡注：“《班志》：‘怀县属河内郡。’《括地志》曰：‘怀县在怀州武陟县西十一里。’雎，息随翻。”

62. 譬如木之有蠹也。

“蠹”，《正义》曰：“音妒。”

63. 王不如收韩。

抄：“收韩”，言率韩为与国也。

64. 复说用数年矣，因请间说曰。

《通鉴》：“范雎日益亲，用事，因承间说王曰”，胡注：“雎，息随翻。间，古苋翻。说，式芮翻。”

“请间”，《韵会·山韵》：“闲，《说文》：‘隙也。’” 又《本韵》《谏韵》。《本韵》：“间，暇也，去声。”《谏韵》：“前《袁盎传》‘请间’，注：‘欲因间隙有请白。’”

65. “臣居山东时，闻齐之有田文，不闻其有王也。”

“文”，或作“单”。

66. 穰侯出使不报，华阳、泾阳等击断无讳。

《通鉴》：“华阳、泾阳”，胡注：“华，户化翻。断，丁乱翻；凡断决之断皆同音。”

《集览》：“穰侯出使不报”，《秦国策》注：“报，白也，言不白王而擅遣使出外也。”

《集览》：《秦国策》注“击断，谓刑人也。无讳，谓不避王也。”师说：“泾阳，华阳皆谓不受制于王，得专擅肆行。不顾者，不顾王命也。出使不报者，自制其功不报命也。击擅无讳者、擅权者众，则国法不能行也。”

67. 剖符于天下。

“剖符”，胡注：操，七刀翻。谓剖符而出使也。

68. 战胜攻取则利归于陶，国弊御于诸侯。

胡注：“陶，穰侯封邑。”

“弊御”，《毛韵·去声·霁韵》：“弊”字注：“《周礼·大宰》：‘官计，以弊邦治’，《音义》：‘弊音必世反，郑音蒲计反。’《小宰》：‘以听官府之六计，弊群吏之治。’《大司寇》：‘凡庶民之狱讼，以邦成弊之。’注云：‘弊，断也，后训断者皆同憋。’《大宰》、《小宰》在《周礼》第一卷，《大司寇》在《周礼》第九卷也。《大司冠》注：‘邦成，八成也。以官成待万民之治。故书弊为憋’。郑司农云：'憋当为弊。'邦成，谓若今时决事比也。弊之，断其狱讼也，故《春秋传》曰'弊狱邢侯'。"

69. 木实繁者披其枝。

《正义》曰："披，折也。"

70. 大其都者危其国。

《通鉴》："大其都者危其国"，胡注：《左传》："祭仲曰：'都城过百雉，国之害也。'辛伯曰：'大都耦国，乱之本也。'申无宇曰：'郑京、栎实杀曼伯，宋萧、亳实杀子游，卫蒲、戚实出献公，齐渠丘实杀无知，而陈、蔡、不羹亦杀楚灵王。'此皆大都危国也。"传，直恋翻。祭，则介翻。陆德明：栎，音立；曼，音万；羹，音郎。

71. 尊其臣者卑其主。

"尊其臣者卑其主"，胡注："如下事之类。"

72. 崔杼、淖齿管齐。

《索隐》：淖，姓也，音泥枚反。

注："泥枚"，小板作"教"。

卢云："'淖'，或作'悼'。"

73. 射王股，擢王筋。

《索隐》按：言"射王股"，误也。

注"误也"云何哉，庄公不称之义乎？

74. 县之于庙梁，宿昔而死。

"宿昔"者，宿夕也。《楚世家》曰："其乐非特朝夕之乐"，贞云："昔犹夕也 。"今按《战国策》："昔"作"夕"也。

《通鉴》："淖齿管齐"云云，胡注："管，掌也。擢，拔也。宿昔，一夕之间也。淖齿弑齐闵王事见上卷三十一年。淖，女教翻。射，而亦翻。"

75. 李兑管赵，囚主父于沙丘。

"李兑"云云，胡注："事见上卷二十年。"

76. 今自有秩以上至诸大吏。

"吏"，乍"史"。

《通鉴》卷五："今自有秩以上"，胡注："汉承秦制，乡置有秩。《汉官》曰：'乡户五千则置有秩，掌一乡之人。'《风俗通》曰：

‘有秩则田间大夫，言其官裁有秩耳。’大吏，谓左、右、中吏以上为吏者也。秩，直乙翻。”

77. 秦封范雎以应，号为应侯。

《索隐》:《本纪》以应为太后养地，解者公在颍川之应乡，未知孰是。

小板:“公”作“云”。

《通鉴》:“应侯”，胡注:“应，于陵翻，国名；周武王之子封于应，其地在唐安州界。”

78. 为微行，敝衣间步之邸。

“微行”，若微贱之所为，故曰“微行”。今按:《说文》:“微，隐行也。”刘曰:“间步，谓独行。”今按:卢藏用曰:“间步，从小路也。”胡注:“间步，投间隙徒步而行也。间，古苋翻。”

79. 范叔固无恙乎。

《通鉴》:“无恙”，胡注:“范雎，字叔。恙，忧也，病也，又噬虫善食人心者也。古人相问，率曰无恙。朱熹曰:‘古者草居，多被噬虫之毒，故相问曰:无恙乎?’恙，余亮翻。噬，时制翻。”

80. 范叔有说于秦邪。

“有说于秦邪”，刘曰:“叹其前者，至齐说国阴事，而得困，令不尔乎。”

81. 乃取其一绨袍以赐之。

《索隐》按:绨，厚缯也，音啼，盖今之绝也。

《通鉴》:“绨袍”，胡注:“绨，田黎翻，厚缯也。袍，步刀翻，长襦也。《记玉藻》曰:‘纩为茧，缊为袍。’孔颖达曰:‘纯着新绵者为襺，杂用旧絮者为袍。’”

《毛韵·支韵》:“《广韵》:‘缯，似布。’《说文》:‘粗绪也。俗作绝。’”

82. 须贾待门下，持车良久。

抄:“持车”者，持辔也。

83. 乡者与我载而入者。

《通鉴》:“乡者”，胡注:“雎更姓名曰张禄，故云然。乡，读曰向。”

84. 乃肉袒膝行，因门下人谢罪。

“人”，一乍“入”。

《左传》宣公二年传：“郑伯肉袒牵羊以逆”，杜预注：“肉袒牵羊，示服为臣仆。”

85. 弃灰于道。

《十九史略·战国秦部》注云：“灰可肥田，弃于道则为贿农，故加刑。”《十八史略》无注。

春按：此条实存于《史记》卷八十七《李斯列传》，此本误入。

86. 布帛寻常。

言法轻则布帛小亦取之，法重则铢金大亦不取之，盖利欲之心浅深在其罪轻重也。

春按：此条实存于《史记》卷八十七《李斯列传》，此本误入。

87. 擢贾之发以续贾之罪，尚未足。

卢云：“拔发相续以比罪不足当之。”

88. 而坐须贾于堂下，置莝豆其前。

“莝豆”，胡三省云：“莝，寸斩之槁，杂豆以饲马。莝、豆，两物也。莝，寸卧翻。食，祥吏翻。”

“莝豆……”，师说曰：《后语》作“为马食之。”卢曰：“莝豆，食马之具。黥徒者，养马者也，所以辱之。莝，千卧反。”《汉书》：“以斩马剑剉忠，盛以竹器。”野王：“剉犹斫。《说文》：‘折，伤也’。”如师说见恐非欤？《韵会》曰：“莝，斩刍也”，引《诗》“秣之剉之”，则此“莝”字。《史记·范雎传》“置莝豆其前”，如此则“莝”与“剉”通用，从斩训者，非欤？

89. 不然者，我且屠大梁。

《通鉴》：“且屠大梁”，胡注：“屠，杀也。自古以来，以攻下城而尽杀城中人为屠城，亦曰洗城。”

90. 匿平原君所。

《通鉴》：“匿于平原”，胡注：“平原君，赵胜，赵王之贵介弟也，贵盛于赵，以好士闻于诸侯，故魏齐奔归之而就匿焉。”

91. 宫车一日晏驾。

应劭曰：“天子当晨起早作，如方崩殒，故称晏驾。”韦昭曰：

“凡初崩为‘晏驾’者，臣子之心犹谓宫车当驾而晚出。”

“晏驾”，卢引此注“晏”作“早”。决云：“晏，起早作，文势不通，恐相误承。”

92. 君虽恨于臣，亦无可奈何。

抄云：“恨者，遗恨也。”

93. 三岁不上计。

《集解》：秋冬遣无害吏案讯问诸囚，平其罪法，论课殿最。

《韵会·去声·泰韵》“最”字注：“故军功上曰最，下曰殿。《汉书音义》：‘上功曰最。’前书注：‘凡言殿最者，殿后也，课居后也。最者，凡要之首，言课居先也。’”

94. 尽以报所尝困戹者。

《毛韵·麦韵》：“《说文》：‘隘也。’灾也，又阻难也。‘戹’作‘阨’。《史记·范雎传》：‘散家财物以报所尝困戹者。’”

95. 一饭之德必偿，睚眦之怨必报。

《集览》：“‘一饭之德’，《左传》：‘僖二十三年，晋公子重耳过曹，僖负羁馈盘飧，公子受之。后重耳立，是为文公。侵曹，令无入僖负羁之宫，而免其族，报施也’；‘睚眦之仇’，雎本传注云云。《汉书·杜业传》：‘报睚眦怨’注：睚，音崖，举眼也；眦即眥字，目匡也，言举目相忤者亦报之。”

《韵府·去声·原韵》“怨害”注引“睚眦之怨”。

《集览》：“怨”作“仇”。

96. 秦昭王之四十二年，东伐韩少曲。

《苏秦传》：“苏代约燕王曰”云云，“秦正告韩曰：‘我起乎少曲，一日而断大行。’”

97. 秦昭王闻魏齐在平原君所。

平原君，赵胜也。

98. 乃详为好书遗平原君曰。

《通鉴》卷五：“乃为好言诱平原君至秦而执之。”

99. 今范君亦寡人之叔父也。

“君”，一作“雎”。

100. 贵而为交者，为贱也；富而为交者，为贫也。

《索隐》曰：上“为”音如字，下“为”音于伪反。

“友”，本作“交”，《正义》乍“友”。

《正义》：“下‘为’于伪反，言宝贵而结交者，本为贫贱之人也。”幻谓：如《正义》与旧点异乎。

101. 夫魏齐者，胜之友也。

“胜”，平原君名，赵惠文王弟也。

102. 虞卿度赵王终不可说。

抄：纵说赵王，赵王畏秦，不可救魏其。

103. 欲因信陵君以走楚。

信陵墓君，魏公子无忌也。

104. 畏秦，犹豫未肯见。

《通鉴》卷三：“犹豫”，胡注：“《说文》：‘犹，玃属。’居山中；闻人声，豫登木，无人乃下。世谓不决曰犹豫。‘一说，陇西谓犬子为犹。’犬导人行，忽先忽后，故曰犹豫。又一说，犹豫，犬也，犬为人行，好先行，却住以俟其人，百步之间，如是者数四；先者，豫也，遂曰犹豫。犹，夷周翻，又余救翻。玃，厥缚翻。”

105. 人固未易知，知人亦未易也。

陆曰：“言人情难识也，识人亦难也。”

106. 夫虞卿蹑屩檐簦。

《虞卿传》：“蹑屩檐簦说赵孝成王”云云。

107. 昭王用应侯谋，纵反间卖赵。

“反间”，详见《信陵君传》之上。“应侯”，范雎也。

108. 已而与武安君白起有隙，言而杀之。

《集解》：徐广曰：“在五十年。”《索隐》：徐云五十年，据《秦本纪》及《年表》而知之也。

“而知”，一乍“言之”。

《白起传》曰：“秦昭王与应侯群臣议曰：‘白起之迁，其意尚怏怏不服，有余言。’秦王乃使使者赐之剑，自裁。”

109. 应侯席槁请罪。

“席槁”，卢曰：“以蒿草藉身，如有丧者之仪，罪人可居。”

110. 于是应侯罪当收三族。

《通鉴》卷六："夷毒三族"，胡三省注："秦有夷三族之罪。张晏曰：'三族，父母、兄弟、妻子也。'如淳曰：'父族、母族、妻族也。'"师古曰："如说是，所谓参夷之诛也。"

111. 王稽为河东守，与诸侯通，坐法诛。

《集解》：徐广曰："五十二年。"

《通鉴》："河东守王稽坐与诸侯通。弃市"，胡注："河东本魏地，秦取之，以其地在大河之东，置河东郡。"

注：徐广云云，幻谓：按《通鉴》六卷，周赧王五十二年。

112. 而应侯日益以不怿。

《通鉴》卷六："应侯日以不怿"，胡三省注："王稽荐范雎于秦王，雎既相秦，稽亦进用，今以罪死，故雎日以不怿。怿，悦也。不怿，不悦也。应，于陵翻。或曰：'范雎之初进用于秦，至于为相，昭襄王诚悦之也，郑安平既降赵，王稽又得罪，雎虽为相，昭襄王临朝接之，日以不悦。'怿，羊益翻。"

113. 吾闻楚之铁剑利而倡优拙，倡优拙则思虑远。

陆云："人君不好倡优则倡优拙，既不好倡优则专思虑，故思虑远也。"

114. 今武安君既死，而郑安平等畔。

《通鉴》："郑安平、王稽等皆畔。"

115. 小大甚众，不遇。

抄："干诸侯者小乎，大乎，甚多。"

116. 吾闻先生相李兑，曰"百日之内持国秉"，有之乎。《索隐》曰：按《左传》"国子实执齐秉"，服虔曰："秉，权柄也。"

《左传》："秉，作柄。""政"，本作权。

此注引应执柄之事唯出处耳，非李兑事。唐举者，秦昭王时人也，昭王以周赧王九年立，鲁哀公与周赧王同时，敬王自昭王前两百余年也。今李兑之事引用齐国子事，只取"执柄"字之出处耳。与传事不相干。《史记》未有引字作例，此注不审也。

"秉政"，《左传·哀公十七年》：六月，赵鞅围卫。齐国观、陈瓘救卫，得晋人之致师者。子玉使服而见之，曰："国子（齐国观也）实执齐柄，而命瓘曰：‘无辟晋师。’”

117. 先生曷鼻，巨肩，魋颜，蹙齃，膝挛。

《正义》曰：“曷鼻，言有横文，若蝎虫之形。”

《正义》：“膝挛，卷缘反，膝挛曲也。”“巨肩”，《正义》作“巨脣”，又《正义》“脣”作“肩”。

“曷鼻，巨肩，魋颜，蹙齃”，贞云：“魋颜，谓颜貌魋回，若魋梧然也。”《后语》作“偈鼻，戾肩，蹙齃。”偈鼻，谓仰而短上者。偈音巨谒反。戾，肩之邪也。《史记》作“巨脣”，脣谓脣大也。近之。魋颜，谓额高也。齃，鼻短而折者也。齃或作额，音焉连反。渠，其于反。《尚书》“载其渠魁”，孔曰：“渠，大也”云云。

“曷鼻，巨肩”，决疑“曷鼻，巨肩”。刘、贞：“偈鼻，巨肩”，徐：“一作‘仰鼻巨肩’”，同上。“高仰，鸳肩”，同上。“曷鼻，巨脣”，卢藏用引《史记》本“偈鼻，戾肩”。今按：《后语》作。

118. 蔡泽知唐举戏之。

《正义》曰：“蔡泽实不丑而唐举戏之。扬雄《解嘲》言‘蔡泽噤吟而笑唐举’，误甚也。”

119. 吾持粱刺齿肥。

“持粱”，作饭也。“刺齿”二字当作“啮”，又作“龁”也。

毛晃《没韵》：“龁，下没切，齿也。”

120. 之韩、魏，遇夺釜鬲于涂。

抄：蔡泽所持釜鬲被人夺。

121. 闻应侯任郑安平、王稽皆负重罪于秦。

《应侯传》曰：“任郑安平，使将击赵。郑安平为赵所困，急，以兵二万人降赵。应侯席稾请罪。秦之法，任人而所任不善者，各以其罪罪之。”

122. 及见之，又倨。

《通鉴》卷五：“蔡泽见应侯，礼又倨”，胡注：“倨，居御翻，傲也。”

123. 吁，君何见之晚也。

《通鉴》卷六：“蔡泽曰：‘吁’”，胡注：“孔安国曰：‘吁，疑怪之辞。’孔颖达曰：‘吁者，心有所嫌而为此声，故以为疑怪之辞也。’”

124. 夫四时之序，成功者去。

“夫四时之序”，胡注：“谓春生，夏长，秋就实，冬闭藏，各成其功而相代谢也。”

125. 夫人生百体坚强。

“百”，或作“四”。

126. 岂不辩智之期与。

“辩”，智者之所期也。

127. 名实纯粹，泽流千里。

《正义》曰：“王逸云：‘至美曰纯，齐同曰粹。’”

“千里”，徐作“千世。”

128. 岂道德之符而圣人所谓吉祥善事者与。

“道德之符”，刘谓：“要契。”

“道德之符”，讲云：“符瑞也。”

129. 若夫秦之商君，楚之吴起，越之大夫种，其卒然亦可原与。

《通鉴》：“君独不见夫秦之商君”，胡注：“商君事见二卷周显王三十一年。吴起事见一卷安王二十一年。大夫种相越王句践以雪会稽之耻，功成不退，为句践所杀。种，温公音章勇翻。与，读曰欤。句，音钩。践，慈浅翻。种，章勇翻。”

130. 复谬曰。

“谬”，诈也，欺也。

131. 夺魏公子印，安秦社稷，利百姓。

“印”，小板作“卬”。

《商鞅传》：“使卫鞅将而伐魏。魏使公子卬将而击之。军既相距，卫鞅遗魏将公子卬书曰：‘吾始与公子欢，今俱为两国将，不忍相攻，可与公子面相见，盟，乐饮而罢兵，以安秦、魏。’魏公子卬以为然。会盟已，饮，而卫鞅伏甲士而袭虏公子卬，因攻其军，尽破之以归秦。”

132. 卒为秦禽将破敌，攘地千里。

“攘地”，师说曰：《周礼》：“狱者诛之”，郑：“攘，却也。”《楚辞》王逸曰：“攘，排也，言见排逐也。”《方言》：“攘，止也。”

133. 然为霸主强国，不辞祸凶。

“辞”，乍“离”。

134. 申生孝而晋国乱。

申生者，晋献公太子申生也。太子申其母，齐桓公女，曰“齐姜”，早死。晋献公子八人，而太子申生、重耳、夷吾皆有贤行。献公时出猎，置胙于宫中。骊姬使人置毒药胙中。居二日，或谓太子曰：“为此药者乃骊姬也，太子何不自辞明之。”太子曰：“吾君老矣，非骊姬，寝不安，食不甘。即辞之，君且怒之。不可。”或谓太子曰：“可奔他国。”太子曰：“被此恶名以出，人谁内我。我自杀耳。”十二月戊申，申生自杀于新城。胙者，太子申祭其母齐姜，上其荐胙于献公。详见《晋世家》，今摭之耳。

135. 闳夭事文王，周公辅成王也。

《通鉴》：“闳夭、周公，岂不亦忠且圣乎”，胡注：“闳夭，周文王、武王之贤臣。闳，音宏。夭，于骄翻，又于表翻。”

136. 然则君之主慈仁任忠，惇厚旧故。

“惇”，都昆，厚也。

137. 义不倍功臣。

胡注：“倍，与背同，蒲昧翻。”

138. 今主之亲忠臣不忘旧故不若孝公、悼王、越王。

“主”，或“王”，小板。

139. 物盛则衰，天地之常数也。

《老子经上》：“功成名遂身退，天之道”，河上公注：“譬如日中则移，月满则亏，物盛则衰，乐极则衰也。四时之运成功者去天地尚然而况于人乎。”

140. 进退盈缩，与时变化。

《通鉴》：“进退赢缩”，胡注：“五星早出为赢，晚出为缩。赢，余轻翻、缩，所六翻。”

141. 飞龙在天，利见大人。

《周易・干卦》：“九五：飞龙在天，利见大人。”《正义》曰：“言九五阳气盛至于天，故云‘飞龙在天’。此自然之象，犹若圣人有龙德飞腾而居天位，德备天下，为万物所瞻睹，故天下利见此居王位之大人。”

142. 不义而富且贵，于我如浮云。

《论语·述而篇》：“不义而富且贵，于我如浮云。”郑曰：“富贵而不以义者，于我如浮云，非已之有。”

143. 今君之怨已雠而德已报。

胡注：“怨已雠，谓杀魏齐；德已报，谓进用王稽、郑安平等。《范雎传》：‘一饭之德必偿，睚眦之怨必报。’”

144. 至于葵丘之会，有骄矜之志，畔者九国。

《左传》：“秋，齐侯盟诸侯于葵丘，曰：‘凡我同盟之人，既盟之后，言归于好。’（义取修好，故传显其盟辞。）宰孔先归，（既会，先诸侯去。）遇晋侯，曰：‘可无会也。晋侯欲来会葵丘。齐侯不务德而勤远略，故北伐山戎，在庄三十一年。南伐楚，在四年。西为此会也。东略之不知，西则否矣。（言或向东，必不能复西略。）其在乱乎。君务靖乱，无勤于行！’（在，存也。微戒献公，言晋将有乱。）晋侯乃还。（不复会齐。）”

《齐世家》：“桓公三十五年夏，会诸侯于葵丘。周襄王使宰孔赐桓公文武胙、彤弓矢、大路，命无拜。桓公欲许之，管仲曰：‘不可’，乃下拜受赐。秋，复会诸侯于葵丘，益有骄色。周使宰孔会。诸侯颇有叛者。晋侯病，后，遇宰孔。宰孔曰：‘齐侯骄矣，弟无行。’从之。”

145. 夏育、太史噭叱呼骇三军。

齐愍王之遇杀，其子法章变名姓为莒太史敫家庸。太史敫女奇法章状貌，以为非恒人，怜而常窃衣食之，而与私通焉。法章立为襄王，以保莒城而布告齐国中。立太史氏女为王后，是为君王后，生子建。太史敫曰：“女不取媒因自嫁，非吾种也，污吾世。”终身不睹君王后。君王后贤，不以不睹故失人子之礼。虽然太史噭被杀一事未考也。

146. 夫商君为秦孝公明法令，禁奸本。

详见《商鞅传》。

147. 劝民耕农利土，一室无二事，力田稸积。

“利土”，陆曰：“尽土之利也。”

“稸积”，《韵会·屋韵》：“蓄：敕六切，《说文》：‘积也。’或作‘稸’，《史记·平准书》注：‘计市物贱而豫益稸之也。’《蔡泽传》：‘力田稸积。’通作‘畜’。”

148. 白起率数万之师以与楚战，一战举鄢郢以烧夷陵。

《平原君传》：“白起，小竖子耳，率数万之众，兴师以与楚战，一战而举鄢郢，再战而烧夷陵，三战而辱王之先人。”

149. 禁游客之民，精耕战之士。

“客”，一乍“宕”。

150. 君独不观夫博者乎。

《索隐》：《方言》云“所以投博谓之抨”。

《正义》引《弈指》云：“博县于枰”，恐误乎。言不在其行贤愚也。

注“抨”，恐“枰”乎。“投”或作“枰”。“分”，衍字也。

《事文类聚》前集四十三：“博塞（先代反）部：鲍宏《博经》：琨蔽，王著也，各投六著行六棊，故云六博。用十二，六棊白，六棊黑，所掷头谓之琼。琼有五采，刻为一画者谓之塞，刻为两画者谓之白，刻为三画者谓之黑。一边不刻者谓之五塞。”《山谷集》第九《次韵子瞻送李豸》：“虽然一哄有奇耦，博悬于投不在德。”

151. 利施三川，以实宜阳。

“施”，欺取也。犹发散三川之物而充实宜阳也。

152. 又斩范、中行之涂。

“斩范、中行之涂”，刘曰：“盖当齐晋之要路也。”卢云：“中行，晋向之号也。”

“范、中行者”，范，献子士鞅；中行，穆伯荀吴也。晋之六卿韩宣子、韩起、赵文子、赵武、范献子士鞅、中行穆伯荀吴、智文子、荀栎是也。

153. 此亦秦之分功之时也。

“秦之分功之时也”，卢云：“言秦既欲得君之功，又极则祸患至矣，如博之分功也。”

154. 而有许由、延陵季子之让，乔松之寿，孰与以祸终哉。

《正义》曰：“乔，周灵王太子晋也。赤松子，神农时雨师也。”

155. “亢龙有悔”，此言上而不能下。

《易·乾卦》上：“亢龙有悔”，新注：“亢，苦浪反。《传》：九五者位之极中，正者得时之极；过此则亢矣。上九至于亢极，故有悔也。有过则有悔，惟圣人知进退存亡；而无过则不至于悔也。本义上者最上一爻之名，亢者过于上而不能下之意也。阳极于上动，必有悔，故其象占如此。”

朱氏《附录》：“亢龙有悔”，“若占得此爻必须以亢满为戒，如这般处最是《易》大义。《易》之为书，大抵于盈满时致戒，盖阳气正长必有消退之渐，自是理势如此。”

《韵会·去声·漾韵》：“亢，高极也。”

156. 客新有从山东来者曰蔡泽。

李远《丛台诗》：“有客新从赵地回，自言曾上古丛台。”戴叔伦《赠友人边游》：“有客新从绝塞回，自言曾上李陵台。”

157. 太史公曰：“韩子称……”

幻谓：以下十六字总论也。范雎，范、蔡以辩取卿相，善舞善贾者乎。然“游说”以下两义：一云范、蔡无所遇者，初少钱短袖之故也。“及二人”，“及”字如旧点则似接上文，其义难通。及于取卿相之义乎。然则改其点而已。“强弱”二字谓范、蔡初终也。二云“然游说”，凡谓世之游说无所一遇者，盖无所遇者之点乎。“及二人”，“及”字言世之游说无所遇者。及与范蔡二人也。“强弱”二字，“强”言范、蔡，“弱”言白首不遇者也。

蕉云：“游说相秦，秦国以强范、蔡之所得。”

158. 范雎、蔡泽世所谓一切辩士。

师说：做辩事，言遍晓诸事。

159. 固强弱之势异也。

抄：“固强弱之势”，初则弱，后则强。初则短袖少钱，后则长袖多钱。

160. 贤者多如此二子，不得尽意。

“二子尽意”，讲云：不得意者多矣。

161. 应侯始困，讬载而西。

王稽约三亭之南，载范雎西入秦也。

162. 倚秦市赵，卒报魏齐。

昭王用应侯谋，纵反间卖赵。

163. 【卷末】

《黄氏日抄》："范雎辱于魏齐，赖郑安平、王稽窃载入秦。离昭王母子兄弟舅甥之亲，而居相位，以快一己之恩仇，盖亦劳矣。然卒以任郑安平、王稽二人败事而罢，夫爵禄非酬恩之具也。顾材所堪耳，况窃之君以私所恩耶。范雎以口舌攘穰侯之位，而蔡泽复以口舌攘之雎，所谓'螳螂捕蝉，黄雀在后也'。然穰侯以君臣骨肉之亲，则雎攘之也难。范雎当君臣疑阻之际，则泽攘之也易。雎远交近攻之，真有益于秦。泽特羁困之余，窃富贵耳。泽殆非雎以离间昭王母子兄弟而得之，泽劝雎功成身退，心虽私而论则正矣。鬲者曲脚鼎。夏育，卫人，力举千钧，此为贲育之育。"

（原载《史说论丛》第3集，华文出版社2001年版）

日本南化本《史记·屈原贾生列传》疏证

1.【卷首】

抄云：屈原谪而《离骚》以兴，贾谊不用而二赋又出。接鲁邹之书不亦宜也哉？

2. 屈原者，名平，楚之同姓也。

《正义》：屈、景、昭皆楚之族。王逸云："楚王始都是，生子瑕，受屈为卿，因以为氏。"

《楚辞·离骚经第一》："朕皇考曰伯庸"云云；"肇锡余以嘉名。名余曰正则兮。字余曰灵均"。王逸曰："正，平也。则，法也。灵，神也。均，调也。言正平可法则者，莫过于天；养物均调者，莫神于地。高平曰原，故伯庸名我为平以法天，字我为原以法地。夫人非名不荣，非字不彰，故子生，父思善应而名字之，以表其德、观其志也。"朱子《集注》："正，平也"云云，灵、均各释其义，以为美称耳。

朱子《楚辞辩证》："王逸曰：'楚武王子瑕受屈以为客卿'，客卿，战国时官，为他国之人游宦者设。春秋初年未有此事，亦无此官，况瑕又本国之王子乎？"王逸注《离骚经序》曰："三间之职，掌王族三姓，曰昭、屈、景。"朱注："《战国策》：楚有昭奚恤。《元和姓纂》云：楚之武王子瑕食采于屈，因氏焉。屈重、屈荡、屈建、屈平，并其后。又云：景氏有景差。汉皆徙大族昭、屈、景三姓于关中。"

《十九史略》注："平字名原，小字灵均。"

注所谓瑕，盖春秋莫敖屈瑕也。

3. 博闻强志，明于治乱，娴于辞令。

《集解》：《史记音隐》"切音闲"。

抄："强志"，强记也。

"切"，本作"娴"。《正义》曰："闲，雅也。"

幻谓：如《正义》作"娴"。

注"切音"，焦讲云：韵书名乎？小板作"娴"。

《韵会》："闲，习也。又娴，《说文》：'雅也。'徐曰：'娴雅逶迤若女子也。'《史》：'屈原娴于辞令。'《前·相如传》：'雍容娴雅。'《集韵》或作'嫺'。"

4. 上官大夫与之同列，争宠而心害其能。

"上官大夫"，《排韵·复姓部》："上官，天水楚王子兰为上官邑大夫，因氏焉。"

朱子《楚辩证》："王逸曰：'同列大夫上官靳尚妒害其能。'似以为同列之大夫姓'上官'而名'靳尚'者。洪氏曰：'《史记》云：上官大夫与之同列。又云：用事臣靳尚。'则是两人明甚。逸以《骚》名家者，不应谬误如此。然词不别白，亦足以误后人矣。"

幻谓：《正义》曰："为上官靳尚"，亦误矣。

5. 故忧愁幽思而作离骚。

《楚辞·九歌·山鬼》章："思公子兮徒离忧。"《离骚经》曰："帝高阳之苗裔兮，朕皇考曰伯庸；摄提贞于孟陬兮，惟庚寅吾以降"云云；"汤禹俨而求合兮，挚咎繇而能调"云云；"说操筑于傅岩兮，武丁用而不疑；吕望之鼓刀兮，遭周文而得举；宁戚之讴歌兮，齐桓闻以该辅"。挚，伊尹名。

6. 离骚者，犹离忧也。

朱子《离骚注》："班孟坚曰：'离，犹遭也。'颜师古曰：'扰动曰骚。'洪曰：'其谓之经，盖后世之士祖述其词，尊而名之耳，非原本意也。'"朱子《楚辞辩证》云："《离骚经》之所以名，王逸以为离，别也；骚，愁也；经，径也；言已放逐离别，中心愁思，犹依进径以风谏君也。此说非是，史迁、班固、颜师古之说得之矣。"

7. 《国风》好色而不淫，《小雅》怨诽而不乱。

朱子《集注·楚辞离骚序》："淮南王安曰：'《国风》好色而不淫，可谓兼之矣。'又曰：'蝉蜕于浊秽之中，以浮游尘埃之外，不滓，推此志也，可也。'"

幻谓：有“之中”二字，无“者也”二字。

8. 上称帝喾，下道齐桓，中述汤武，以刺世事。

《离骚》：“凤皇既受诒兮。恐高辛之先我”，《文选》注：王逸曰“高辛，帝喾有天下号也。《帝系》曰：‘高辛氏为帝喾，次妃有娀氏女生契’，言己既得贤智之士若凤皇，受礼遗将行，恐帝喾已先我得娀简狄也。”济曰：“诒，遗也。高辛，帝喾也言我得贤人若凤皇者，受遗玉帛将行就聘，又恐帝喾先我而得之。帝喾，喻诸国贤君。欲远集而无所止兮，聊浮游以逍遥。王逸曰：‘言己既求简狄，复后高辛，欲远集它方，又无所之，故且游戏以忘忧也。’”良曰：“言求忠贤不得，欲往远方又兼无所止，且浮观而逍遥。”幻谓：“上称帝喾其是之谓乎。下道齐桓，所谓齐桓闻以该辅也。中述汤武，所谓‘汤禹俨而求合也’，武所谓遭周文也，不云文而云武，盖以语信也，又武谓武丁用不疑也。《毛诗·殷武》篇：‘挞彼殷武，奋伐荆楚’，《毛传》云：‘殷王武丁也。’”

帝喾，颛顼高阳之子，帝高辛也。

9. 其志絜，故其称物芳。

“称物芳”，蕉讲云：“《离骚》咏香草也，《楚辞辩证》：‘此辞之例以香草比君子，王逸之言是矣。然屈子以世乱俗衰，人多变节，故自前章兰芷不芳之后，乃更叹其化为恶物。’”

10. 自疏濯淖污泥之中。

《索隐》：上音浊，下音闹。

《正义》：“上音浊，下音女教切。”

“污泥”，《正义》：“上乌计反，下年计反。”

《韵会·效韵》：“闹并淖，女教切。淖，泥也。”

陆云：“疏濯谓疏理；濯，洗也。喻于烦污之中，自洁清也。”陆说分明故为先说，后同贞之“耻事”之意。

11. 皭然泥而不滓者也。

《索隐》：泥亦音涅，滓亦音淄，又并如字。

《韵会·屑韵》：“涅，乃结切。《说文》：‘黑土在水中也。’《史记·屈原传》‘泥而’，《索隐》曰：‘滓亦音淄。’”

12. 厚币委质事楚。

《纲目第一·集览》："委质，服虔曰：'委弃其形质而君事之，系必死于其主也。'《左传·僖二十三年》'策名委质'，注：'名书于所臣之策，屈膝而君事之，谓之屈膝。'"

13. 秦原献商、于之地六百里。

《张仪传》注：《索隐》刘氏云："商今之商州，有古商城，其西二百余里有古于城。"

14. 大破楚师于丹、阳。

"阳"，本乍"杨"，刘乍曰"析"。

15. 魏闻之，袭楚至邓。

《正义》："至郢、邓，一本无'郢'字，故郢城在荆州陵口县东北六里，故邓城在襄州赡养县东北二十二里。按：二城相近也。"

师说曰：刘曰："邓在汉水之北，故刘侯城也。"今按刘、贞郢作刘字，本作"邓"字，家依《集注》，"郢"为正本乎？

幻谓：纪传儒藤氏者，日野也。

16. 如楚，又困厚币用事者臣靳尚。

"困"，小板作"因"。

春按：他本皆作"因"，此本作"困"，误。

17. 而设诡辩于怀王之宠姬郑袖。

"郑"，音"翔"。

《毛韵》："诡，异也，戾也。"

《张仪传》：靳尚谓郑（郑音祥）袖曰："秦王甚爱张仪而不（《索隐》'不'作'必'）欲出之，今将以上庸之地六县赂楚，以美人聘楚，以宫中善歌讴者为媵。楚王重地尊秦女，秦女必贵而夫人斥矣。不若为言而出之"；"于是郑袖日夜言怀王曰"云云。

《通鉴·第一》："郑袖"，胡三省注："郑，以国为氏，袖，《战国策》作'褎'，古字也。"《战国策·楚策》"郑褎"，吴师道注曰："褎、袖同。"周紫芝《楚辞说》云："郑国之女多美而善舞，楚怀王宠姬郑袖当时善舞者，故名袖者，所以舞也。"

18. 时秦昭王与楚婚，欲与怀王会。

《楚世家》曰："楚怀王见秦王书，患之。欲往，恐见欺；无往，恐秦怒。昭睢曰：'王毋行，而发兵自守耳。秦虎狼，不可信，有并诸侯之王心。'"

19. 虽放流，睠顾楚国。

幻谓：是时虽云放流，出未迁南乎？

20. 一篇之中三致志焉。

"三"，苏暂反。《正义》："覆，敷福反。每一篇之中反复致志，冀君之一悟也。"

"一篇"，谓《离骚》。

21. 卒以此见怀王之终不悟也。

幻谓：怀王不悟者，不知贤不肖、忠不忠也，故不反矣。

《困学纪闻》卷十七："《离骚》曰：'闺中既已邃远兮，哲王又不寤'，以楚君之闇而犹曰哲王，盖屈子以尧舜之耿介，汤武之祗敬，望其君，不敢谓之不明也。太史公《列传》曰：'王之不明，岂足福哉'，非屈子之意。"

22. 井泄不食，为我心恻。

《集解》：向秀曰："泄者，浚治去泥浊也。"

"泄"，《易》作"渫"，《正义》作"渫"，向秀云"渫者浚"云云。

《毛韵·薛韵》："泄"亦作"渫"。

王弼曰："为犹使。"

《易·井卦》："坎上巽下。初六：井泥不食，旧井无禽"云云；"九三：井渫不食，为我心恻。可用汲，王明，并受其福。"王弼注："泄，不停污之谓也。处下卦之上，履得其位而应于上。得井之义也。当井之义而不见食，修已全洁而不见用，故'为我心恻'也。为，犹使也。不下注而应上，故'可用汲'也。王明，则见昭明，既嘉其行，又钦其用，故曰'王明，并受其福'也。"孔颖达疏曰："井被渫治，则清洁可食"云云；"井渫而不见食，犹人修已全洁而不见用，使我心中恻怆，故曰'为我心恻'也。'可用汲。'井之可汲，犹人可用。若不遇明王，则滞其义才用。若遭遇贤主，则申其行能。贤主既嘉其行，又钦其用，故曰'可用汲，王明，并受其福'也。"程子《传》："若上有明王，则当用之而得其效。贤才见用，则已得行其道，君得享其功，下得被其泽，上下并受其福也。”

23. 令尹子兰闻之大怒。

师说：“‘令尹子兰’之上疑有阙文欤。”

“闻之大怒”，蕉云：余疑心此“闻之”二字。“人君无贤愚智贤不肖”以下史官之笔，则子兰岂闻史官之辞哉？余谓子兰闻楚人咎子兰乎？不然，则闻屈原既嫉之乎？

24. 屈原至于江滨，被发行吟泽畔。

“行吟”，王逸曰：“履荆棘也。”

《楚辞》《文选》无“被发”字。

25. 顷襄王怒而迁之。

“顷襄王怒”，朱子《离骚经序》云：“襄王立，复用谗言，迁屈原于江南。屈原复作《九歌》、《天问》、《九章》、《远游》、《卜居》、《渔父》等篇冀伸己志，以悟君心而终不见省。”

26. 渔父见而问之曰：“子非三闾大夫欤。”

朱子《楚辞集注》：“《渔父》者，屈原之所作也。渔父，盖亦当时隐遁之士，或曰亦原之设词耳。”

“三闾大夫”，逸曰：“谓其故官。”

幻谓：《渔父》乃《离骚》第廿五篇也，太史公不必录为一篇。又唯记屈行实以及渔父问答，故除前后之辞邪。

27. 举世混浊而我独清，众人皆醉而我独醒，是以见放。

“举世”，《文选》六臣本作“世人”。皆浊，五臣本无“人”字，《楚辞》作“举世皆浊”。

“皆浊”，逸曰：“众贪鄙也。”“独清”，逸曰：“志洁己也。”“皆醉”，逸曰：“惑财贿也。”“独醒”，逸曰：“廉自守也。”

28. 夫圣人者，不凝滞于物而能与世推移。

“夫圣人”，《楚辞》《文选》无“夫”字。

“不凝滞”，《文选》物上有“万”字，《楚辞》无“万”字。

《韵会·霁韵》：“滞，直例切。”

29. 举世混浊，何不随其流而扬其波。

《索隐》曰：《楚辞》随其流作“滑其泥”也。

“随其流”，《文选》作“滑其泥”。《选》注：“胡骨切。”

朱子《楚辞集注》："波，叶补悲反。"又云："衣，如字，从《史》则叶于巾反。汶，音问，又音昏，叶莫悲反；从《史》则叶弥巾反。"又云："尘埃，《史》作'温蠖'，若从诸本，则埃叶衣字，于支反。若从《史》，则白叶蒲各反；蠖，于郭反。"

《辩证》："衣叶于今反者，《礼记》'一戎衣'，郑读为殷，古韵通也。"

幻谓：清、醒二字同韵，移、波、螭、为、衣、汶、埃也韵一叶，盖波、汶二字叶莫悲反。埃，叶衣字，于支反之故也。温蠖则白、蠖二字同韵也。衣字叶于巾反，则源衣、汶二字一韵也，或除冠字乎？

《韵会·去声·沁韵》："吟，长咏也，韩文《同宿营联句》：'白鹤叫相吟'，吟音去声。又《史记·淮阴侯传》：'虽有舜禹之智，吟而不言。'"《韵府·侵韵》押行吟字。范德机诗句："为问舟中客，何如泽畔吟"，平声。

30. 何不哺其糟而啜其醨。

《楚辞》曰糟、醨，皆酒滓也。以水曰齐糟，曰醨醨，并薄酒也。

"醨"，《正义》："力知反。"

31. 何故怀瑾握瑜，而自令见放为。

《索隐》曰："《楚辞》此'怀瑾握瑜'作'深思高举'也。"

"怀谨"，《文选》作"深思高举"，翰曰："深思谓谓君与民也。"

"高举"，逸曰："独行忠直也。"

32. 新沐者必弹冠，新浴者必振衣。

"吾闻之"，逸曰："受圣制也"。

"弹冠"，逸曰："拂土芥也。"

"弹冠"，刘："弹犹拂也。"

"振衣"，济曰："振去尘也。"

33. 人又谁能以身之察察。

《集解》：王逸曰："己静絜。"

注"静"，《正义》作"净"，《选》注作"清"。

34. 受物之汶汶者乎。

《集解》：王逸曰："蒙垢敝。"《索隐》："汶汶者，音门门。汶汶犹昏暗不明也。”

《选》：“安能以身”，向曰：“察察，洁白也。汶汶，尘埃垢也。”

“汶汶”，《楚辞》：“叶莫悲切。”

“汶汶”，《正义》：“上音‘问’。”

注“垢敝”，《文选》作“垢尘”。

35. 宁赴常流而葬乎江鱼腹中耳。

“常流”，《文选》作“湘流”。

“常流”，《楚辞》作“湘流”也。

《楚辞》“湘流”，朱《注》：“湘，《史》作‘常’，音长。”

“宁赴湘流”，逸曰：“沉渊也。”

“葬于”，逸曰：“身消烂也。”

36. 又安能以皓皓之白而蒙世俗之温蠖乎。

《索隐》曰：“《楚》作‘蒙世之尘埃哉’。”

“蒙世”，《文选》作“蒙世俗之尘埃乎”。

“温蠖”，《正义》：“犹惛愤也。”

注“惛愤世嫉俗”之“愤”，朱子作“愦”。

《韵会·元韵》：“惛，呼昏切。《广韵》：‘不明了也。’”“愦，队韵，古对切，心乱也。”

37. 乃作怀沙之赋。

《索隐》曰：《楚辞·九怀》曰“怀沙砾以自沉”，此其义也。

《怀沙》注“九怀之德”，恐章乎？《怀沙》，《楚辞·九章》第五章也。朱子《辩证》：“《七谏》、《九怀》、《九叹》、《九思》，虽为骚体，然其词气平缓，意不深切，如无所疾痛而强为呻吟者”云云。《九怀》“九”此义乎？未审。

38. 陶陶孟夏兮，草木莽莽。

朱注《楚辞》“陶陶”作“滔滔”。

39. 伤怀永哀兮，汩徂南土。

朱子注：“汩，越笔反。”

40. 眴兮窈窈，孔静幽墨。

陆曰：“幽墨皆无所为而不得志。”

朱注《楚辞》“窈窈”作“杳杳”。

朱注《楚辞》“墨”作“默”。

41. 冤结纡轸兮，离愍之长鞠。

“离”，《正义》作“离惛”。

《正义》曰：“惛，病也。按：昏，暗也。厉惛，奋怒不自全也。”

42. 抚情效志兮，俛诎以自抑。

“效”，本乍“没”。

“俛诎”，《楚辞》作“冤屈”。

《楚辞》朱注：“效，犹核也。抚，循也。抚情效志，无有过失，则屈志自抑而不惧也。”

《韵会·陌韵》：“核，下革切，与格同。《说文》：‘实也。’考事，襾笮邀遮，其辞得实曰核。徐曰：‘实谓考之使实也。襾者，人覆之也。笮，迫也。邀者，要其情也。遮者，止其诡遁也，所以得实也。’《增韵》：‘又惨刻也。’”

43. 刓方以为圜兮，常度未替。

《集解》：王逸曰：“信人刓削方木，欲以为圆，其常法度尚未废也。”

“常度未替”，《正义》曰：“被谗谮逐放也，欲使改行，终守而不易。”

“未改”，朱子《楚辞注》：“改，音叶已。”《辩证》：“《怀沙》，改，叶音己。按郑注《仪礼》，释用己日为自变改，则二字音义固相近也。”

注“信人”，小板作“言”。

春按：注“信人”之“信”，《史记》诸本皆作“言”，此本误，幻云引“小板”作“言”。

44. 章画职墨兮，前度未改。

“职墨”，《楚辞》朱注曰：“言譬之工人章明所画之绳墨，而念之不忘者，亦以前人之法度未改故也。”

“职”，《韵会》注：“记微也。”《尔雅》：“主也，常也。”

45. 巧匠不斫兮，孰察其揆正。

《楚辞》朱注：“揆，度也。”《正义》：揆，拨正。注曰：“贤能谁察其揆正。”

46. 玄文幽处兮，蒙谓之不章。

《集解》：王逸曰：“玄，黑也。蒙，盲者也。《诗》云‘蒙瞍奏公’。章，明也。”

“瞍”，《楚辞》有之。

抄云：“玄文”，深文也。盲者不知之曰不章。

“幽处”，《楚辞》作“处幽”。

《正义》：“蒙谓之不章，玄，黑色云云。特贤智之士居于山谷，众愚以为不贤。”

《毛诗·灵台》篇：“蒙瞍凑公”，毛注：“有眸子而无见曰蒙，无眸子曰瞍。公，事也。”

47. 离娄微睇兮，瞽以为无明。

《集解》：王逸曰：“离娄，古明视者也。瞽，盲也。”

“离娄”，《正义》曰：“古明视者也云云。贤者遭时困厄，俗人侮之，以为痴狂也。”

《楚辞》“离娄”，朱注：“睇音弟。明，叶音芒。”

48. 凤皇在笯兮，鸡雉翔舞。

《正义》：《应瑞图》云“天老曰：‘鸿而鳞后，蛇颈而鱼尾，龙文而龟身，燕颡而鸡喙，首戴德，颈揭义，背负仁，心入信，翼俟顺，履正，尾击武，小音金，大音鼓，延颈奋翼，五色备举。’”

“兮”，《韵会·齐韵》：“《说文》：‘兮，语有所稽也。从丂八，象气亏也。’徐曰：‘为有稽考，未便言之，言兮则语当驻，驻则气越亏也。’《增韵》：‘歌辞也。’”幻谓：“《楚辞》用‘些’字者，唯宋玉《招魂》一篇而已。”

朱注：“笯，音奴。又音暮，一作‘郊’，二字皆非是。”

“凤凰”注：“鳞后”之“鳞”，可改作“麟”。又“鸿”字下脱“前”字。“履”之上脱“足”字。

《事文类聚·后集·凤凰部》卷四十二：《韩诗外传》：“天老对曰：‘夫凤凰象鸿前而麟后，蛇头而鱼尾，龙文而龟背，燕颔而鸡喙，首戴德，颈揭义，背负仁，心入信，翼挟顺，足履文，尾击武，小音金，大音鼓，延颈奋翼，五色备举。’”又《真仙通鉴·黄帝传》：

“是鸟龙前鹿后”云云；足履正，尾击武。

注“应瑞图”，《大正义》并小板作“应瑞”。幻谓：字倒乎。又“顺”下脱“足”字乎？

注“矦”，《正义》作“候”。

春按：《史记》诸本《正义》与此本异，“翼矦顺”之“矦”作“俟”，“履”前有“足”字。

49. 同糅玉石兮，一槩而相量。

“糅”，《楚辞》云：“女救反，杂也。”

《正义》：“糅，女由反。”

《韵会·宥韵》：“糅，女救切。《说文》：‘杂饭也’，本作粈。徐按：‘《史记》多言汉粈之霸道也。今文作糅。’《广韵》：‘杂也。今谓异色物相集曰糅。’《史·屈原传》‘同糅玉石。’《前·刘向传》：‘邪正杂糅，忠佞并进。’”

朱注：“槩，平斗斛木也。”

50. 夫党人之鄙妒兮，羌不知吾所臧。

《正义》曰：“羌，发语端也。”

“羌不知”，《韵府》“羌”字注：“发语辞，《楚辞》多用羌字，注：犹乃也。”

《韵会》：“羌，又发语端。《楚辞》注：犹乃也。”

51. 任重载盛兮，陷滞而不济；怀瑾握瑜兮，穷不得余所示。

“任重”，《正义》曰：“言以才德盛，大可任用重载，无贤得以用之。故使陷入而不济。千人才曰俊，万人才曰杰。按俊杰被馋毁，使民困，是群庸之态也。”

朱注：“盛，多也。陷，没也。滞，留也。济，度也。此言重车陷泞而不得度也。在衣为怀，在手为握。瑾、瑜，美玉也。不知所示，人皆不识，无可示者也。”

“不得”，《楚辞》作“不知”。

52. 诽骏疑桀兮，固庸态也。

《楚辞》作“非俊”，疑桀，朱注：“非，毁也。”

53. 文质踈内兮，众不知吾之异采。

“踈内”，“踈”，《楚辞》作“疏”。朱注：“文质，其文不艳也。

内，木讷也。异采，殊异之文采也。”“内，旧音讷，又如字。”

抄：文质，文与质隐于中人不知焉。

54. 材朴委积兮，莫知余之所有。

《楚辞》：“材木委积”，朱注：“朴，《史》作朴。积，《史》作质。有，叶于彼反”云云；“材，木中用者也，朴，未斫之质也。委积，言其多有，唯所用之，而世莫之知也。”

55. 重仁袭义兮，谨厚以为丰。

《正义》曰：“袭亦重也。”

56. 重华不可牾兮，孰知余之从容。

《楚辞》：“重华不可遌兮”，朱注：“遌，一作遻。《史》作‘牾’，洪云：‘当作遻，五故反，与迕同。’袭，亦重也。丰，犹富足也。遻，逢也。从容，举动自得之意。”

57. 古固有不并兮，岂知其故也。

《楚辞》：“古固”，朱注：“古有不并，言圣贤不并时而生也。”

“岂知其故也”，《正义》曰：“岂有此死事故也？言人固有不可比并。汤禹久远，不右慕也，乃怨忧，不可其志，故进路北次，自投汨罗而死。”

58. 惩违改忿兮，抑心而自强。

“惩违改忿”，《正义》曰：“惩，止也。忿，恨也。”

朱注：“违，一作连。强，其两反。愍，《史》作‘愍’，一作‘闵’。‘像’，《史》作‘象’。违，过也。像，法也。强于为善而不以忧患改其节，欲其志之可为法也。”

“惩违改忿”，抄：言违世则见谗谪，故惩之，改其忿，抑其心，以欲顺之。

59. 进路北次兮，日昧昧其将暮。

“北”，背也，《楚词》曰：“进路北次兮”，朱注：“言将北归郢都，而日暮不得前也。于是将欲舒忧以娱哀，而念人生几何，死期将至，其限有不可得而越也。”

60. 乱曰：“浩浩沅、湘兮，分流汨兮。”

《离骚经》第一：“乱曰：已矣哉！国无人兮，莫我知兮。”朱子注：“乱者，乐节之名，《国语》云‘其辑之乱。’辑，成也，凡作篇

章既成，撮其大要，以为乱辞也。《史记》曰：‘《关雎》之乱，以为风始。’《礼》曰：‘既奏以文，又乱以武。’”

“分流汩”，朱注：“分，一作纷。皆非是。汩，音骨，水流声；又音鹘，涌波也。《史》有‘曾唫恒悲兮，永叹慨兮。世既莫吾知兮，人心不可谓兮’四句。浩浩，广大也。汩，流貌。修，长也。”

61. 修路幽拂兮，道远忽兮。

“幽拂”，《正义》曰：“凡弗反，言拂郁幽蔽也。”

62. 曾唫恒悲兮，永叹慨兮。

《索隐》：“《楚词》无‘曾唫’已下二十一字。”

《正义》曰：“自‘曾唫’已下二十一字，《楚辞》本或有无者，未详。”

“曾唫”，幻：未见古人注解，仔细可检。若臆度，则重“吟”义乎?《韵会·蒸韵》：“又曾犹重孙也，《诗》：‘曾孙田之’，注疏：‘曾，重也。自曾祖至无穷，皆得称重孙。’《左传·哀三年》：‘曾孙蒯聩敢告皇祖文王、烈祖康叔。’”又与“层”通，高吟之义乎？又为“乃”也，“乃吟”之点乎?

63. 怀情抱质兮，独无匹兮。伯乐既殁兮，骥将焉程兮。

《楚辞》：“怀质抱情，独无匹兮。伯乐既没，骥焉程兮。”朱注：“质，《史》作‘情’，情，《史》作‘质’。匹，当作‘正’字之误也；以韵叶之，及以《哀时命》考之，则可见矣。没，《史》作‘殁’云云。无正，与日夜无正之正之意同。伯乐，善相马者也。程谓：‘校，量才力也。’”

《楚辞辩证》：“怀质抱情独无匹兮”，诸本皆同，《史记》亦然。而王逸训“匹”为“双”。《补注》云：“俗字作‘疋’”，则其来久矣。但下句云：“伯乐既没，骥马骋兮”，于韵不叶，故当疑之。而上下文意及上篇“并日夜而无正”者证之，知“匹”当作“正”，乃与下句音义皆叶，然未敢必其然也。及读《哀时命》之篇，则其词有曰：“怀瑶象而握琼兮，愿陈列而无正”，“正”正与此句相似，其上下句又皆以荣、逞、成、生为韵，又与此同，晓然知其当改而无疑也。

64. 人生禀命兮，各有所错兮。定心广志，余何畏惧兮。

《楚辞集注第八·续离骚·庄忌〈哀时命〉》云：“伯夷死于首阳

兮，卒夭隐而不荣。太公不遇文王兮，身至死而不得逞。怀瑶象而佩琼兮，愿陈列而无正。”朱注：“逞，叶丑京反。正，叶测京反”云云；“无正，言无人能知之贤而平其是非也。”

《楚辞·九章第四·抽思》章：“与美人之抽思兮，并日夜而无正。”朱注：“思，意也。并日夜，言旦莫如一也。无正，无与平其是非也。”

《楚辞》“民生禀命”云云，朱注：“错，置也。言民之生莫不禀命于天，而随其气之短长、厚薄，以为寿夭、穷达之分，固各有置之之所而不可易矣。吉者不能使之凶，凶者不能使之吉也。是以君子之处患难，必定其心，而不使为外物所动摇；必广其志，而不使为细故所狭隘。则无所畏惧，而能安于所遇矣。”

65. 曾伤爰哀，永叹喟兮。世溷不吾知，心不可谓兮。

《正义》曰：“溷，胡困反，乱也。”

《楚辞》：“曾伤，世溷莫吾知。”朱注：“曾，音增。《史》无‘浊’字，‘莫’作‘不’，一无‘人心’字，或无‘人’字，或无‘人心’而有‘念’字。一本无‘浊吾人心’四字。按此四句，若依《史记》移著上文‘怀质抱情’之上，而以下章‘死不可让，愿勿爱兮’承‘余何畏惧’之下，文意尤通贯。但《史》于此又再出，恐是后人因校误加也。”

66. 知死不可让兮，原勿爱兮。明以告君子兮，吾将以为类兮。

《楚辞》：“知死不可让。明告君子”，朱注：“爱，叶于既反。明下一有‘以’字。《补》曰：‘屈子以为知死之不可让，则舍生而取义可也。所恶有甚于死者，岂复爱此七尺之躯哉！’类，法也，以此言为法也。”

67. 于是怀石遂自汨罗以死。

《索隐》曰：汨音觅也。

《韵会·锡韵》：“觅，莫狄切，与汨同字母。”

68. 屈原既死之后，楚有宋玉、唐勒、景差之徒者。

《索隐》曰：杨子《法言》及《汉书·古今人表》皆作“景瑳”。

“宋玉、唐勒”，幻谓：《续离骚》有宋玉《九辩》《招魂》并景差《大招》篇，无唐勒辞。《排韵》：“唐琼华，楚大夫唐勒之女。勒妻一产二子，男一，女一。男曰正夫，女曰琼华。”景差，《韵府·支韵》：“差，叉宜切”。景差，《扬子》“或问景差”。又，《麻韵》：“初牙切。人名，景差，详《佳韵》。”又，《佳韵》，“差”注无“景差”。《韵会·歌韵》：“创何切。景差，人名。”余韵不收景差名。

《索隐》“扬子《法言》”云云，幻按：扬子《法言·吾子篇》：“或问：景差、唐勒、枚乘、宋玉之赋也益乎？曰：必也淫。”吴秘曰：“景差，宋玉楚大夫。”《前汉书·古今人表》“景瑳”，师古曰：“瑳，音子何反，即景差也。”王周正月，周人以建子为岁首，则冬十有一月是也，前乎周者以丑为正，其《书》始即位曰：“惟元祀，十有二月。”则知月不易也，后乎周者以亥为正，其书始建国曰元年冬十月，则知时不易也。建子非春亦明矣。乃以夏时冠周月，何哉？

幻谓：“景差”之“差”当作用“瑳”，《索隐》本作“瑳”。

69. 以能诵诗属书闻于郡中。

《通鉴》卷十三：“帝以为博士”，胡注：“班《表》：博士，秦官，掌通古今，秩比六百石，员多至数十人。武帝建元五年，初置五经博士；宣帝黄龙元年，增员十二人；属奉常。”

《汉书·列传第十八卷》：“属”，师古曰：“谓其缀辑之也，言其能为文也。属音之欲反。”

70. 召置门下，甚幸爱。

宋祁曰：“‘爱’字下当有‘之’字，句缓而顺。”

71. 闻河南守吴公治平为天下第一。

《索隐》：按：吴，姓也。吏失名，故称公。

注“吏”，小板作“史”。

春按：“吏失名”之“吏”，《史记》诸本均作“史”，此本误作“吏”。

72. 故与李斯同邑而常学事焉。

“同邑”，《正义》：“李斯，上蔡人。”

“常”，本作“尝”。师古曰：“事之而从其学。”

73. 每诏令议下，诸老先生不能言。

师古曰：“谓有诏令出下及遣议事。”

74. 一岁中至太中大夫。

师古曰："说读悦。"

胡注："班《表》：太中大夫，掌论议，无员，多至数十人，秩比千石；属郎中令。"

75. 天下和洽。

《韵会》："洽，和也。"

76. 而固当改正朔，易服色，法制度，定官名，兴礼乐。

一本"制法度"，或本作"法度制"。

《通鉴》卷十三："贾生请改正朔，易服色，定官名，兴礼乐，以立汉制，更秦法"，胡注："正朔，谓夏建寅为人正，商建丑为地正，周建子为天正。秦之建亥，非三统也，而汉因之，此当改也。周以火德王，色尚赤。汉继周者也，以土继火，色宜尚黄，此当易也。唐、虞官百，夏、商官倍，周官则备矣，六卿各率其属，凡三百六十。秦立百官职名，汉因循而不革，此当定也。高祖之时，叔孙通采秦仪以制朝廷之礼，因秦乐人以作宗庙之乐，此当兴也。谊之说虽未为尽醇，而其志则可尚矣。"

《黄氏日抄》第七《读春秋部》云："春王正月，自杜氏注《左氏传》有'周正月今十一月'之语，先儒遂多指《春秋》之春为冬建子之月。至文定公胡康侯讲《春秋》，始谓前乎周以丑为正。《书》：'元祀，十有二月'，知时不易也，建子之月非春明矣。圣人语颜回以为邦，则曰：行夏之时，作《春秋》以经世，则曰'春王正月'，盖以夏时冠月，垂法万世。以周正纪事，示无其位不敢自专也。然文定以春为夏正之春，建寅而非建子，可也。以月为周之月，则时与月异，又存疑而未决也。故晦庵先生以为，如胡氏学则月与时事常差两月，恐圣人作经又不若是之纷更也。此事晦庵考之详矣，尚未尝质言之，岂后学敢知！近世惟岷隐戴氏溪在东宫讲《春秋》，常以夏正为说，于时事亦未见其甚背。窃意三代虽有改正朔之事，而天时恐无可改迁之理。今所抄集，姑依戴氏，在来者择焉。"

77. 乃悉草具其事仪法，色尚黄，数用五。

《正义》曰：汉文帝时黄龙见成纪，故改为上也。

师古曰："更，改也。"

注“改为上”，小板《大正义》为“上”字，或改为“上非乎”。“色尚黄”之“尚”，《汉书》作“上”。

《汉书·文帝纪》曰：“十五年春，黄龙见于成纪者。”师古曰：“成纪，陇西县。”

幻谓：黄龙见成纪者，文帝十五年夏也。谪长沙作《鹏赋》者，文帝六年夏也。贾请改服色在未为长沙傅之前，《正义》所谓黄龙见成纪，盖十年后也。文帝十四年，公孙臣上书曰：“始皇得水德，及汉受之。推终始传，则汉当土德，土德之应，黄龙见，宜改朔，服色上黄”云云。明年黄龙见成纪，详见《汉·郊祀记》《文帝纪》。

78. 孝文帝初即位，谦让未遑也。

“遑”，《汉书》作“皇”，师古曰：“皇，暇也。自以为不当改制。”

79. 绛、灌、东阳侯、冯敬之属尽害之。

《正义》：绛、灌，周勃、灌婴也。东阳侯，张相加。

《韵语春秋》卷七：“屈原事楚怀王，不得志，则悲吟泽畔，卒从彭咸之居”云云；“贾生谪长沙傅，渡湘水为赋以吊之。所遭之时，虽与屈原不同，盖亦原之志也”云云；“议者谓谊所欲为，文帝不能用者，以绛、灌、东阳之属谗之尔，故谊之赋有云：‘莫邪为钝，铅刀为铦。斡弃周鼎，宝康瓠兮’，观此，是有憾于绛、灌、东阳者。虽然，勃也，婴也，敬也，皆素有长者之誉，必不肯害贤而利己。《楚汉春秋》别有绛、灌，岂其是耶？”

黄文献公曰：“屈原死后百余年，而汉有贾生。贾生以谪去，过湘水，乃投书以吊屈原。太史公盖合二子以为《传》。夫亦徒见生之为文，愁痛无聊，发愤壹郁，不殊于原，而未极其趣者也。夫怀王受欺于张仪，疏屈原而不用，身陷国蹙，为天下笑。顷襄亲值其乱而曾不悟，反怒原迁之江南，而楚亦寻灭。彼屈原者，诚悼夫存君兴国之志，终无所伸，而为是发愤无聊也。生之在汉，非有肺腑之亲，历试之久，顾于卒然遇主之顷，欲尽去其旧，惟己之所欲为。一不见用，则遂自附于屈原，而待其君以亡国之主，诚何理耶？夫改正朔，易服色，法制度，定官名，兴礼乐，事至不轻也，大臣不闻，议士不与，而遽自草具其仪法，可不可哉！”

《集览》第一：“害，忌也，犹言患之。”

注“加”，小板作“如”，《大正义》作“加”，师古作“如”。

幻谓：东阳侯张相如何人哉？或谓张苍欤？张苍绌，贾生、公孙臣所言服色正朔，见《任敖传》。然《苍传》无封东阳侯并字相如之事。必别人矣。

春按：《正义》“张相加”，《史记》诸本作“张相如”，此本误。

80. 乃以贾生为长沙王太傅。

《索隐》曰：宜为傅是吴芮之玄孙产袭长沙王之时也。

《通鉴》胡注：“汉制，诸侯王国有太傅辅王。”

注“产”，小板或作“差”。

春按：小板作“差”，误。

81. 又以适去，意不自得。

《集解》：徐广曰：“适，竹革反。”

《正义》：“适，张革反，违也。”

82. 及渡湘水，为赋以吊屈原。

《吊屈原赋》，《文选》第六十作《吊屈原文》，编之“吊文部”。

83. 共承嘉惠兮，俟罪长沙。

《正义》“俟”作“竢”，曰：“竢，古俟字，待也。”

《正义》曰：“嘉惠，诏命。”颜云：“恭，敬语。”

84. 侧闻屈原兮，自沈汨罗。

《汉书》作“湛”，师古曰：“湛读曰沈。”

85. 造讬湘流兮，敬吊先生。

师古曰：“造，至也。言至湘水而因托其流也。”

86. 遭世罔极兮，乃陨厥身。

“罔极”，张晏曰：“谗言罔极。”师古曰：“罔，无也；极，中也。无中正之道。一曰极，止也。”朱注：“极，止也。《诗》曰：‘谗人罔极。’”

《毛诗·青蝇篇》：“谗人罔极，交乱四国。”

87. 鸾凤伏窜兮，鸱枭翱翔。

“鸱枭”，师古曰：“鸱，鸱鸺，怪鸟也。鸮，恶声之鸟也。”

88. 阘茸尊显兮，谗谀得志。

《索隐》：“阘音天腊反。茸音而陇反。”

“夭”，作“天”。

小板：“反”，本作“云”。

89. 贤圣逆曳兮，方正倒植。

师古曰：“植，立也。音值。”

90. 世谓伯夷贪兮，谓盗跖廉。

《索隐》曰：“《汉书》作‘随、夷溷兮跖、蹻廉’。”

应劭曰：“随，卞随，汤时廉士，汤以天下让而不受。夷，伯夷也，不食周粟，饿于首阳之下。”师古曰：“溷，浊也，音胡困反。”李奇曰：“跖，秦大盗也。楚之大盗为庄蹻。”

91. 于嗟嚜嚜兮，生之无故。

“生”，先生之义。师古曰：“生，先生也。”

“无故”，邓展曰：“言屈原无故遇此祸也。”

92. 斡弃周鼎兮宝康瓠。

《汉书》注：“郑氏曰：‘康瓠，瓦盆底也。’”

“康瓠”，《正义》：“李巡云‘康谓大瓠也’云云；郑玄云：‘康瓠，瓦盆底也’；顾野王云：‘瓶，壶也，破罂也。’”

《毛解庵古文》“真宝曰康瓠”注：“‘瓦盆底也’，‘底’字未详。仆文正丙辰九月廿二日，侍环翠先生，《礼记》讲进退矣。仆问曰：‘《吊屈原赋》注“康瓠，瓦盆底也”，“底”字未审，愿闻训诂。’先生曰：‘按晦庵《筮仪注》：“半为底，半为盖”，言以蓍五十五茎纳之椟中，椟盖曰盖。然则底者，康瓠之无盖者欤？未考《史》、《汉》、《选》注，幸检焉。仆伏其情辩也。’”

93. 骥垂两耳兮服盐车。

《正义》：“服犹驾也。”

94. 章甫荐屦兮，渐不可久。

“甫”，《汉书》作“父”，师古曰：“父读曰甫。”

“荐”，刘仲冯：“荐之言，藉，言以冠藉屦，贵贱颠倒。”

“渐不可久”，铣曰：“‘章甫’云云，喻贤在下，此为乱之渐也。其国不可久居之。”

95. 讯曰。

《集解》：李奇曰：“讯，告也。”张晏曰：“讯，《离骚》下竟乱辞也。”

“竟”，《汉书》注作“章”，《正义》作“意”。

96. 国其莫我知，独堙郁兮其谁语。

“国其”，师古曰：“一国之人不知我也。”

《汉书》：“子独壹郁其谁语”，师古曰：“壹郁犹怫郁也。”

97. 凤漂漂其高遰兮，夫固自缩而远去。

《索隐》：缩，汉书作“引”也。

《正义》：“漂漂，轻举貌也。”

《汉书》：“凤缥缥其高逝兮”，师古曰：“缥缥，轻举貌，音匹遥反。”

抄云：“缩”，退缩之意与。《汉书》《文选》缩作“引”。

98. 袭九渊之神龙兮，沕深潜以自珍。

《集解》：邓展曰：“袭，重也。或曰龙覆也，犹言察也。”

“袭九渊之神龙”，《正义》曰：“顾野王云：‘袭，合也。’”

“袭九渊”，师古曰：“九渊，九旋之川，言至深也。”

“袭九渊”，向曰：“袭犹察也，言察于神龙则知藏于深渊之处，可以自珍宝也。言君子在乱世可以隐也。”

《决疑》曰：“袭九渊之神龙，袭，入也。”

《正义》：“沕，没也。”

《古文真宝》注：“沕，于笔反。”

“沕深”，邓展曰：“沕音昧。”

张晏曰：“潜，藏也。”

99. 弥融爚以隐处兮，夫岂从蚁与蛭螾。

《集解》：徐广曰：“一云‘偭獭獭’。”

《汉书》：“偭蟂獭以隐处兮，蝦。”应劭曰：“欲舍蟂獭，从神龙游也。”师古曰：“偭音面。”孟康曰：“言龙自绝于蟂獭，况从蝦与蛭螾也。”

“爚音螭”。《正义》：“爚音乎交反。”《正义》注：一本“弥蝎（音曷）螭”，螭，食树虫，其字误作“曷”字。螭，蛟龙属也。《广雅》云：“有鳞曰龙，有足曰蛟龙，有翼曰应龙，有角曰虬龙，无角曰螭龙也。”

铣曰："偭，殊也。言神龙之德且自殊于蟂獭，以隐处于深渊之中，岂复随从其小虫也。君子但避乱世以隐居，不可与小人从仕。"

"融爚"，《韵会·霁韵》："蜧，郎计切，神蛇。《广韵》：'天虾蟆。'《集韵》：'本作蝓。'"

《玉篇》："爚，弋灼、式灼二切，光也。"

"蟂獭"，水虫，食鱼者。虾，虾蟇也。

100. 夫岂从蚁与蛭螾。

《集解》：《汉书》"蚁"字作"虾"。韦昭曰："虾，虾蛪也。蛭，水虫。螾，丘螾也。"

"蚁"本作"虾"。注"蛪"字，未详，"虾"，古文字乎？《文选》引韦昭注曰："虾，虾蛪。"

101. 般纷纷其离此尤兮。

孟康曰："般音班。般，反也"云云。师古曰："般，孟音是也。字从丹青之丹。离，遭也。邮，过也。"

《汉书》"尤"作"邮"。

抄云："辜"作"故"之读。

102. 瞝九州岛而相其君兮。

"瞝"，《汉书》作"历"。

《汉书》有"其"。

《汉书》："历九州岛"，师古曰："言往长沙为傅，不足哀伤，何用苟怀此之都邑，盖亦谊自宽广之言。"

103. 亦夫子之辜也。

《索隐》曰：《汉书》"辜"作"故"。

"亦夫子"，李奇云云。师古曰："此说非也。贾谊自言今之离邮，亦犹屈原耳。"刘攽说："颜说全失，但谊举屈原事则可兴已矣。遂自叙其怨愤则太过矣。"

104. 何必怀此都也。

"何必"，向曰："言天下之君皆可相，何必怀思此楚都。"

105. 见细德之险兮，摇增翮逝而去之。

《正义》："摇，动也。增，加也。"

《汉书》注："增，重也。"

“险微”，《文选》作“险征”，翰曰：“细德犹无德也。言见时君无德。左右奸险恣为征祥，则摇举羽翮而去也。增，举也。”

《汉书》：“遥增击”，师古曰：“增，重也。言见苛细之人，险阸之证，故重击其羽而高夫。”

106. 彼寻常之污渎兮。

“寻常”，师古曰：“八尺曰仞。千仞，言其极高。”

师古曰：“水不泄为污，音一胡反，又音一故反。”

107. 横江湖之鳣鲟兮，固将制于蚁蝼。

《索隐》曰：《庄子》云：“庚桑楚谓弟子曰‘吞舟之鱼，荡而失水，则蝼蚁能若之。’”

“鳣鲟”，《正义》：“上哲连反，下六寻反。”

“横江湖”，晋灼曰：“小水不容大鱼，而横鳣鲸于污渎，必为蝼蚁所制。以况小朝主闇，不容受忠逆之言，亦为谗贼小臣所害。”师古曰：“鳣音竹连反，字或作鱏，亦大鱼也，音淫，又音寻。蝼音楼，谓蝼蛄也。”鲸鱼，臣瓒曰：“鲸鱼长者长数里。”向曰：“鱏鲸亦大鱼也，以喻贤人。蚁蝼小虫，以喻谗佞人也。言大鱼横于江湖之中，一朝失势，止于平陆，为蝼蚁所制。盖贤者失位。遇谗佞之所害也。”

《庚桑楚》篇：“荡”作“砀”，“若”作“苦”。砀，谓砀益而失水也。

“砀”，《韵会》：“待朗切。”汉《郊祀歌》：“西颢流砀，秋气肃杀。”注音荡。

春按：《索隐》注“则蝼蚁能若之”之“若”，《史记》他本作“制”。

108. 贾生为长沙王太傅。

《正义》：《括地志》云：“吴芮故城在潭州长沙县东南三百里。”

“三”，小板作“二”。

109. 有鸮飞入贾生舍，止于坐隅。

《汉书》：“有服飞入谊舍，止于坐隅。服似鸮，不祥鸟也”云云。

110. 楚人命鸮曰“服”。

《集解》：晋灼云：“《异物志》：‘有山鸮，体有文色。’”

《正义》曰：《毛诗》云："有鸮大如斑鸠，绿色，恶鸟也，入人家，凶。"晋灼云：《巴蜀异物志》云："有山鸮，水如鸡，体有文色"云云。幻谓："水如鸡之水，恐小字乎。见《文选》注。"

《汉书》注："晋灼曰《异物志》曰有鸟，小鸡，体有文色"云云。宋祁曰："注'鸟'字下疑有'如'字。"

《文选》注："善曰：晋灼曰：《异物志》曰有鸟，小如鸡"云云。

《文选》十三载《服鸟赋》。

111. 单阏之岁兮。

宋祁曰："单音禅。"

112. 庚子日施兮，服集予舍。

《汉书》"施"作"斜"。孟康曰："日斜，日昳时。"

113. 止于坐隅，貌甚间暇。

师古曰："闲读曰闲。"

114. 异物来集兮，私怪其故。

铣曰："闲暇，不惊也。异物则鵩也。"

《汉书》"异物来萃"，孟康曰："音萃。萃，聚集也。"

115. 发书占之兮，筴言其度。

"谶言其度"，师古曰："谶，验也，有征验之书也。谶音初禁反。"

116. 野鸟入处兮，主人将去。

"处"，或本乍"室"，《汉书》作"室"。

117. 请问于服兮。

《汉书》"子服"，师古曰："子服者，言加其美称也。"宋氏校本云："子服，姚本作于服。"

118. 淹数之度兮，语予其期。

"数"，音朔。

"淹数"，《正义》："音朔，数也。淹，留迟也。"

《汉书》作"淹速"，师古曰："淹，迟也。"

119. 口不能言，请对以臆。

《汉书》"臆"作"意"。师古曰："意字合韵，宜音亿。"

“请对以臆”，善曰：“请以臆中之事以对也。”良曰：“以叹息请对以臆中之事。”

120. 斡流而迁兮，或推而还。

师古曰：“斡音管。斡，转也。还读曰旋。”

121. 形气转续兮，变化而嬗。

服虔曰：“嬗音如蝉，谓变蜕也。”或曰：“蝉蔓相连也。”蔓，衍字。

苏林曰：“相传与也。”师古曰：“此即禅代字，合韵故音婵耳。苏说是也。”

“化变”，《汉书》《文选》作“变化。”《文选》注：“苏林曰：‘转续相传与也，如蜩蝉之蜕化也。或曰：蟺，相连也。’”幻谓：“按《选》注，相连反之反字，讹乎。”

122. 沕穆无穷兮，不可尽言也。

师古曰：“胡，何也。”

123. 祸兮福所倚，福兮祸所伏。

“祸兮”，师古曰：“此老子《德经》之言也。倚音于绮反。”

“祸兮福所倚”，善曰：“《鹖冠子》曰：‘祸乎福之所倚，福乎祸之所伏。’《老子》注曰：‘倚，因也。圣人遭祸，而能悔过。责己修善，则祸去福来也。中人得福，而为骄恣，则福去而祸来也。’”铣曰：“祸因福生，是祸伏匿于福中。”

124. 越栖会稽兮，句践霸世。

师古曰：“会稽，山名也。句践避吴之难，保于兹山，故曰栖也。句音钩。伯读曰霸。”

善曰：“高诱《淮南子注》云：‘山处曰栖。’”

125. 斯游遂成兮，卒被五刑。

“斯游”，应劭曰：“李斯西游于秦，身登相位，二世时为赵高所谗，身伏五刑。”

126. 傅说胥靡兮。

应劭曰：“《诗》曰：‘若此无罪，沦胥以铺。胥靡，刑名也。’”师古曰：“联系使相随而服役也，故谓之胥靡，犹今之役囚徒以锁联缀耳。晋说近之，而云随坐轻刑，非也。”原父曰：“胥靡，《说文》

作縎縻，谓拘缚之也。”

济曰：“傅说代人为刑也。”

127. 命不可说兮，孰知其极。

师古曰：“极，止也。”

128. 水激则旱兮，矢激则远。

善曰：“言矢飞水流，各有常度，为物所激。或旱或远，斯则万物变化，乌有常则乎。”

刘攽曰：“旱读为悍，猛疾也。”

129. 万物回薄兮，振荡相转。

“万物回薄”，善曰：“万物变化，乌有常则乎。”

130. 云蒸雨降兮，错谬相纷。

“蒸”，《汉书》作“烝”。宋祁曰：“烝疑作蒸。”

“云蒸雨降”，善曰：“《黄帝素问》曰：‘地气上为云，天气下为雨。’韦昭《国语注》曰：‘蒸，升也。’”良曰：“祸福相生如云起雨降，纷错不止。”

《汉书》《文选》作“纠错”。

131. 大专盘物兮。

《汉书》“专”字作“钧”。

《韵会》钧注：“大钧，天也。”

《正义》：“专音均。”

《汉书》：“大钧播物，坱圠无垠”，师古曰：“今造瓦者谓所转者为钧，言造化为人，亦犹陶之造瓦耳。”

132. 坱轧无垠。

《正义》：坱，乌郎反。此于点反。

“此”，一本、小板作“轧”，《正义》作“圠”，《汉书》作“圠”，《文选》作“圠”。

《正义》曰：“垠音银。”

133. 天不可与虑兮，道不可与谋。

“天不可”，善曰：“《鹖冠子》曰：‘天不可预谋，道不可预虑。’”济曰：“言天之与道其理深遂，不可预为思虑谋度也。”

《文选》“与”作“预”。

134. 迟数有命兮，恶识其时。

“恶识其时”，翰曰：“言命有迟速，何能知其时哉。”

135. 且夫天地为炉兮，造化为工。

“且夫”，向曰：“以铸冶为喻，炉也；工，巧人也。言以天地造化陶铸万物，合而成形，散而归无形。自无生自无形，出消息之理，安有常哉。”

“天地为炉”，善曰：“《庄子》：子黎曰：‘今一以天地为大炉，以造化为大冶，恶乎往而不可哉。’”

《庄子·大宗师》：“子来有病”云云；“子犁往问之，曰”云云；“子来曰：‘今一以天地为大炉，以造化为大冶，恶乎往而不可哉!’”希逸注：“贾谊曰：‘阴阳为炭，万物为铜，皆从此中抽释出。’”

136. 合散消息兮，安有常则。

“消息”，《韵府·职韵》“息”注：“《记·月令》注：‘阳生为息，阴死为消。’”

137. 千变万化兮，未始有极。

“千变”，善曰：“《列子》曰：‘千变万化，不可穷极。’”

138. 忽然为人兮，何足控抟。

“控揣”，善曰：“或作揣。《史记·英布传》云：‘果如薛公揣之。’陈平云‘生揣我何念’，皆训为量，与晋灼说同。音初毁切，又丁果切。但字者滋也，不可胶柱。在此赋训抟为量，义似未是。至于合韵，全复参差。且《史记》揣作抟字。如淳、孟康义为是也。”

幻谓：《文选》注引孟康曰“抟，持也。”

《汉书》“控揣”，孟康曰：“控，引也。揣，持也。言人生忽然，何足引持自贵也。”如淳云云。宋氏校本云：“注文‘贵，借’，姚本作‘贵，惜’抟音团。”

139. 化为异物兮，又何足患。

“化为”，良曰：“言人死化为异物，此造化之常，何足以为患。”

“又何”，《正义》曰：“又”作“有”，曰：“《汉书》作‘又’，古‘有’、‘又’字相似，似传写误。”

140. 小知自私兮，贱彼贵我。

“小智自私”，善曰：“《列子》曰：‘小智自私，怨之府。’”良曰："小智惠之人，自私爱其己，贱于万物独贵我之为人也。"

"贱彼贵我"，《庄子·秋水》篇：北海若曰："以道观之，物无贵贱；以物观之，自贵而相贱；以俗观之，贵贱不在己；以差观之，因其所大而大之。"

141. 通人大观兮，物无不可。

"达人大观"，翰曰："通达之人，以理观之，万物不殊于己，故云物无不可。"

142. 贪夫徇财兮，列士殉名。

《汉书》"殉"作"徇"，宋氏校本云："浙本'徇'作'殉'。"

"列"，《文选》作"烈"，《汉书》作"列"。

143. 夸者死权兮。

《集解》：瓒曰："夸，泰也。《庄子》曰'权势不尤，则夸者不悲'也。"《索隐》曰："言好夸毗者死于权利。"

"夸者"，善曰："司马彪《庄子注》曰：'夸，虚名也。'"铣曰："自矜夸其名者死于权利也。众品皆贪生恶死。"

《庄子·徐无鬼》篇："权势不尤则夸者悲，势物之徒乐变"，希逸注："夸诞之人趋附权势，一旦退失则悲矣尤甚也。欲愈盛之，意不尤不甚盛也。"

"夸者"注，《韵会·支韵》："毗，频脂切，作毘。《尔雅》'夸毗'注：'屈己卑身而柔顺人也。'《诗》'无为夸毗'，朱氏曰：'夸大毗附也，言小人不以大言夸之则以谀言毗之。'"

《庄子》无"不悲"之"不"。

144. 品庶冯生。

"冯生"，《汉书》作"每生"，孟康："每，贪也。"师古曰："品庶犹庶品也。"

145. 述迫之徒兮，或趋西东。《索隐》曰：李奇曰："私多作西者，言东西趋利也。"

《汉书》："或趋西东"，师古曰："诱訹之訹则音戌。或曰，怵，怵惕也，音丑出反，其义两通。而说者欲改字为鉥，盖穿凿耳。"

《文选》："趋，音娶。"

"怵迫"，济曰："俗人怵惕而迫利，或趋西东，而不自安也。"

注“奇”，小板作“音”。

146. 大人不曲兮，亿变齐同。

《正义》曰：“大人，圣人也。德无不包，体达性命，故不曲爱生死。”

“亿”，《文选》乍“意”。

《文选》：“意变齐同”，良曰：“言至人不曲私于身，意与变化齐同。”

147. 拘士系俗兮，羖如囚拘。

《汉书》：“愚士系俗，僒若囚拘。”李奇曰：“时音块。”苏林曰：“音人肩枢僒尔。音欺全反。”师古曰：“苏音是。”

臣铋曰：“按：《说文》窘音渠陨反，迫也。《文选》李善注：‘窘，囚拘之貌’。五臣注：‘窘，困也，愚者系缚俗累，困如囚人’，拘束其字并不从人，唯孙强新加字。《玉篇》及《开元文字》有作‘僒’字，并音窘，疑苏林音误，今宜定从《说文》，音渠陨反。”

148. 至人遗物兮，独与道俱。

《索隐》：“《庄子》云：‘古之至人先存诸己，后存诸人。’”

“至人”，翰曰：“至人能遗去物累，与道俱行。”注“体尽”，《正义》“按礼尽于圣德”云云。“体”作“礼”。

149. 众人或或兮，好恶积意。

“众人或或”，“众人”，六臣作“惑惑”，五臣作“或或”，善曰：“李奇曰：‘惑惑，东西也。’”向曰：“或或，犹东西也，众人趋利东西有好恶积。”

瓒曰：“言众怀抱好恶，积之心意。”师古曰：“瓒说是也。意，今韵音于力反。”

《汉书》作“或或”。

《韵会·职·德》：“或，获北切。”

《文选》：“意变齐同”，良曰：“言至人不曲私于身，意与变化齐同。”

150. 真人淡漠兮，独与道息。

《庄子·大宗师》篇：“古之真人，不知悦生，不知恶死”，希逸曰：“不以心捐道，即心是道，心外无道也。不以人助天寿夭有命，

人力无所加也。”

“真人”，善曰：“《文子》曰：‘得天地之道，故谓之真人也。’”

《正义》：“淡漠”，上徒滥反，下音莫。淡，薄也；漠，静也。

师古曰：“恬，安也。漠，静也。”

《汉书》作“恬漠”。

151. 释知遗形兮，超然自丧。

《汉书》作“智”，同注。

“丧”，《文选》注：“平声，叶韵。”

152. 寥廓忽荒兮，与道翱翔。

师古曰：“荒音呼广反。”

153. 乘流则逝兮，得坻则止。

《索隐》：《汉书》“坻”作“坎”。

张晏曰：“谓夷易则仕，险难则隐也。”

坎上，坎下，习坎，九二：坎有险，求所得。

《正义》：“坻，音持。”

154. 纵躯委命兮，不私与己。

善曰：“《鹖冠子》曰：‘纵躯委命，与时往来。’”

翰曰：“委身命与万物同，不私爱也。”

155. 其生若浮兮，其死若休。

善曰：“《庄子》曰：‘其生若浮，其死若休。’”师古曰：“休，息也。”

《庄子·大宗师》篇：“夫大块载我以形，劳我以生，佚我以劳，息我以死。”希逸曰：“息者，休止也。”

156. 澹乎若深渊之静，泛乎若不系之舟。

善曰：“《鹖冠子》曰：‘泛泛乎若不系之舟。’”

铣曰“深渊无波，散舟任运，真人用心不摇动无趣向而似之也”云云。《庄子》曰：“泛若不繫之舟，虚而遨游。”

师古曰：“澹，安也，音徒滥反。靓与静同。泛音敷剑反。”

157. 不以生故自宝兮，养空而浮。

《正义》：“养空”，郑氏云：“道家养空虚若浮舟也。”

“自寳”，《汉书》作“自保”，《正义》：自实，“实”一乍

“宝”。

158. 德人无累兮，知命不忧。

“德人无累”，善曰：“《庄子》：苑风曰：‘原闻德人。’淳芒曰：‘德人者，居无思，行无虑也。’又曰：‘圣人循天之理，故无天灾，故无物累。’《周易》曰：‘乐天知命故不忧。’”良曰：“有德之人，无灾累，又知天命，何忧患。”

159. 细故遰葪兮，何足以疑。

《集解》：韦昭曰：“遰音士介反。”《正义》：“遰，刃迈反。葪，如迈反。”

《汉书》作“蔕芥”。

幻谓：“士介之士，疑土字。”

注“如迈”之“如”，《正义》作“加”。《文选》：“细故蔕芥兮。”善曰：“《鹖冠子》曰：‘细故袃葪，奚足以疑。’‘袃葪’与‘蔕芥’古字通。”良曰：“细故，小狭之人也。蔕芥，怵惕也，言小狭之人怵惕于灾变，何足与言凝滞之事乎。”

160. 孝文帝方受厘。

《集解》：徐广曰：“祭祀福胙也。”

《韵会·遇韵》：“胙，存故切，《说文》：‘祭福肉也’。”

《正义》：“厘，音希，禧，福也。”

师古曰：“禧，福也。借厘字为之耳，言受神之福也。”

161. 坐宣室。

《正义》曰：“《淮南子》：杀纣于宣室，不盖，取旧名以名殿也。”

《容斋续笔》第七：“汉宣室有殿有阁，皆在未央宫殿北，《三辅黄图》以为前殿正室。武帝为窦太主置酒，引内董偃，东方朔曰：‘宣室者，先帝之正处也，非法度之政不得入焉。’文帝受厘于此，宣帝常斋居以决事。如淳曰：‘布政教之室也。’然则起于高祖时，萧何所创，为退朝听政之所。而《史记·龟策传》云：‘武王围纣象郎，自杀宣室。’徐广曰：‘天子之居，名曰宣室。’《淮南子》云：‘武王甲卒三千，破纣牧野，杀之宣室。’注曰：‘商宫名，一曰狱也。’盖商时已有此名，汉偶与之同，《黄图》乃以为‘汉取旧名’，

非也。”

162. 至夜半，文帝前席。

“前席”，师古曰：“渐迫近谊，听说其言也。”

《三体诗》“前席”，季昌注：“前席，促膝听谊也。”

《商鞅传》：“卫鞅复见孝公，公与语，不自知膝之前于席也。”

163. 自以为过之，今不及也。

抄：今不及也，今悔不及也。

164. 文帝复封淮南厉王子四人皆为列侯。

文帝八年夏也。

淮南厉年，长高帝少子也。

165. 怀王骑，堕马而死。

《汉书》：“梁王胜坠马死”，李奇曰：“《文三王传》言揖，此言胜，为有两名。”

166. 贾生自伤为傅无状。

“无状”，师古曰：“无善状。”

167. 世其家，与余通书。

《汉书》：“世其家”，师古曰：“言继其家业。”

“通书”，抄云：非通音书之义，互借书通有无。

168. 至孝昭时，列为九卿。

抄云：末八字后人所附欤？迁不至昭帝时也。

169. 又怪屈原以彼其材，游诸侯，何国不容。

讲云：屈原有才不游诸侯者，不见二君之义与。

“又怪屈原”，幻谓：取义于“瞝九州岛而相其君兮，何必怀此都也”之语。

170. 同死生，轻去就，又爽然自失矣。

贾生《服鸟赋》有“同死生”之论，今伤怀王而死，何哉？

《说文》：“爽，明也，一曰差也。”《广韵》：“烈也，猛也。”《增韵》：“又清决也。”

《庄子·应帝王篇》：“郑有神巫曰季咸，见壶子立未定，自失而走。”“自失”，如字，徐音逸。疏：遂使立未定，奔逸而走。

171. 瑾瑜比洁。

《渔父》曰："何故怀瑾握瑜，而自令见放为。"又《怀沙赋》："怀瑾握瑜。"

172. 日月争光。

《传》云："推此志也，虽与日用争光可也。"

173. 百年之后，空悲吊湘。

贾谊作《吊屈原赋》。

174. 【卷末】

《黄氏日抄》："张仪既欺楚，原劝杀张仪。秦昭王欲与怀王会，原谏无行。怀王皆不能用，遂至兵挫地削，亡其六郡，客死于秦，为天下笑。原之忠谋，亦白矣。上官大夫、令尹子兰反谗之楚，而迁原江南。原悲愤作《怀沙》之赋，自投汨罗以死。原称三闾大夫者，掌王族三姓，曰昭、屈、景。贾生年二十余仕汉，诸律令所更定，及列侯悉就国其说，皆自贾生发之。绛、灌等短其纷乱，出为长沙王太傅，意不自得，吊湘赋服。召见宣室，文帝尝前席焉。顷之拜梁怀王太傅。数岁，怀王堕马死。贾生自伤为傅无状，哭泣岁余，亦死年三十三。"

黄文献公曰："屈原死后百有余年而汉有贾谊。贾谊以谪去，过湘水，乃投书以吊屈原。太史公盖合二子以为传。夫亦徒见生之为文，愁痛无聊，发愤壹郁，不殊于原而未极其趣者也。夫怀王受欺于张仪，疏屈原而不用，身陷国蹙，为天下笑。襄亲值其乱，而曾不悟，反怒原，迁之江南，而楚亦寻灭。彼屈原者，诚悼夫存君兴国之志，终无所伸，而为是发愤无聊也。生之在汉，非有肺腑之亲历，试之久顾于卒，然过王之顷，欲尽其旧，而惟已之所欲为，一不见用，则遂自附于原，而待其君以亡国之主，诚何理耶。夫改正朔，易服色，法制度，定官名，兴礼乐，事至不轻也。大臣不闻，议士不与，而遽自草具其仪法，可不可哉。"

《韵语阳秋》七："屈原悲吟泽畔"云云，"贾生谪长沙傅，渡湘水为赋以吊之，所遭之时，虽与原不同，盖亦原之志也"云云。议者谓谊所欲为，文帝不能用者，以绛、灌、东阳之属谗之尔，故谊之赋

有云“镆铘为钝”，云云，“斡弃周鼎”。观此是有憾于绛、灌、东阳者。虽然，勃也，婴也，敬也，皆素有长者之誉，必不肯害贤而利己。《楚汉春秋》别有绛、灌，岂其是耶？

（原载《历史文献与传统文化》第18辑，齐鲁书社2014年版）

日本南化本《史记·扁鹊仓公列传》疏证

1.【卷首】

《索隐》曰:“王劭云:‘此医方,宜与《日者》、《龟筴》相接,不合列于此,后人误也。’”

《正义》曰:“此传是医方,合与《龟策》、《日者》相次。”

蕉雨:《自序传》,抄云:“余谓同类相求,天地之理,古今之常也,贾生之附灵均,扁鹊之冠仓公,其超数世骥尾于古,降代鸡□于今者,岂文艺、医术之异乎?后之君子不可不知之也。”

蕉讲云:扁鹊以下为诸侯王,然以叛臣载列传末,盖马迁笔诛也。卫青、霍去病非有大功,唯以外戚兴兵开边,其祸不少。扁鹊施药活人之命,岂同卫、霍兴兵杀人哉故!吴王濞亦在其下,不次于《日者》《龟策》二传,可知焉。

2. 扁鹊者。

《正义》曰:《黄帝八十一难序》云云。

《黄帝八十一难序》,前翕州翕县尉杨玄操撰。

“《黄帝八十一难》者,乃渤海秦越人之所作也。越人授桑君之秘术,遂洞明医道,至能彻视脏腑,刳腹易心,以其与轩辕时扁鹊相类,云云;世或以卢、扁为二人者,斯实谬矣。按《黄帝内经》二帙,帙各九卷,而其义幽赜,殆难究览。越人乃采摘英华,抄撮精要二部。经内凡八十一章,勒成卷轴,伸演其旨,云云;名为《八十一难经》,以其理趣深远,非卒易了故也。既弘畅圣言,故首称黄帝,斯乃医经之心髓,救疾之枢机,云云;逮乎吴太医令吕广为之注解,亦会合玄宗,足可以垂训。而所释未半,余皆见阙。余性好医方,问道无倦,斯经章句,特承师授。既而耽研无斁十载,于兹虽未达其本源，盖亦学其纲目，云云；今辄条贯编次，使类例相从，凡为一十三篇，仍旧八十一首。吕氏未解，今并诠释；吕注不尽，因亦伸之，并别为音义，以彰厥旨。昔皇甫玄晏总三部为甲乙之科，近世华阳陶贞白广肘后为百一之制，皆所以留情极虑济育群生者矣。余今所演，盖亦远慕高仁，迩遵盛德，但恨庸识有量，圣旨无涯，绠促汲深，玄致难尽。"

陶弘景号贞白先生。

3. 勃海郡郑人也。

《集解》：徐广曰："'郑'当为'鄚'。"

《事文类聚·前集》卷三十八："扁鹊兄弟三人善医，魏文侯问曰：'子兄弟三人孰最善？'对曰：'长兄视色，故名不出家；仲兄视毫毛，故名不出门；鹊针人血脉，投人毒药，故名闻诸侯。'"（《鹖冠子》）

"郑"，注云"当为鄚"云云。《大明一统志》第二：河间府县十六，任丘县在府城北九十里，本汉鄚县地，属涿郡。平帝使中郎将任丘城此，因名任丘。隋省入高阳县。唐复置，属瀛洲，后属莫州。宋废。金复置。元省入河间县，寻复置。本朝洪武七年，以莫州省入，改今属，编户三十二里。

《玉篇》："鄚，亡莫切，涿郡鄚县。"

4. 舍客长桑君过。

《正义》曰：过音戈。

《详节》注："舍客"，舍中之客，姓长桑，名过也。

"长桑君过"，《正义》：过音戈。

《韵府·平声·歌韵》云："《诗》'不我过'，《山谷诗》：'亦有好事人，时能载酒过。''活套少客，过时一过。'"

又《去声·过韵》："电过，隙驹过。李贺《高轩过》，远法师过虎溪，杜诗：'身轻一鸟过。'宋人名赵过、苏过。"

幻谓：《东莱详解》：姓长桑名过也。过必过韵，可。赵过、苏过并案焉。如《正义》，则长桑君来过也。平声歌韵宜押之。又《排韵》复姓无长桑。

5. 我有禁方。

抄云：灵方宜秘焉，与禁人之见矣。

6. 乃出其怀中药予扁鹊。

《详解》：乃出其怀中药，子扁鹊饮之以池上水。

幻谓：东莱改“予”字作“子”字，改“是”字作“之”字。

7. 饮是以上池之水，三十日当知物矣。

抄云：是以上池之水，三十日当知物，言以上池水饮此药者三十日，则可知鬼物也。上池水，盖露在竹木上也。

《正义》曰：“谓以器物高承天露之水饮药也。”

师说曰：刘曰：“盖谓雨水和药。”

幻谓：《索隐》注难读之，强加训点乎？

“盖承取露”，《正义》所谓以器物承取天露，盖铜盘以露之类也。及竹木上取承，取露，直取天露也。又取露之降竹木上，是皆不至地者也。水之以和药服之，言以器所承之露降竹木之上之露，合而成水，用之和，服药服焉。或点承取露及竹木上取水之以——，毕竟字有刀笔讹欤？或“水”字在“上”字之次欤？

幻又曰：今按《索隐》本，“水”字在“上”字之下，于是向之疑冰释。

8. 视见垣一方人。

幻谓：壬生雅久曾语予曰：“竹田快翁有言《索隐》隔垣视人之义，颇近于诞。盖座中所列垣一方，人一视之见五脏症结也。”

幻谓：此义可欤？本文无隔字。

蕉讲云：松井非常轩，亦此视病，尽见五脏症结云云。

幻谓：此传无“隔墙”字，盖《排韵》据《索隐》有“隔墙”字乎？

9. 尽见五藏症结。

《正义》曰：五王叔和《脉经》云。

幻谓：扁鹊可征见诸藏，虽然见症结云云者，谓有体易见也。上有“视见”二字分之，下曰视病曰症结。

“五脏症结”，《正义》所引《脉经》难解。

“五藏症结”注，王叔和《脉经》，幻谓：王叔和《脉诀》《脉赋》《脉要秘括》，诸家注焉。宋通真子刘元宾熙宁九年撰《脉要秘括》，自作注：“元祐五年七月望日撰《脉诀补注》。”且《脉诀补注》多异本，或题号曰《新刊通真子补注王叔和脉诀》，或曰《增修注王叔和脉诀机要》，各一册。《脉要秘括》以五脏色脉□一，补注《脉诀》并《脉诀机要》，以诊候入式歌为第一，但《脉诀机要》无诊候入式歌之题。此《脉诀》非张守节所引用《脉经》也。幻云子将译《扁仓传》，而窃就洛家诸友借王叔和《脉经》，而决张守节所引用之疑。然此经者，无有焉。或出《脉诀》为《脉经》，可闵笑焉。惟竹田定佑法印投予览焉，前后十卷，细字无注文，专用《素问》《难经》，为不曰《素问》《难经》有二十四脉名，为无七表八里九道名，其有《钱溥序》《柳沓（从贝）序》《林亿序》《谢缙翁序》《陈孔硕序》，又有叔和《自序》。盖读诸家序□□□翅。吾朝少《脉经》，彼邦亦无流传于世矣。今也粗拔□萃，俾人知《脉经》非《脉诀》也。

注“左手脉横”，王叔和《脉经》第八卷：“寸口脉沈而横，曰胁下有积，腹中有横，积痛其脉弦，腹中急痛，腰背痛，相引腹中有寒疝瘕。脉弦紧而微细症也。夫寒痹症瘕集聚之脉皆弦紧，若在心下了，即寸弦紧；在胃管，即关弦紧；在脐下，即尺弦紧。一曰关脉弦长，有积在脐左右上下也。又脉症法，左手脉横，症在左；右手脉横，症在右。脉头大者在上，头小者在下。又法，横脉见左积在右，见右积在左，偏得横实而滑亦为积，弦紧亦为积，为寒痹，为疝痛。内有积不见脉，难治。见一脉一作，肋相应为易治；诸不相应为不治。”

幻按：永嘉施政卿《察病指南》上卷，诊症病脉法：左手脉横症在右，右手脉横症在左。脉头大者脐上，脉头小者脐下。

幻谓：《察病指南》用王氏《脉经》第二法。

幻又谓：左手脉横，按上文曰寸口脉，沈而横者。此文亦言左手寸口脉横，盖影略也。《素问》卷三：“寸口脉沈而横，曰胁下有积，腹中有横，积痛。”注：“亦阴气内结也。”

10. 特以诊脉为名耳。

《韵会·上声·轸韵》：“诊，止忍切，以轸为字母。”注：“《说文》：‘视也’，又候脉曰诊，《史记·仓公传》：‘诊脉’。《集韵》或作‘覙’，亦作‘珎（从言）’。《前汉书·董贤传》：‘发棺珎（从言）视’，注：‘验也’。”

又《去声·震韵》：“诊，直刃切，以阵为字母。”注：“《说文》：‘视也。’徐按：诊脉，言视脉也。又轸韵。”

幻谓：诊字有二音皆无害。

《晞范脉诀》：“脉者，血也。息者，气也。脉不自动，为气使然。长则气治，短则气病，数则烦心，大则病进。一呼一吸为一息，一息之间，脉凡四至，始号平和。”

永嘉施政卿《察病指南·诊三部脉法》：“寸部法天，主上焦，诊自头以下至心病也；关部法人，主中焦，诊自心以下至脐病也；尺部法地，主下焦，诊自脐以下至足病也。”

王叔和《脉经》第六：“黄帝曰：‘手少阴之脉独无输，何也?’岐伯曰：‘少阴者心脉也。心者五，脏六腑之大主也。心为帝王，精神之所舍，其藏坚固，邪不能客，客之则伤心，心伤则神去，神去则身死矣。故诸邪在于心者，皆在心之包络。包络者，心主之脉也。故少阴无输焉。’‘少阴无输，心不病乎?’对曰：‘其外经腑病藏不病，故独取其经于掌，后兑骨之端也。’”

《圣惠方》卷一百：“心、俞二穴在第五椎下两傍各一寸，半陷者，中灸五壮，主寒热、心痛、背相引痛胸、中满闷、咳嗽不得息、烦心多涎、胃中弱饮食不得下、目肮肮泪出悲伤，心也。”

《晞范脉诀》第三：“脉之说，或人难曰：‘子之所解者，脉也。脉为义何如哉?’愚谓之曰：‘无求子云，脉之字从肉从𠂢，又作衇，音脉。盖脉以肉为阳，衇以血为阴。华佗云：脉者，血气之先也。气血盛则脉盛，气血衰则脉衰，血热则脉数，血寒则脉迟，血微则脉弱，气血平则脉缓。’或人曰：‘子之说是固然矣。于五脏果何属乎?’愚应之曰：‘肺主气，心主脉，脾主肉，肝主筋，肾主骨。心者，君主之官，一身之工宰，脉之所从出，最不可欺。须病若肺、若脾、若肝、若肾，特形耳。此越人《二十一难》云：形病脉不病曰生，脉病形不病曰死。’人或曰：‘唯。’”

《韵会·陌韵》：“脉，莫白切。《说文》：‘脉，血理之分，衺行体中者。本作衇，从𠂢从血。’徐曰：‘五脏六腑之气分流四肢也。’脉本从？水之衺行也。或从月作脉，《史记》：‘不能绝地脉’，今文相承作脉，籀文作衇，毛氏曰：‘按《释名》：脉，膜也，莫洛一体也。字从月从𠂢，今从永者误也。永古咏字，反永为，音普拜切，水之邪流也。从取邪流之义，不当从永。然相承已久，不敢废也。’欧阳氏曰：‘今从永，通俗之便也。’”

11. 当晋昭公时，诸大夫强而公族弱。

《索隐》曰：简子专国在定、须二公之时，非当昭公之世。

《赵世家》云：“赵景叔卒，生赵鞅，是为简子”云云；“晋顷公之十二年，六卿以法诛公族祁氏、羊舌氏，分其邑为十县，六卿各令其族为之大夫。晋公室由此益弱。后十三年，鲁贼臣阳虎来奔，赵简子受赂，厚遇之。赵简子疾，五日不知人”云云。

“须”，当改作“顷”。

春按：诸本《史记·索隐》注均作“顷”，此本作“须”误。

12. 董安于问扁鹊。

《赵世家》注：韦昭曰：“安于，简子家臣。”

13. 血脉治也，而何怪。

《正义》曰：下云：“色废脉乱，故形静如死状也。”

“血脉治”下注云：“下云色废——”，幻谓：反显也。

14. 昔秦穆公尝如此。

“昔秦”云云，“昔”字泛言焉，“尝”字属穆公。

15. 告公孙支与子舆曰。

抄：《庄子》所谓子舆、子桑乎？

16. 吾所以久者，适有所学也。

《赵世家》，大《正义》曰：“谓受下教命也。”

17. 秦策于是出。

“秦策”，抄云：秦之策晋欤？“晋国且大乱”以下至“男女无别”二十九字，公孙支所书而藏也。

“秦策”，《赵世家》作“秦识”，幻谓：秦策，天帝识秦真也。

幻按：《文选》第二，张平子《西京赋》：“昔者，大帝悦秦缪公而觐之，飨以钧天广乐。帝有醉焉，乃为金策，锡用此土而翦诸鹑首。”注：综曰：“大帝，天也。翦，尽也。觐，见也。善曰：《山海经》曰：‘阆风之山，或上倍之，是谓玄圃。或上倍之，是为大帝之居。’《史记》曰：‘赵简子疾，扁鹊视之曰：昔缪公常如此，七日而寤，寤之日告公孙支曰：我之帝所甚乐，帝告我晋国且大乱。今主君之疾与之同。二日，简子寤曰：我之帝所甚乐，与百神游于钧天，广乐九奏万舞，不类三代之乐，其声动心。’《虞喜志林》曰：‘喭曰：“天帝醉秦暴，金误陨石坠”，谓秦穆公梦，天帝奏钧天乐，已有此喭。’《列仙传》赞曰：‘秦穆公受金策，祚世之业。’《汉书》曰：‘自井至柳谓之鹑首之次，秦之分也。尽取鹑首之分为秦之境。’”

《选》注：喭，《韵会·去声·霰韵》：“唁，疑战切。《说文》：‘吊也。’《诗》：‘归唁卫侯。’《穀梁传》：‘吊失国曰唁。’或作‘喭’。”

18. 此子之所闻。

抄云：此子—，子指安于言。安于所闻于古也。主君指赵简子。帝谓天帝。

19. 我之帝所甚乐。

“帝”，天帝也。

20. 晋国且大乱，五世不安。

夫献公之乱，所谓晋国大乱也。文公之霸，所谓五世不安也。献公之次骊姬子奚齐立，其臣公里克杀奚齐。荀息立卓子克，又杀卓子、荀息。夷吾使人请秦，求入晋，于是秦穆公许之，使百里奚将兵送夷吾，夷吾谓曰：“诚得立，请割晋之河西八城与秦。”及至已立，而使丕郑谢秦，背约不与河西城。

晋惠公卒，子圉立为君，秦怨圉亡去，乃迎晋公子重耳于楚，而妻以故子圉妻。重耳初谢，后乃受缪公益礼，厚遇之。二十四年春，秦使人告晋大臣，欲入重耳，晋许之。于是使人送重耳。二月，重耳立为晋君，是为文公。

五世不安者，自献公至奚齐、卓子、惠公、夷吾、怀公、子圉为五世也。

21. 其后将霸，未老而死。

其后而霸未老而死，谓文公重耳为霸也。

22. 霸者之子且令而国男女无别。

“霸者之子且令而国男女无别者”，“三十三年春，秦兵遂东，更

晋地，过周北门。周王孙满曰：‘秦师无礼，不败何待！’兵至滑，郑贩卖贾人弦高，持十二牛将卖之周，见秦兵，恐死虏，因献其牛，曰：‘闻大国将诛郑，郑君谨修守御备，使臣以牛十二劳军士。’秦三将军相谓曰：‘将袭郑，郑今已觉之，往无及已。’灭滑。滑，晋之边邑也。当是时，晋文公丧尚未葬。太子襄公怒曰：‘秦侮我孤，因丧破我滑。’遂墨衰绖，发兵遮秦兵于殽，击之，大破秦军，无一人得脱者。虏秦三将以归。文公夫人，秦女也，为秦三囚将请曰：‘缪公之怨此三人入于骨髓，原令此三人归，令我君得自快烹之。’晋君许之，归秦三将。三将至，缪公素服郊迎，乡三人哭曰：‘孤以不用百里傒、蹇叔言以辱三子，三子何罪乎？子其悉心雪耻，毋怠。’遂复三人官秩如故，愈益厚之。”

抄云：襄公败秦师于殽者，所谓霸者之子且令而国男女无别也。而归纵淫者，所谓男女无别也。

23. 与百神游于钧天。

《尚书·益稷》篇：“箫韶九成，凤皇来仪。”孔《传》：“韶，舜乐名，言箫见细器之备”云云。“仪，有容仪，备乐九奏而致凤皇，则余鸟兽不待九而率舞。”《正义》：“成，谓乐曲成也。郑云‘成犹终也，每曲一终必变更奏，故经言九成。’《传》言：‘九奏，《周礼》谓之九变，其实一也。’”

抄云：“九奏万舞”，四字为句。《赵世家》，大《正义》曰：“《淮南子》云：‘中央曰钧天也。’”

24. 有一熊欲援我。

“有一熊”，抄：“欲援我”，旧本：“欲援，我。”幻谓：此点义虽通，未见注脚。

《韵会·援韵》：“援，《说文》：‘引也、增也。’《广韵》：‘率也。’《孟子》：‘手援天下。’又‘钩援上城楼’，《诗》：‘畔援，跋扈也。’《韩诗》云：‘韩武强也。’又翰，霰韵：援，助也。《广韵》：‘接援，救助也。’”

25. 赐我二笥，皆有副。

“有副”，抄云：二笥各有一个副笥也。

26. 吾见儿在帝侧。

抄云："儿"，乃简子之儿欤？

27. 帝属我一翟犬。

《韵会》："翟，山雉也。伊洛而南，素质五色皆备成章曰翚。江淮而南，青质五色皆备成章曰摇。"

28. 及而子之壮也以赐之。

抄云：向在帝侧之儿也。此儿曰毋恤。毋恤其母贱，翟之婢所生也。翟犬，捕翟之犬乎？如此邦所谓鹰犬乎？蕉讲云：或翟国犬欤？

29. 晋国且世衰，七世而亡。

苏子曰："予于《赵世家》削简子之梦，黜扁鹊之说，以为为国不可以语怪。及《扁鹊列传》则具载其说，曰：世或有是，不足怪也。盖孔子作《春秋》，非人事不书，而左丘明所记鬼神变怪，世所共传者，录之无疑，世有達者，当辨此耳。"

30. 嬴姓将大败周人于范魁之西。

《正义》曰：周人谓为卫也。

《索隐》曰：范魁，地名，未详。

《赵世家》："嬴姓将大败周人于范魁之西，而亦不能有也。今余思虞舜之勋，适余将以其胄女孟姚配而七世之孙。"《索隐》："即娃嬴，吴广之女。姚，姓；孟，字也。七代孙，武灵王也。""董安于受言而书藏之云云。简子赐扁鹊田四万亩。他日，简子出，有人当道，辟之不去，从者怒，将刃之。当道者曰：'吾欲有谒于主君。'从者以闻。简子召之，曰：'嘻，吾有所见子晰也。'"《索隐》曰："简子见当道者，乃寤曰：'嘻，是吾前梦所见，知其名曰子晰者。'""当道者曰：'屏左右，原有谒。'简子屏人。当道者曰：'主君之疾，臣在帝侧。'简子曰：'然，有之。子之见我，我何为？'当道者曰：'帝令主君射熊与罴，皆死。'简子曰：'是，且何也？'当道者曰：'晋国且有大难，主君首之。帝令主君灭二卿，夫熊与罴皆其祖也。'"《正义》曰："范氏、中行氏之祖也。""简子曰：'帝赐我二笥皆有副，何也？'"《正义》曰："副谓皆子姓也。""当道者曰：'主君之子将克二国于翟，皆子姓也。'"《正义》曰："谓代及智氏也。""简子曰：'吾见儿在帝侧，帝属我一翟犬，曰"及而子之长以赐之”。夫儿何谓以赐翟犬？’当道者曰：‘儿，主君之子也。翟犬者，代之先也。主君之子且必有代。及主君之后嗣，且有革政而胡服，并二国于翟。’”《正义》曰：“武灵王略中山地至宁葭，西略胡地至楼烦、榆中是也。”“简子问其姓而延之以官。当道者曰：‘臣野人，致帝命耳。’遂不见，简子书藏之府。异日，姑布子卿见简子，简子遍召诸子相之。子卿曰：‘无为将军者。’简子曰：‘赵氏其灭乎？’子卿曰：‘吾尝见一子于路，殆君之子也。’简子召子毋恤。毋恤至，则子卿起曰：‘此真将军矣！’简子曰：‘此其母贱，翟婢也，奚道贵哉？’子卿曰：‘天所授，虽贱必贵。’自是之后，简子尽召诸子与语，毋恤最贤。简子乃告诸子曰：‘吾藏宝符于常山上，先得者赏。’诸子驰之常山上，求，无所得。毋恤还，曰：‘已得符矣。’简子曰：‘奏之。’毋恤曰：‘从常山上临代，代可取也。’简子于是知毋恤果贤，乃废太子伯鲁，而以毋恤为太子。后二年，晋定公之十四年，范、中行作乱。明年春，简子谓邯郸大夫午曰：‘归我卫士五百家，吾将置之晋阳。’午许诺，归而其父兄不听，倍言。赵鞅捕午，囚之晋阳。”

“大败周人”，幻谓：嬴，赵氏本姓为嬴也。《史记》多此事，可考。周人谓卫也，《世家》注，言周人指卫也。卫即周同姓也。

《赵世家》注，《索隐》曰：“范魁，地名，不知所在，盖赵地。”

注谓“为卫也”，《世家》，《正义》无“为”字 。

31. 其后扁鹊过虢。

《正义》曰：又洛州氾水县古东虢国。

注“洛州氾水县”，《韵会·上声·纸韵》：“氾，象齿切，水名，在河南成皋县 。”《大明一统志》：“河南府有□阳县。”又“陕州在府城西三百里，周为虢国地，后魏始置陕州。”又《巖韵》：“氾，符咸切，郑地名，在许州襄城县一里。”又《梵韵》：“氾，孚梵切，水名。《汉纪》：‘高祖即位于氾水之阳。’”幻谓：今不取《凡韵》《梵韵》所出氾水。

32. 国中治穰过于众事。

幻谓：过于众事难晓，言国中件件充足，特以美政致丰年也。若其语顺，则国中治穰过于他邦。

33. 太子病血气不时。

“气血不时”，蕉抄云：血气不交错，痢结不泄，俄外发中害，精神不能止邪气，邪气畜积于中不泄，故阳缓阴急暴蹶而死也。蹶与蹷同。

幻谓：如蕉则不时交错之点欤？

幻谓：血与气不时而交错，盖血与气相搏不和也。与蕉义异矣。

《黄氏日抄》：“虢太子事，注云：时虢已灭百二十余年，其字误欤？抑传闻误欤？”

“治穰”，《韵会·阳韵》：“穰，如阳切。《说文》：‘黍裂已治者。’《广韵》：禾茎。一曰众也，一曰丰也。《诗》‘丰年穰穰’。”

34. 是以阳缓而阴急。

幻谓：阳在上而缓阴自下攻之。

35. 先生得无诞之乎。

《正义》曰：“诞，欺也。”

36. 医有俞跗。

“俞跗”，师说曰：音臾附，又下音趺。扬雄《解嘲》：“不遇俞附。”

扬子云《解嘲》：“子之笑我玄之尚白，吾亦笑子之病甚，不遇俞跗与扁鹊也，悲夫！”

良曰：“言病甚不逢善医，亦可悲也。”

都梁山杨介编《存真图·序》云：“黄帝时有俞附，一拨见病，因能割皮解肌、湔浣肠胃以祛百病。”

熊宗立《医学源流》：“林改之作《历代名医图·序》有云‘俞附洗肠南阳涤臓’”云云。

37. 治病不以汤液醴洒镵石挢引。

《索隐》曰：挢音九兆反，谓为按摩之法，夭挢引身。

“汤液”，熊宗立《医学源流》“殷”之下云：“伊尹发《内经·素问》，问之蕴，著《汤液之论》。《名医图》：‘伊尹作，五帝时人，在巫咸之次。’愚按：伊尹相汤以王于天下，当在三代殷商之世，岂姓字相同者乎？今移于此，以俟识者而校之。”

“汤液醴洒”，《素问》第二《汤液醪醴论》：“黄帝问曰：‘为五穀汤液及醪醴奈何？'" 注："液谓清液，醪醴谓酒之属也。"

"岐伯对曰：'必以稻米炊之稻薪。稻米者完，稻薪者坚。'" 注："坚谓资其坚劲，完谓取其完全。完全则酒清泠，坚劲则气迅疾而効速也。""帝曰：'何以然？'" 注："言何以能完坚邪？""岐伯曰：'此得天地之和，高下之宜，故能至完伐取得时，故能至坚也。'" 注："夫稻者生于阴水之精，首戴天阳之气，二者和合然乃化成，故云得天地之和而能至完。秋气劲切，霜露凝结，稻以冬采，故云伐取得时而能至坚。"

"帝曰：'上古圣人作汤液醪醴，为而不用，何也？'""岐伯曰：'自古圣人之作汤液醪醴者，以为备耳。'" 注："言圣人愍念生灵，先防萌渐，陈其法制以备不虞耳。夫上古作汤液，故为而弗服也。" 注："圣人不治已病治未病，故但为备用而不服也。""中古之世道德稍衰，邪气时至，服之万全"，注："虽道德稍衰，邪气时至，以心犹近道，故服用万全也。""帝曰：'今之世不必已何也？'" 注："言不必如中古世，何也？""岐伯曰：'当今之世，必齐毒药攻其中，镵石针艾治其外也。'" 注："言法殊于徃古也。"

"镵石"，《素问》第四《宝命全角论》篇："制砭石大小"，注："古者以砭石为针，故不举九针，但言砭石尔。当制其大小者，随病所宜而用之。"

《新校正》云："三镵石，其实一也。古来未能铸铁，故用石为针，故名之针石，言工必砥砺锋利，制其大小之形与病相当。黄帝造九针，以代镵石。上古之治者，各随方所宜。东方之人多痈肿聚结，故砭石生东方。"

《灵枢经》第一《九针石二原》第一云："九针之名各不同形，一曰镵针长一寸六分。"史崧《音义》："镵，鉏衔切。"

注"夭挢"，《韵会·上声·筱韵》："夭于兆切，《说文》：'屈也。'徐曰：'夭矫其头颈也。'""矫"，《韵会·筱韵》："矫，举夭切，《说文》：'揉箭也。'《选·诗》：'腾猨疑矫箭'，注：'矫，揉也，正曲也'云云。通作挢。"

38. 案扤毒熨。

《索隐》曰：毒熨谓毒病之处以药物熨帖也。

注“熨帖”，杜甫《白丝行》：“美人细意熨贴平，裁缝灭尽针线迹。”注：“熨火纡物，切火展布也。”

39. 一拨见病之应，因五藏之输。

《正义》曰：《八十一难》云：“肺之原出于太渊；少阴之原出于兑骨。”

“一拨见病之应”，抄云：忽见病体，早知五脏之输。输，去声遇韵，戍春切。注《史·扁鹊传》：“因五脏之输”：五脏六腑各有输穴：肺俞第三椎下，两方各一寸半心；俞第五椎下，两旁各一寸半；肝俞第九椎下，两旁各一寸半；脾俞第十一椎下，两旁各一寸半；肾俞第十四椎下，两旁各一寸半；大肠俞第十六椎下，两旁各一寸；半小肠俞第十八椎下，两旁各一寸半；膀胱俞第十九椎下，两旁各一寸半；三焦输第十三椎下，两旁各一寸半；胆输第十椎下，两旁各一寸半；胃输第十二椎下，两旁各一寸半；中膂内输第二十椎下，两旁各一寸半。

幻谓：“输”字后来脉书、灸经等多作“俞”。或作“腧”。

“输”，或作“俞”，《灵枢经》第一《九针十二原》第一云：“血脉者在腧，横居，视之独澄，切之独坚。”《音义》：“腧，春遇切。”《韵会·去声·遇韵》：“输，春遇切。《增韵》‘凡以物送之曰输，音平声。指所送之物曰输，音去声。’《史·扁鹊传》：‘因五脏之输。’”幻谓：春遇切，春宜作“舂”。

《素问·气府论》云：“五藏之俞各五六府之俞各六。”

注：“肺俞在第三椎下”云云；“心俞在第五椎下”云云；“肝俞在第九椎下”云云；“脾俞在第十一椎下”云云；“肾俞在第十四椎下”云云；“胆俞在第十椎下”云云；“胃俞在第十二椎下”云云；“三焦俞在第十三椎下”云云；“大肠俞在第十六椎下”云云；“小肠俞在第十八椎下”云云；“膀胱俞在第十九椎下”云云；《新校正》云：“详或者疑经中各五各六，以各字为误者，非也。所以言各者，谓左右各五各六，非谓每藏府而各五各六也。”

启玄子王冰撰《黄帝内经素问序》：“孔安国《尚书序》曰：‘伏羲神农黄帝之书谓之三坟，言大道也。’班固《汉书·艺文志》曰：‘《黄帝内经》十八卷，《素问》即其经之九卷也，兼《灵枢》

九卷，乃其数焉。’《新校正》云：‘详王氏之说，盖本皇甫士安《甲乙经》之序，彼云《七畧》、《艺文志》：《黄帝内经》十八卷，今有《针经》九卷，《素问》九卷，共十八卷，即《内经》也。’故王氏遵而用之。又《素问》外九卷，汉张仲景及西晋王叔和《脉经》只谓之九卷，皇甫士安名为《针经》，亦専，名九卷。杨玄操云：‘《黄帝内经》二帙，帙各九卷。’按：《唐书·艺文志》谓之《九灵》，王冰名为《灵枢》，虽复年移代革而授学犹存，惧非其人而时有所隐，故第七一卷师氏藏之。今之奉行惟八卷尔。然而其文简其意博，其理奥其趣深云云；冰弱龄慕道，夙好养生，幸遇真经，式为镜云云；时于先生郭子斋堂受，得先师张公秘本云云。因而撰注，用传不朽，兼旧藏之卷合八十一篇二十四卷，勒成一部。”“时大唐宝应元年岁次壬寅序。”

将仕郎守殿中亟孙兆重改误。

《医学源流》云：“孙兆，宋仁宗朝将仕郎守殿中亟，习通医经，《内经》、《素问》重加改正刊误。又有《伤寒脉诀》。”

《素问》卷一，注：《新校正》云：“详王氏不解所以名《素问》之义起于何代，按：《隋书·经籍志》始有《素问》之名，《甲乙经序》，晋皇甫谧之文已云《素问》，论病精辨。王叔和，西晋人，撰《脉经》，云出《素问》、《针经》。汉张仲景撰《伤寒卒病论集》，云撰用《素问》，是则《素问》之名著于《隋志》，上见于汉代也。自仲景已前无文可见，莫得而知。据今世所存之书，则《素问》之名起汉世也。所以名《素问》之义，全元起有说云：‘素者，本也；问者，黄帝问歧伯也。方陈性情之源、五行之本，故曰素问。’元起虽有此解，义未甚明。按：《干凿度》云：‘夫有形者生于无形，故有太易，有太初，有太始，有太素。太易者，未见气也；太初者，气之始也；太始者，形之始也；太素者，质之始也。’气形质具而痾瘵由是萌生，故黄帝问此太素，质之始也。《素问》之名义或由此。”

幻谓：王氏，唐王冰也。

《难经·六十八难》曰：“五脏六府皆有井荥俞经合”云云，可考经。

《内经·灵枢》第一：“岐伯曰：‘五脏五腧，五五二十五腧；六府六腧，六六三十六腧。经脉十二，络脉十五，凡二十七。气以上下所出为井，所溜为荥，所注为腧，所行为经，所以为合二十七气，所行皆在五腧也。'"

《素问》第八《气穴论》篇："藏俞五十穴，府俞七十二穴，热俞五十九穴，水俞五十七穴。"注："藏谓五藏，肝、心、脾、肺、肾，非兼四形藏也。俞谓井荥俞经合，非背俞也。然井荥俞经合者，肝之井也，大敦也。荥，行间也。俞，太冲也。经，中封也。合，曲泉也。大敦在足大指端，去爪甲角如韭叶，及三毛之中。足厥，阴脉之所出也"云云；"府谓六府，非兼九形府也。俞亦谓井荥俞原经合，非背俞也。肝之府胆，胆之井者窍阴也。荥，侠溪也。俞，临泣也。原，丘虚也。经，阳辅也。合，阳陵泉也。窍阴在足小指次指之端，去爪甲角如韮叶，足少阳脉之所出也"云云。热俞、水俞注并具《水热论》中。

《素问》第八《水热穴论》篇："帝曰：'水俞五十七处者是何主也?'岐伯曰：'肾俞五十七穴，积阴之所聚也，水所从出入也。尻上五行行五者，此肾俞。'"注："背部之俞凡有五，行当其中者，督脉气所发，次两傍四行，皆足大阳脉气也。""帝曰：夫子言治热病五十九俞"云云；"愿闻其处"云云；"岐伯曰：'头上五行行五者，以越诸阳之热逆也。头上五行者当中行谓上星、顖会、前顶、百会、后顶次两傍谓五处'"云云。

幻谓：五脏之输，《灵枢》亦谓五输也。

注"肺之原出于太渊"，《难经·六十六难》言："肺之原出于太渊，心之原出于太陵，肝之原出于太冲，脾之原出于太白，肾之原出于太溪，少阴之原出于兊骨，胆之原出于丘墟，胃之原出神门穴也。于冲阳三焦之原出于阳池，膀胱之原出于京骨，大肠之原出于合谷，小肠之原出于腕骨。十二经皆以俞为原者何也?然五藏俞者，三焦之所行，气之所留止也。三焦所行之俞为原者何也?然脐下肾间动气，人之生命也，十二经之根本也，故名曰原。三焦者，原气之别使也，主通行，三气经歷于五藏六府，原者，三焦之尊号也。故所止辄为原，五藏六府之有病者皆取其原也。"

杨氏曰："脐下谓动气者，丹田也。丹田者，人之根本也，精神之所藏，五气之根源，太子之府也。男子以藏精，女子以藏月水，主生养子息，和合阴阳之门户也。在脐下三寸，圆四寸，附著脊脉，两肾之根本。其中央黄，左青右，白上赤下黑。三寸法三才，四寸法四，五色法五行。两肾之间名曰太海，一名溺水。中有神龟，呼吸元气，流行作为，风雨通气，四支无所不至也。肾者分为日月之精虚，无之气，人之根本也。脐者，人之命也。一名中极，一名太渊，一名昆仑，一名特枢，一名五城。五城有五真人，即五帝也。五城之外有八使者，即八卦神也。八使者并太一为九乡。八卦之外有十二楼，楼有十二子也，并三焦神为二十七大夫、八十一元士。齐中央名太一君之侯王，主天，大将军特进侯，主人身，中万二千神也。郊在头上脑户中，庙在项后顶上，社在脾左端，稷在大肠，穷风伯在八门，八门在齐两旁，两师在小肠，穷四渎云气在昆仑，溺水在胞中。所以备言此者，欲明肾为人生之根本也。故知丹田性命之根本也。道士思神，比丘坐禅，皆行心气于齐下者，良为此也。故云原者三焦之尊号也。三焦合气于肾故也。”

熊宗立注纪氏曰：“十二经之俞皆系三焦所行、气所留止之处也。三焦所行之俞为原者，假原气之别使也。且下焦禀原气者，即真元之气也。上达至于中焦，主受五脏六腑水谷精悍之气，化为荣卫。荣卫之气得真元之气相合，主气通行达于上焦入肺经，自肺经始经历五脏六腑也。原者乃三焦尊号之名，故三焦所行留止之处辄为原也。若五脏六腑之有病，皆取之原者，谓原为生气之根原故也。”

《黄帝内经·灵枢》卷一：“十二原者，五藏之所以禀三百六十五节气味也。五藏有疾也，应出十二原。十二原各有所出，明知其原，睹其应，而知五藏之害矣。阳中之少阴，肺也，其原出于大渊。大渊，二阳中之太阳心也，其原出于大陵。大陵二阴中之少阳肝也，其原出于太冲。太冲二阴中之至阴脾也，其原出于太白。太白二阴中之太阴肾也，其原出于太溪太。溪二膏之原出于鸠尾，鸠尾一肓之原出于脖胦脖胦一。凡此十二原者，主治五藏六府之有疾者也。胀取三阳飧，泄取三阴。”云云。

赵宋史崧《音释》：“脖胦”，上蒲没切，下乌朗切，又于桑切。“荥”，音营，绝小水也。

《灵枢》卷一《本输第二》："岐伯曰请言其次也：肺出于少商。少商者，手大指端内侧也，为井木溜于鱼际。鱼际者，手鱼也，为荥注于大渊。大渊鱼后一寸陷者中也"云云；"心出于中冲，中冲手中指之端也，为井木溜于劳宫。劳宫掌中，中指本节之内间也，为荥注于大陵。大陵掌后两骨之间方下者也，为腧行于间使间使"云云；"肝出于大敦，大敦者足大指之端及三毛之中也，为井木溜于行间。行间。足大指间也。为荥注于大冲。大冲。行间上二寸陷者之中也。为腧行于中封"云云；"脾出于隐白，隐白者足大指之端内侧也，为井木溜于大都。大都，本节之后下陷者之中也，为荥注于太白。太白腕骨之下也，为腧行于商丘商"云云；"肾出于涌泉，涌泉者足心也，为井木溜于然谷。然谷，然骨之下者也，为荥注于大溪。大溪，内踝之后跟骨之上陷中者也，为腧行于复留"云云；"膀胱出于至阴，至阴者足小指之端也，为井金溜于通谷。通谷，本节之前外侧也，为荥注于束骨。束骨，本节之后陷者中也，为腧过于京骨。京骨，足外侧大骨之下，为原行于昆仑。昆仑，在外踝之后跟骨之上，为经入于委中。委中，腘中央为合委而取之足太阳也。胆出于窍阴，窍阴者，足小指次指之端也，为井金溜于侠溪。侠溪，足小指次指之间也，为荥注于临泣。临泣，上行一寸半陷者中也，为腧过于丘墟。丘墟，外踝之前下陷者中也，为原行于阳辅"云云；"胃出于厉兑，厉兑者足大指内次指之端也，为井金溜于内庭。内庭，次指外间也为荥注于陷谷。陷谷者，上中指内间上行二寸陷者中也，为腧过于冲阳。冲阳，足跗上五寸陷者中也，为原摇足而得之行于解溪"云云；"三焦者，上合手少阳，出于关冲。关冲者，手小指次指之端也，为井金溜于液门。液门，小指次指之间也，为荥注于中渚。中渚，本节之后陷中者也，为腧过于阳池。阳池，在腕上陷者之中也，为原行于支沟"云云；"手太阳小肠者，上合于太阳，出于少泽。少泽，小指之端也，为井金溜于前谷。前谷在手外廉本节前陷者中也，为荥注于后溪。后溪者，在手外侧本节之后也，为腧过于腕骨。腕骨，在手外侧腕骨之前，为原行于阳谷"云云；"大肠上合手阳明，出于商阳。商阳，大指次指之端也，为井金溜于本节之前，二间为荥注于本节之后，三间为腧过于合谷。合谷在大指岐骨之间，为原行于阳溪"

云云。

纪氏注《难经》："荥"作"荣"。注"少阴之原出于兑骨"，杨介《环中图》："手少阴之脉起于心，中出属心，系下膈络小肠。其支者，从心系上，挟咽系目，系其直者复从心。系却上肺下，出腋下，下循臑内，后廉行太阴，心主之。后下肘内，循臂内，后廉抵掌，后脱骨之端。"

幻按：《臑内环中图》："手太阴肺脉下循臑内"注：女到切，臂节也。"臑内"，天府穴也。

40. 诀脉结筋，搦髓脑。

"诀脉"，《韵会·屑韵》："诀，通作决。《汉书》'李陵与苏武决去。'《增韵》：通作'抉'，注：剔也，韩文'爬罗剔抉'。或作'刔'。"诀脉盖抉脉义乎？"诀""刔""抉"通乎？

41. 湔浣肠胃，漱涤五藏。

《素问·平人气象论篇》曰："平人之常气禀于胃。胃者，平人之常气也。"注："常平之气，胃海致之。《灵枢经》曰：'胃为水穀之海也。'""人无胃气曰逆，逆者死。"注："逆谓反平人之候也。""春胃微弦曰平。"注："言微似弦，不谓微而弦也。钩及耎弱毛石义并同。""弦多胃少曰肝病，但弦无胃曰死。"注："谓急而益劲如新张弓弦也。""夏胃微钩曰平，钩多胃少曰心病。但钩无胃曰死。"注："谓前曲后居如操带钩也。""长夏胃微耎弱曰平，弱多胃少曰脾病。但代无胃曰死。"注："谓动而中止不能自还也。""秋胃微毛曰平，毛多胃少曰肺病。但毛无胃曰死。"注："谓如物之浮，如风吹毛也。""冬胃微石曰平，石多胃少曰肾病。但石无胃曰死。"注："谓如夺索辟，辟如弹石也。""春夏而脉瘦"，注："《新校正》云：按《玉机真藏》论瘦作沈濇。""秋冬而脉浮大，命曰逆四时也。"注："春夏脉瘦谓沈细也。秋冬浮大，不应时也。大法：春夏当浮大，而反沈细；秋冬当沈细，而反浮大，故曰不应时也。"王氏《脉经》："怨脉来，前曲后居如操带钩，曰心死。"注："居，不动也。操，执持也。钩谓革带之钩。"

42. 曾不可以告咳婴之儿。

"曾不可以告"，言不能若俞跗，则不可活太子，故不告焉。

"咳婴之儿一"，抄云：太子今日可死也。

《韵会》："孩，何开切，《说文》本作'咳'，'小儿笑声也'。《礼记》'咳而名之'，《史·扁鹊传》：'咳婴之儿'。古文作'孩'，今孩儿字盖从古也。"

43. 若以管窥天。

抄：言坐井观天，曰以小管中窥虎一斑之类也。

44. 不待切脉。

《正义》曰：待切脉而知病，寸口六脉，三阴三阳。

"脉"，天台陶宗仪《辍耕录》卷十九云："人禀天地五行之气以生，手三阳三阴，足三阳三阴，合为十二经，以环络一身，往来流通，无少间隙。其脉应于两手三部焉。夫衇者，血也。脉不自动，气实使之，故有九候之法。《内经》云：'脉者血之府。'《说文》云：'血理分衺行体者，从𠂢，从血。亦作脉。'《通释》云：'五藏六府之气血分流四体也。'《释名》云：'脉，幕也。幕络一体，字从肉从𠂢，𠂢音普拜切，水之邪流也。脉字从𠂢，取脉行之象。'《无求子》云：'脉之字从肉从𠂢，又作脉。盖脉以肉为阳，衇以血为阴。'华佗云：'脉者血气之先也。气血盛则脉盛，气血衰则脉衰，血热则脉数，血寒则脉迟，血微则脉弱，气血平则脉缓。'晋王叔和分为七表八里，可谓详且至矣。然文理毓多，学者卒难究白。宋淳熙中南康崔子虚隐君以《难经》于六难专言浮沉，九难专言迟数，故用为宗，以统七表八里而总万病。其说以为浮者为表，为阳，外得之病也。有力主风，无力主气。浮而无力为芤，有力为洪。又沉为实。沉者为里，为阴，内受之病也。有力主积，无力主气，沉而极小为微，至骨为伏，无力为弱，迟者为阴，主寒，内受之病也。有力主痛，无力主冷，迟而少駃为缓，短细为濇，无力为濡，数者为阳，主热，外得之病也。有力主热，无力主疮，数而极弦为紧，有力为弦，流利为滑。他若九道六极之殊，三焦五藏之辨，与夫持脉之道、疗病之方，其间元妙具在四脉玄文及西原《脉诀》等书。世以为秘授，始由隐君传之刘复真先生，先生传之朱宗阳炼师，炼师传之张玄白。高士今往往有得其法者，学者其求诸。"

"切脉"，《素问》第三《脉要精论》篇："切脉动静而视精明"，

注："切谓以指切近于脉也。精明，穴名也，在明堂左右两月内眦也。以近于目，故曰精明。"

幻按：《难经》十七难、十八难两处有切脉而知之耶？虽杨玄操无注，《六十一难》切脉而知之者。诊其寸口，视其虚实，以知其病病在何脏腑也。杨氏曰："切，按也，谓按其寸口之脉。若弦多者，肝病也；洪多者，心病也；浮数则病在府，沈细则病在藏。故云何脏腑也。"

注"杨玄孙"，"孙"，宜改作"操"。

春按：《史记》诸本皆作"杨玄操"，此本误作"孙"。

注"寸口六脉"，《难经四难》曰："脉有阴阳之法，何谓也？然呼出心与肺，吸入肾与肝，呼吸之间脾受谷味也，其脉在中。"吕氏曰："心肺在鬲上，藏中之阳，故呼气出肾。肝在鬲下，藏中之阴，故吸其气入脾者。中州主养四藏，故曰呼吸以受谷气也。""浮者阳也，沈者阴也，故曰阴阳也。心肺俱浮，何以别之？然浮而大散者心也，浮而短濇者肺也。"杨氏曰："细而迟，往来难且散，或一止，名曰濇也。""肾肝俱沈，何以别之？然牢而长者肝也，按之濡，举指来实者肾也。脾者中州，故其脉在中。"杨氏曰："脾王于季夏，主养四藏，其脉来大小浮沉，故依四时，王脉俱至，四季十八日即变宽缓，是脾之王气也。上有心肺，下有肾肝，故曰在中也。""是阴阳之法也。脉有一阴一阳，一阴二阳，一阴三阳；有一阳一阴，一阳二阴，一阳三阴。如此之言，寸口有六脉，俱动耶？然此言者非有六脉俱动也，谓浮沈长短滑濇也。浮者，阳也；滑者，阳也；长者，阳也；沈者，阴也；短者，阴也；濇者，阴也。所谓一阴一阳者，谓脉来沈而滑也；一阴二阳者，谓脉来沈滑而长也；一阴三阳者，谓脉来浮滑而长时一沈也；所谓一阳一阴者，谓脉来浮而濇也；一阳二阴者，谓脉来长而沈濇也；一阳三阴者，谓脉来沈濇而短时一浮也。各以其经所在，名病逆顺也。"杨氏曰："随春夏秋冬，观其六脉之变，则知病之逆顺也。"

《正义》"寸口六脉"，《难经四难》曰："脉有阴阳之法"云："浮者，阳也。沈者，阴也。故曰阴阳也。"天锡言："阳主升，阴主降。阳欲上，阴欲下，故脉在上而浮者阳也。《脉法》曰：'浮者在上，阳也。按之不足，举之有余。沈者，阴也。潜藏于内秘而不出，其迹在下，轻手不见，重手乃得，是以浮者为阳，沈者为阴也。'"《难经·四难》"寸口有六脉俱动邪"云云，天锡言："微妙在脉，不可不察。察之有纪，从阴阳始。故阴阳为脉之本始，此言三阴三阳者非谓寸口六脉俱动，谓浮沈长短滑涩也。且阳道常饶，故脉浮滑长也"云云。"此言三者皆有余之脉。阴道常乏，故脉沈短濇也"云云。"此三者皆不足之脉也。沈浮者言其位也，长短者言其形也，滑濇者言其体也，故有形则有位，有位则知病之虚实，知虚实则知病有所在，然后别阴阳之道。虚自内出，实自外入"云云。

丁德用注："沈者，阴也。其脉粘筋辅骨曰沈。"又言："浮而大散者心也，浮大为藏，散则为府。"注"肺脉"曰："浮短为肺濇，为府。肝脉牢，为肝脉，长为府。肾脉曰沈濡，为肾，沈滑为府。"

天锡言："沈伏相类，故《脉法》曰：'沈则重手而易得，伏则潜伏而难见。'今丁德用言沈脉粘筋辅骨，乃是伏脉也。心脉浮大而散，皆阳脉也。肺为半阴半阳，故脉浮短而濇。肝亦半阴半阳，故脉牢而长。肾脉沈濡，濡者肾，为纯阴也。丁德用所注沈与伏不能分辨，藏脉却分为府脉，惑乱后人，恐为未当。"

王宗正注："牢而长者肝也。牢字当改弦字，肝主弦。"

天锡言："弦脉非纯阴脉，非纯阳脉也。以七表脉论之，浮、芤、滑、实、弦、紧、洪为阳脉。仲景《脉法》论之。沈、濇、弱、弦、微，此名阴也。弦为阳，又为阴，是半阴半阳脉耳。牢脉者，沈浮实大，四者相杂，为阳虚阴甚之脉。长者乃有余，为阳脉也。今此言牢而长者，肝也。是扁鹊取牢为阴，长为阳也。肝为阴中之阳，故此阴阳二者相配也。牢与弦脉，其意亦相同。"

幻谓：《难经·四难》注，天锡有以七表脉论之语，恐非。天锡未知叔和《脉经》乎？

王氏《脉经》第一言："脉有一阴一阳，一阴二阳，一阴三阳"云云。"凡脉大为阳，浮为阳，数为阳，动为阳，长为阳，滑为阳，沈为阴，濇为阴，弱阴为弦，短为阴，微为阴。是为三阴三阳也。阳病见阴脉者，反也，主死。阴病见阳脉者，顺也，主生。关前为阳关。"

幻谓：脉当弦急，弦为阴，弦而急，一阴一阳乎？

45. 望色。

《正义》曰：《素问》云："面色青，脉当弦急；脉当沈浮而滑也。"

幻谓：《素问经》论脉法第三卷之《脉要精微论》篇，《三部九候论》篇，第四卷之《经脉别论》篇等，为之□也。三篇之中，不载待切脉而知病。面色青，脉当弦急，好哭者脉。病欲得温而不欲见人等。余语□有其义耳，大概检《素问》全部，未得此文。

注"脉当沈浮而滑"，幻谓：沈浮二字难晓，时一沈一浮，滑一阴二阳乎？浮沈言时一沈，时一浮。

幻谓：当曰：沈而浮，"滑"恐字倒欤？

《察病指南》："弦脉劲急如张弓，故名曰弦。"注："《脉经》以为表脉则属阳，《伤寒论》以为阴脉，《脉赋解义》亦谓弦滑之脉虽属于七表，皆主于阴。又巢元方、王子亨以弦为虚，主拘急。数说不同，当如活人书说。若弦而洪数者为阳，弦疾而且微细者为阴，主拘急。"

幻谓：《脉经》以表脉者，恐非王氏《脉经》，谬指《脉诀》为《脉经》乎？

46. 听声写形。

《正义》曰：《素问》云："好哭者肺病。"

注"《素问》云：'好哭者肺病'"云云，《素问》第一《阴阳应象大论篇》："东方生风，风生木，木生酸，酸生肝"云云；"在藏为肝，在色为苍，在音为角，在声为呼"云云，注："呼谓叫呼，亦谓之啸。""南方生热，热生火，火生苦，苦生心"云云。"在藏为心，在色为赤，在音为征，在声为笑"云云。注："笑，喜声也。""中央生湿，湿生土，土生甘，甘生脾"云云。"在藏为脾，在色为黄，在音为宫，在声为歌"云云，注："歌，叹声也。""西方生燥，燥生金，金生辛，辛生肺"云云。"在藏为肺，在色为白，在音为商，在声为哭"云云。注："哭，哀声也"云云。"北方生寒，寒生水，水生咸，咸生肾"云云。"在藏为肾，在色为黑，在音为羽，在声为呻"云云。注："呻，吟声也。"

《素问·应象大论篇》："在藏为肝""在声为呼"云云。"在志为怒，怒伤肝"云云。"在藏为心"云云。"在声为笑"云云。"在志为喜，喜伤心"云云。"在藏为脾"云云。"在声为歌"云云。"在志为思。思伤"云云。"在藏为肺"云云。"在声为哭"云云。"在志为忧，忧伤肺"云云。"在藏为肾"云云。"在声为呻"云云。"在志为恐，恐伤肾"云云。

幻谓：举《应象论》书之略，"在志为怒，怒伤肝"等事，故重书之，后人一列书焉。

幻按：《难经·三十四难》论五脏声色臭味与《素问》同，杨氏注不细释，纪氏、熊氏细释，可考。

47. 写形。

《正义》曰：《素问》云："欲得温而不欲见人者藏家病。"

注"欲得温而不欲见人"，幻谓：检《素问》未见此文。

《难经·五十一难》曰："病有欲得温者，有欲得寒者，有欲得见人者，有不欲得见人者，而各不同，病在何藏府也。然病欲得寒而欲见人者，病在府也。病欲得温而不欲见人者病，在藏也。何以言之？府者，阳也。阳病欲得寒又欲见人，藏者，阴也。阴病欲得温又欲闭戶独处，恶闻人声，故以别知藏府之病也。"吕氏曰："阳病作热，故欲得寒。阳气消清明，故欲见人。阴病作寒，故欲得温。阴气冥，故不欲见人也。"

洁古注："府病设得见人，欲凉。府法春夏。"启玄子云："春食凉，夏食寒，秋冬闭户，独喜温，法秋冬。"启玄子云："秋食温，冬食热，法刚柔也。阴阳者常使二气调和，骨正筋柔，常有天命。"

《难经·十五难》曰："经言春脉弦，夏脉钩，秋脉毛，冬脉石，是王脉耶？将病脉也。然弦、钩、毛、石者，四时之脉也。春脉弦者，肝，东方木也，万物始生，未有枝叶，故其脉之来濡弱而长，故曰弦。夏脉钩者，心，南方火也，万物之所茂，垂枝布叶，皆下曲如钩，故其脉之来疾去迟，故曰钩。秋脉毛者，肺，西方金也，万物之所终，草木华叶皆秋而落，其枝独在，若毫毛也，故其脉之来轻虚以浮，故曰毛。冬脉石者，肾，北方水也，万物之所藏也，盛冬之时水凝如石，故其脉之来沈濡而滑，故曰石。此四时之脉也，如有变奈何。然春脉弦反者为病何谓反，然其气来实强，是为太过。病在外，气来虚微，是谓不及病在内，气来厌厌聂聂，如循榆叶，曰平益实而滑，如循长竿，曰病急而劲益，强如新张弓弦曰死。” 熊注：“谓春脉当弦，若与弦脉相反，则为肝病”云云。“夏脉钩，反者为病，何谓反”云云。熊注：“夏脉当钩，若与钩脉相反，则心病”云云。“秋脉毛，反者为病，何谓反”云云，熊注“谓秋脉当毛，若与毛脉相反，则为肺病”云云；“冬脉石，反者为病，何谓反”云云，熊注：“谓冬脉当石，若与毛脉相反，则为肾病”云云。

幻谓：据熊春、夏、秋、冬脉注推之，面色青，脉当弦而急，恐脱而字乎？面色赤，脉当浮而短，面色黑，脉当沈而浮滑也。恐浮字在滑字上乎？又谓阙肺、脾脉，何哉？注者疏也。面色白，脉当濇而短，幻谓：肝脉弦急者，少胃气，故设此义，见《难经·十三难》“则望色”注，易解。如此有焉。

《难经·十三难》曰：“经言见其色而不得其脉，反得相胜之脉者，即死。得相生之脉者，病即自已。色之与脉，当参相应，为之奈何？”熊注：“见其色而不得其脉者，是色与脉不相应也。假如肝之青色见于面，而脉反浮濇而短者，是肺脉也。肺金克肝木为贼邪？是相胜之脉，病即死也。若得沈滑肾之脉，肾水，生肝木，是相生脉，其病自愈也。”“然五藏有五色，皆见于面，亦当与寸口尺内相应。假令色青，其脉当弦而急；色赤，其脉浮大而散；色黄，其脉中缓而大；色白，其脉浮濇而短；色黑，其脉沈濡而滑。此所谓五色之与脉当参相应也。”熊注：“藏五色：肝青，心赤，脾黄，肺白，肾黑也。若一色现于面，即当与寸关尺脉相应，是色与脉当参相应也。假如青色现于面，其脉弦而急，是肝之顺脉，此相应也。其余仿此而推。”

吕氏曰：“青者肝色也，弦急者，肝脉是为相应也。赤者心色也，浮大而散者心脉，是为相应也；色黄者脾色也，在中而缓大者脾也；白者肺色也，浮濇而短者是肺脉也；色黑者肾色也，肾主水，水之性沈肾，又在五藏之下，故其脉沈濡滑。假令色青，其脉浮濇而短，若大而缓为相胜，浮大而散若小而滑为相生也。”

熊注：“青是肝木，其脉浮濇而短，是肺脉金克木也，是为贼邪。若夫大而缓，是脾脉木克土也，是为微邪。此二者，尝谓相胜。其脉浮大而散，是心脉木生火也。若脉小而滑，是肾脉水生木也。二脉皆谓之相生，余色仿此类推。”

幻谓：《正义》“面色青，脉当弦急”，为《素问》文恐谬乎？取《难经》大意耳。

《难经·四十九难》：“肺主声，入肝为呼，入心为言，入脾为歌，入肾为呻，自入为哭，故知肺邪。入心为谵言妄语也。”

纪氏注：“高承德疏云：呼者，长呼也；歌者，歌曲也；呻者，呻吹也。”天锡言：“千金云肝实，令人叫呼不已。”王冰注：“□□□者，叫呼也；歌者，歌叹也；呻者，呻吟也。”据高承德疏恐未中理。

48. 病应见于大表。

抄云：病指有应，突然见于表，不在千里外，言至而近也。

49. 目眩然而不瞚。

《韵会》：“瞬，输闰切。本作瞚，《庄子》：‘终日视而目不瞚’。”

50. 舌挢然而不下。

《韵会·小韵》：“矫矫，高举貌，通作‘挢’。”“挢”，注：“《说文》：‘举手也。’”

51. 出见扁鹊于中阙。

抄云：中阙盖中门欤？

52. 因嘘唏服臆。

“嘘唏”，《韵会·鱼韵》：“嘘，泣出气急曰吹，缓曰嘘歔。”注：“《说文》：‘唏也’，一曰出气曰歔唏，悲泣气咽而抽息也。”

又微韵：“唏或作‘欷’，《史记》‘纣为象箸而箕子唏’，注：‘欷歔之欷。’韩愈《送区弘》诗‘独子之节可嗟’，注：‘唏与欷同，哀而不泣。’”

幻谓：《韵会》无“唏与欷同”之注，然其义似通。

“服臆”，幻谓：抄义不稳，或服义膺欤？《中庸》：“子曰：‘回之为人也，择乎中庸，得一善则拳拳服膺而弗失之矣。’朱子注：‘拳拳，奉持之貌，脂于著也。膺，胸也，奉持而著之心胸之间，言能守也。’”

幻谓："服臆"，《索隐》注有音，恐非。"胸臆"之"臆"必有注乎？

53. 所谓尸蹶者也。

葛方氏治尸厥方，以菖蒲屑著鼻两孔中吹之，令人以桂屑著舌下。

《集验龙门方》等又同。

《病源论》曰："尸厥者，阴气逆也。此由阳脉卒下坠，阴脉卒上升，阴阳离居，荣卫不通，真气厥乱，客邪乘之。其状如死，犹微有息而不恒，脉尚动而形无知也。听其耳内，循循有如啸之声，而股间暖是也。"

《葛氏方》云："尸蹶之病，卒死而脉犹动也。"

《集验方》："治厥死，如尸不知人，心下余气。""尸厥"，《圣济总録》："尸厥者，以绳围其臂腕，男左女右。绳从大脽上度下行脊上，灸绳头五十壮。此是扁鹊秘法。"《医学源流》："传曰：越人至虢，太子暴死。越人曰：'此尸厥也，可活。'乃针维会穴，随手而起。"又曰："按《名医图》，有秦三人大医令，李酰、李豹、子阳（扁鹊弟）。"

54. 夫以阳入阴中，动胃。

《正义》曰：《八十一难》云："脉居阴部反阳脉见者；为阳入阴中；胃，水谷之海也。"

病之阳论，《难经·六十七难》曰："五藏募皆在阴而俞在阳者，何谓也？然阴病行阳，阳病行阴，故令募在阴，俞在阳。"纪氏曰："腹属阴，背属阳，募在腹，故为阴；俞在背，故为阳。阴病生于内而行于外，即阴行阳也，故阳俞在背。阳病生于外而行于内，即阳行阴也，故阴募在腹也。'募俞穴法'载在图内。"洁古注："经言背为阳，腹为阴。背阳者，背俞也。腹阴者，腹募也。阳胜则阴病，灸俞，故骨会大杼余俞皆同此例。阴胜则阳病，灸于府募。叔和云：'咽喉不利，脉沈细，若能速灸脐轮下，六日看过见喜深。'所以阳病行阴，阴病行阳，腹背为阴阳之总论也。"

"夫以阳入阴中——"，抄点恐不可欤？下内言阳下于内，而阴不发起于下，所谓破阴也。上外言阴上于外而阳气绝，即不为阴使，所谓绝阳也。《素问》第一所谓“阴在内，阳之守也；阳在外，阴之使也。”今反之，故曰不为使也。

《正义》“脉居阴部”，《难经·二十难》曰：“经言脉有伏匿，伏匿于何藏而言伏匿邪？然谓阴阳更相乘更相伏也。脉居阴部而反阳脉见者，为阳乘阴也。”杨氏曰：“尺中浮滑而长。”“脉虽时沈濇而短，此谓阳中伏阴也。”杨氏曰：“尺中已浮滑而长，又时时沈濇而短，故云阳中伏阴也。”“脉居阳部而反阴脉见者，为阴乘阳也。”杨氏曰：“寸口关中沈短而濇也。”“脉虽时浮滑而长，此谓阴中伏阳也。”杨氏曰：“寸关已沈短而濇，又时时浮滑而长，故云阴中之伏阳也。”

熊注：“伏匿者，阴阳相胜，更相乘、更相伏也。尺之阴部见浮滑长大之脉，为阳乘阴也。阴虚不足，故阳入乘之。又于寸口脉之中有时或见沈濇短小之脉，是阳中伏阴也。若寸口阳部见沈濇微短之脉，为阴乘阳也。阳虚不足，故阴往乘之。又于尺部脉之中，有时或见浮滑长大洪数之脉，是阴中之伏阳也。”

《难经》无“为阳入阴中”五字。

“胃水谷之海也”六字，《正义》语也。

55. 缠缘。

“缠缘”，注：“《素问》云：‘延缘落，络脉也。’”

幻按：《素问》未得此语，落字衍乎？《韵会·药韵》：“络通作落，《汉·艺文志》：‘血脉经落。’”

56. 中经维络。

《正义》曰：《八十一难》云：“十二经，十五络脉，阳维阴维之脉也。”

《正义》“十二经脉十五脉络”，《难经·二十三难》云：“经脉十二，络脉十五，何始何穷也？然经脉者，行血气，通阴阳，以荣于身者也”云云。熊氏注：“经者，径也。经脉流行，血气疏通，径路往来，以荣华一身者也。络者，经之旁出者也。络之余曰孙络。十二经即有十二络，余三络者，阳蹻、阴蹻、及脾之大络也，共成十五络也。”又本《经》曰：“别络十五，皆因其原，如环无端，转相灌溉，朝于寸口人迎，以处百病而决死生也。”杨氏曰：“经脉十二络，脉十五，凡二十七气，以法三九之数。天有九星，地有九州岛，人有九窍是也。其经络流行皆朝会于寸口人迎，所以诊寸口人迎，则知其经络之病死生之候矣。”纪氏注：“余十五经络，因经而行，以经为原，如环无端，与十二经转相灌溉。溉者，如雾露之溉于周身，相续而不绝也。灌者，若水之灌园物，皆被其泽尽而相继者也。此言经脉往来，滋润荣一身，充益百骸，皆得其润泽耳。十五络亦同经行，而复能朝于寸口人迎，以处百病而决死生。人迎者，乃人两结喉左右动脉，属足阳，明胃之经，人能迎之，脉亦可以决人死生。《素问》曰‘寸口人迎，上下相应’，即非关上之人迎也。虽有此说，决死生之理莫可得详。寸口即手太阴之动脉太渊穴也。经言十二经，皆有动脉，独取寸口以决五脏六腑死生吉凶之法，盖寸口为脉之大会，故《素问》曰：‘权衡以平气口，成寸以决死生。’”熊氏注：“万物皆有阴阳，故终始在阴阳之所定，乃脉道之纲纪也。本《经》人迎亦当作气口，言三阴三阳之经脉，自平旦朝会于右寸气口，而始循环者始也。终至三阴三阳之脉决而死者终也。”洁古注：“人迎者，君也；气口者，臣也。心为君，主肺为相传。传主决五脏强弱，六腑盛衰，吉凶之兆，故法取于寸口也。”《二十六难》曰：“经有十二，络有十五，余三络者是何等络也？然有阳络、有阴络、有脾之大络。阳络者，阳蹻之络也；阴络者，阴蹻之络也。故络有十五焉。”熊氏注：“按十二经有十二经络，余三络者，阳络、阴络、阳蹻、阴蹻之络也。除小络之外，有一大络，是脾之络。是故共有十五络也。蹻说见下难。”

幻谓：中经盖脾胃经也。脾位于中州，《难经十三难》“色黄，其脉中缓而大”是其证。上文曰“动胃”，下文曰“下于三焦膀胱”，岂不脾胃经哉？

东垣先生：《此事难知集》上“明经络之数有几？”答曰：“十二大经之别，并任督之别脾之大。脉络别名大包，是为十五络，诸经皆言之。予谓胃之大络名曰虚思贯膈，络出于左乳下，其动应晨脉，宗气也。是知络有十六也。”

幻谓：“晨”字不审。此集王好古录东垣所授，不传之妙，以作一集。好古《序》曰：“言外不传之，秘具载斯文矣。”

十二经脉、十五经脉见《三十五难》与《二十六难》，“阳维阴维”见《二十八难》“奇经八脉”章。八脉者：督脉、任脉、冲脉、带脉、阳蹻脉、阴蹻脉、阳维脉、阴维脉也。

57. 别下于三焦、膀胱。

东垣：《此事难知》《集问》三集，问三焦有几，答曰：“手少阳者，主三焦之气也。《灵枢经》云：‘三焦者，太阳之别也，并太阳之证入络膀胱约下焦’，是知三焦有二也。”

《难经·三十一难》曰：“三焦者何禀、何生、何始何终，其始常在何许，可晓与否？然三焦者，水谷之道路，气之所终始也。”杨氏曰：“焦，元也。天有三元之气，所以生成万物。人法天地，所以亦有三元之气以养身形。三焦皆有其位，而无正藏也。”“上焦者，在心下，下鬲在胃上，口主内而不出，其治在膻中玉堂下一寸六分，直两乳间陷者是。”杨氏曰：“自鬲已上名上焦，主出阳气，温于皮肤分肉之间，若雾露之溉焉。谓上口穴在鸠尾下二寸五分也。”“中焦者，在胃中脘，不上不下，主腐熟水谷，其治在脐傍。”杨书曰：“自齐以上名曰中焦，变化水谷之味，出血以管五脏六腑及于身体。中脘穴在鸠尾下四寸也。”“下焦者在胃下脘膀胱上口，主分清浊，主出而不内，以传道也。其治在脐下一寸。”杨氏曰：“曰自齐已下名下焦，齐下一寸阴交穴也，主通利，溲便以时传下，故曰出而不内也。”“故名曰三焦，其府在气，故名曰三焦。其府在气街（一本作衝）。”杨氏曰：“气街者，气之道路也。三焦即是行气之主，故六腑在气街。街，衢也。衢者四达之道焉。‘一本云冲者’，此非扁鹊之语。”

天锡言：三焦者，禀原气以资始，和胃气以资生，上达胸中而为用，往来通贯，宣布无穷造化，出内作水谷之道路，为气之所始终也。《灵枢》经云：“上焦如雾，中焦如沤，下焦如渎。”且如上焦者，其气自下而上，散于胸中，分布熏禦于皮肤腠理，在胃上口，主内物而不令出，其治在膻中玉堂下一寸六分，直两乳间陷害者是。中焦者，其治是脐旁用，在胃中脘中。脘者，乃十二经所起，会阴阳乃完之处，故名曰脘。故于此不上不下，主腐熟水谷也云云。故《素问》云“三焦者决渎之官”，故名三焦。其府气在街者，气街乃原气所藏之处云云。街一名衢，街与衢其意同也。夫三焦者，焦字从火，隹乃火之自死物也。火之性自下而上，今三焦始于原气，用于中脘，散于山中，亦如火自下而上也，故《素问》曰："饮入于胃，游溢精气，上输于脾。"此指中焦也。"脾胃散精，上归于"，此指上焦也。"通调水道，下输膀胱"，此指下焦也。然脾、肺、膀胱既为藏府，而又谓三焦，人以是知之。盖内有所蕴，则曰玄府。气达于外则曰三焦。名之为焦者，皆得火而发也。如此则见三焦为上下，为水谷之道路，作气之终始也。《义证》云："人受水谷，皆纳于胃。谷气从胃而纳于三焦云云。始传于肺而遍于十二经□，则三焦之府在胃中明矣。是不在气街也。"天锡言：三焦为原气之别使，主发用。气街之气合水谷之气而达于四旁，通十二经络，是府在气街明也。《义证》之言不合本经之意，妄生分别，恐不中理。

"三焦"，王叔和《脉诀》卷上《诊候入式歌》云："三焦无状空有名，寄在胸中膈相应。"真通子补注经曰："焦，元也。天有三元之气，所以生成万物。人法天地，所以有三元之气，以养身形。三焦皆有其位而无正藏，自鬲已上名曰上焦，自脐已上名曰中焦，自脐已下名曰下焦"云云。"必糟粕承渗液化为精微，上于肺脉，乃化而为血，主不上不下也。下焦之气别回肠，住于膀胱而渗入肠，主用出不内，故水谷常居于胃，成糟粕而俱下于大肠也。谓此三焦，气热水谷分别清浊，故云三焦。"

李晞范《脉诀集解》第四十三"三焦无状空有名，寄在胸中膈相应。《难经·一难》"云云。"《难经》曰：'有十二经，五藏六府十一耳，其一经者何等经也。然一经者，手少阴与心主别脉也。心主与三焦为表里，俱有名而无形，故言经有十二也。'心与小肠为表里，心主与三焦为表里，少阴真心脉，是为君火心主者，共三焦相火别也，相行君命，故有名无形。经曰：'焦，元也'云云。愚曰：大凡有一物者，以一物配之，无实有此物者，难以实物配之。实有此，心配以小肠；实有此，肺配以大肠；实有此，肾配以膀胱；实此，脾配以胃。至如手心主，乃有名无形者也，只得以三焦之有名无形者配之。叔和之言岂欺我哉？愚曰：人之五脏皆有定形，至夫三焦有名无形，上焦寄于胃上口，中焦寄胃中脘，下焦寄于胃下口，正吻合。夫天地有余，不尽所寄之造化，何以见之哉？三百六十六日，周期之定数，似无余也。因岁三百五十四日，置所余二十日之闰，此正周期数不容尽。若无积余盈闰之妙用，周期之数三百六十五度四分度之一，周天之定数，似无余也。一宫三十度，十二宫三百六十度，反寄余度于女宿之中，此正周天之度不可尽。若无归寄女宿之妙，几周天之度死矣，何足言周天之度。漏水下百刻，除十二时九十六刻之外，余四刻以寄四维。水、火、金、木、土，除四时所属水、火、金、木之外，余有土，以寄四季。天且如此，人胡不然。天有三元之气，所以养育身形。三焦者，三元上合于手心主，下合于命门，主谒诸气，名为使者也。上焦在心下下鬲，主内而不出。心肺若无上焦，何以宗主荣卫。中焦在胃中脘，主不上不下，若无中焦，何以腐熟水谷。下焦在脐下一寸，出而不纳，肝肾若无下焦，何以疏诀津液。此三焦有名无形，正藏府中有余不尽之脏。腑苟止肝心脾肺肾，而无三焦所寄之府，是人身与天地为二矣，何足以言命于两间者。谓之人形之于脉，亦犹若是。经脉一周于身二百七十息，寄二十息于脾肝之间。经脉尽五十营一万三千五百息，寄五百四十息于肝脾之中。如是则天地人一，皆以隐然所寄为造化。三焦之有名无形，诚有同类乎？天地所寄之造化夫何疑。"

"君火相火"，《素问》第十六《微旨大论篇》："岐伯曰：显明之右，君火之位也。君火之右退行一步，相火治之。"注："日出谓之显明，则卯地气分春也。自春分后六十日，有奇斗建卯正至于巳，正君火位也。自斗建巳正至未之中，三之气分，相火治之，所谓少阳也。君火之位，所谓少阴热之分也。天度至此，暄淑大行，居热之分不行，炎暑君之德也。少阳居之为僭逆，大热早行，疫疠乃生。阳明居之，为温凉不时。太阳居之，为寒雨间热。厥阴居之，为风湿雨生羽虫。少阴居之，为天下疵疫。以其得位，君令宣行故也。太阴居之，为时雨，火有二位，故以君火为六气之始也。相火，则夏至日前后各三十日也，少阳之分火之位也。天度至此，炎热大行。少阳居之，为热暴至，草萎河干，炎亢湿化晚布。阳明居之，为凉气间发。太阳居之，为寒气间至，热争冰雹。厥阴居之，为风热大行，雨生羽虫。少阴居之，为大暑炎亢。太阴居之，为云雨雷电。退谓南面视之，在位之右也。一步凡六十日又八十七刻半，余气同法。"

陈无择《三因方》："古人谓左肾为精府，其府膀胱。右肾为命门，其府三焦。三焦者，有脂状如手大，正与膀胱相对，有二白脉自中出，夹脊而上，贯于脑。所以《经》云：'丈夫藏精，女子系胞。'以理推之，三焦当如上说，有形可见。为是，扁鹊乃三焦有位无形，其意以为上、中二焦如沤，如雾；下焦如渎，不可遍见，故曰有位无形。而王叔和辈失其意，遽云无状空有名，俾后辈蒙缪不已。且名以名实，无实奚名？果其无形，尚何以藏精系胞为哉？其所谓三焦者何也？上焦在膻中，内应心；中焦在中脘，内应脾；下焦在脐下，即肾间动气分布。人身有上下中之异，古人湛寂欲想不兴，则精气散在三焦，荣华百脉及其想念一起，欲火炽然翕撮，三焦精气流溢命门，输泻而去，故号此府为精府耳。学者不悟，可为长太息！"

《百川学海·戊集下》苏黄门《龙川略志》第二："彭山有隐者，通古医术，与世诸医所用法不同，人莫之知。单骧从之学，尽得其术，遂以医名于世。治平中，予与骧遇广都，论古今术同异。骧既言其畧，复叹曰：'古人论五脏六腑，其说有谬者而相承不察。今欲以告人，人谁信者。古说左肾，其府膀胱；右肾命门，其府三焦。丈夫以藏精，女子以系包。以理主之，三焦当如膀胱，有形质可见。而王叔和言"三焦有脏无形"，不亦大谬！乎盖三焦有形如膀胱，故可以藏，有所系。若其无形，尚何以藏系哉？且其所以谓之三焦者，何也？三焦分布人体中，有上、中、下之异。方人心湛寂，欲念不起，则精气散在三焦。荣华百骸，及其欲念一起，心火炽然翕撮。三焦精气入命门之府，输写而去，故号此府为三焦耳。世承叔和之谬而不悟，可为长太息也。'予甚异其说，后为齐州从事，有一举子徐遁者，石守道之婿也，少尝学医于卫州，闻高敏之遗说，疗病有精思。予为道骧之言，遁喜曰：'齐尝大饥，群匄相脔割而食。有一人皮肉尽而骨脉全者，遁以学医，故往观其五脏。见右肾下有脂膜如手大者，正与膀胱相对，有二白脉自其中出夹脊而上贯脑，意此即导引家所谓夹脊闗者，而不悟脂膜如手大者之为三焦也。单君之言，与所见悬合，可以正古人之谬矣。'"

58. 是以阳脉下遂，阴脉上争。

《正义》曰：遂，音直类反。

《正义》："遂，音直类反。"《韵会·去声·寘韵》："遂，徐醉切。《说文》：'亡也，一曰因也，达也。'《广韵》：'遂，进也，成也，安也，止也，往也。'"云云。幻谓：今不取之。幻谓：下遂盖下坠义也。

幻又谓：《素问》未得"阳脉下遂阴脉上争"语，"下遂"之"遂"当作"坠"，《病源论》论"尸厥"证曰："由阳脉卒下坠阴脉卒上升。"

59. 会气闭而不通。

《难经·四十五难》曰："经言八会者何也？然府会、太仓、藏会、季胁筋会、阳陵泉髓会、绝骨血会、膈俞骨会、大杼脉会、太渊气会。三焦外一筋，直两乳内也。热病在内者取其会之气穴也。"熊注："府会、大仓，中脘穴也，在脐上四寸。藏会、季肋，章门穴也，在脐上二寸两旁各九寸是也。筋会、阳陵泉穴在膝下一寸外臁是也。髓会、绝骨，绝骨是骨名穴，在外踝上四寸阳辅穴是也。血会鬲俞穴，在背第七椎下两旁相去各一寸五分是也。骨会、大杼，在背第一椎两旁相去一寸五分。脉会、太渊，穴在右手寸口。气会、三焦，穴膻中是也。在玉堂下一寸六分直两乳间者是也。如热病在内，当其热之所在，取其会之气以治也。"

60. 上外绝而不为使。

"不为使"，《素问》第一《阴阳应象大论篇》："天地者，万物之上下也。阴阳者，血气之男女也。"注："阴主血，阳主气。阴主女，阳主男。""左右者，阴阳之道路也。"注："阴阳闲气左右循环，故左右为阴阳之道路也。""水火者，阴阳之征兆也。"注："阴观水火之气，则阴阳征兆可明矣。""阳者，万物之能始也。"注："谓能为变化之生成之元始。""故曰阴在内，阳之守也；阳在外，阴之使也。"注："阴静故为阳之镇守，阳动故为阴之役使。"

61. 下有破阴之纽。

《正义》曰：《素问》云："纽，赤脉也。"

《正义》曰："纽，赤脉也。"《素问》第二五《藏生成篇》云："五藏相音可以意识，五色微诊可以目察，能合脉色可以万全。赤脉之至也，喘而坚，诊曰：'有积。'气在中，时害于食，名曰心痹。"

注："喘谓脉至如卒喘状也。藏居高病，则脉为喘状，故心肺二藏而独言之尔。喘为心气不足坚，则病气有余。心脉起于心胷之中，故积气在中，时害于食也。积谓病气积聚，痹谓藏气不宣行也。""白脉之至也喘而浮上虚下实"云云。"名曰肺痹寒热"云云。"青脉之至也"云云。"曰肝痹"云云。"黄脉之至也"云云。"名曰厥疝"云云。"黑脉之至也"云云。"名曰肾痹"云云。

幻谓：五色之脉：心、肺、肝、肾曰痹，脾之一藏曰厥疝。

注"赤脉"，异本赤作"亦"，未知有据。小板亦作"赤"。

62. 夫以阳入阴支兰藏者生。

《正义》曰：《素问》云："支者顺节，兰者横节，阴支兰胆藏也。"

"支兰藏"，幻按：《素问·入式运气论》有上中下三卷，下卷《论手足经》云："大阴之经主脾与肺二藏者，盖脾为土而大阴，阴脉在肺。又土生金，子随母居，故肺大阴主之，金随肺至，故阳明为府，则手阳明大肠，足阳明胃也。厥阴之经主肝与心包络二藏者，盖肝属木，又木生火，子随母居，故心包厥阴主之。火随心包而至，故少阳为府，则手少阳三焦，足少阳胆也。"又《入式运气论》云："五藏十二节皆通乎天。气者，乃论手足经三阴三阳也。其十二经，外循身形，内贯藏府，以应十二月即十二节也。五藏为阴，六府为阳"云云。"五藏为阴不可言阳。"幻谓：胆藏何哉？"胆"字讹乎？或曰胆藏非胆即藏也，肝为胆家之藏也。然则支兰阴为肝也，肝主筋，故曰支兰。又指何藏为支兰藏，未易辨焉。或指心脏乎？其经手太阳经合心为火，位于南方，与小肠手太阳经合，故属乎？手少阴经曰阳之兰乎？

幻谓：此说不可取。

抄云：支兰，肾脏欤？左心、小肠、肝胆、肾、膀胱，又肺、大肠、脾、胃、命门、三焦、左右肾。命门二藏，阳支兰藏、阴支兰藏乎？幻谓：肾即水，谓之阴支兰藏。命门即相火，谓之阳支兰藏乎？蕉义必在滋乎？注"胆藏"，"胆"字恐误欤？当改作"肾"欤？

《韵会》"栏"字注："阑也，又牢也，通作'兰'。《前·王莽传》：'与牛马同兰'，师古曰：'兰谓遮兰，即牛马为兰。'"

注曰："兰者横节"，盖栏字义也。《难经六十五难》云："十二经皆以俞为原者，何也？然五藏俞者，三焦之所行气之所留止也，三焦所行之俞为原者，何也？然脐下肾间动气人之生命也，十二经之根本也，故名曰原。三焦者，原气之别使也。"幻谓：支兰盖十二经欤？

63. 以阴入阳支兰藏者死。

幻谓：今太子以阳入阴支兰藏，故生；若以阴入阳之兰藏，则必死也。阴支兰藏谓肾，阳支兰藏谓命。门此义可也。注"胆"字，宜改作"肾"。

64. 皆五藏蹷中之时暴作也。

抄云：蹶中，自五脏之中。厥，逆也。

65. 良工取之，拙者疑殆。

《正义》曰：吕广云："五藏一病辄有五，解三藏为下工。"

《难经·十三难》曰："经言见其色而不得其脉，反得相胜之脉者，即死；得相生之脉者，病即自已。"熊氏注："见其色而不得其脉者，是色与脉不相应也。假如肝之色青见于面，而脉反浮濇而短者，是肺脉也。肺金克肝木，为贼邪？是相胜之脉，病即死也。若得沈滑肾之脉，肾水生肝木，是相生之脉，其病自愈。""色之与脉当参相应，为之奈何？然五藏有五色，皆见于面，亦当与寸口尺内相应。假令色青，其脉当弦而急；色赤，其脉浮大而散；色黄，其脉中缓而大；色白，其脉浮濇而短；色黑，其脉沈濡而滑，此所谓五色之与脉当叅相应也。"熊氏注："五脏五色：肝青、心赤、脾黄、肺白、肾黑也。若一色现于面部，即当与寸关尺脉之相应，是色与脉当参相应也。如青色现于面，其脉弦而急，是肝之顺脉，此相应也。其余仿此而推。""假令色青"云云。经言知一为下工云云，下工者十全六，此之谓也。天锡言："知一为下工者，是知五脏声色臭味而为五脏之病，而不知寸口尺内脉之相应及不知相胜相生之病也。知二为中工者，是知五脏声色臭味及寸口尺内脉之相应，及不知相胜相生之病也。知三为上工，是知五脏声色臭味及寸口尺内之相晓相胜相生之病也。故上工知此三者，治病十全其九；中工知其二者，治病十全其八；下工知其一者，治病十全其六。"

天锡言："此难论声色臭味寸尺之脉相生相胜也。今吕广注言：

‘知一藏为下工，二藏为中工，五脏为上工。’本经但言知一知、二知、三知，不知言五。又王宗正言：‘知阴、知阳、知阴阳之用。’此前后不论阴阳为用，但说声色臭味寸尺之脉相生相胜。据二人之论，恐未中理。”

洁古注：“上工者，谓上知天文，下知地理，中知人事，可以长久；中工者，中知人事，下知地理，可以十全八；下工者，三中得一，谓之下工也。全不知者，此之谓也。工者，法式，近可以分，远可以止。今十三难分其证形淹疾盛，疟乎？谓相邻四十难，故近者可以分其订矣。”

注“吕广注”，“‘辄有五’下有‘今经所载肝家一藏耳’八字；‘解三藏’，吕注作‘解二藏’；‘取’字，《灵枢》多用之，谓下针。”

春按：今中华书局本作“解一藏为下工。”

66. 以取外三阳五会。

《正义》曰：《素问》云：“五会谓百会、胸会、听会、气会、臑会也。”

太监王公所编《针灸资生经》第一：“百会，一名三阳五会，在前顶后寸半顶中央，旋毛中可容豆。灸七壮止七，七凡灸头顶不得过七壮，缘头顶皮薄，灸不宜多。针二分得气即泻。唐秦鸣鹤刺微出血，头痛立愈。素注云：‘刺四分。’”注：“旧传秦鸣鹤针高宗头风，武后曰：‘岂有至尊头上出血之理！’已而刺之，微出血，头疼立止。后亟取金帛赐之。是知此穴能治头风矣”云云。

“听会”，《资生经》第一：“听会，二穴在耳微前陷中，上关下一寸，动脉宛，宛中张口得之。针七分留三，呼得气即泻，不须补。日灸五壮止三七壮，十日后依前报灸。”“臑会二穴，一名臑髎，在肩前廉，去肩头三寸宛，宛中针七分留三，呼得气即泻。灸七壮。素注：‘臂前廉，肩端。’”

幻按：《资生经》不载胸会、气舍，又《圣惠方》《环中图》《铜人经》不载之。杨介《环中图》：“手少阴心脉”云云。“下循臑内，后廉行太阴心主之后”云云。“臑内”注：“臂节也”，臑内，天府穴也。

“五会”，《圣济揔录》九十一：“人迎二穴，一名五会，在颈大脉动脉应手侠结喉傍，仰而取之，以候五脏气。足阳明脉，气所发，治吐逆、霍乱、胸满、喘呼不得息气、闷肿、食不下，针入四分，禁，不可灸，灸之伤人。”又：“人迎二穴，壹名五会，在颈大脉动脉应手侠结喉傍壹寸五分，以候五脏气。”

“听会”，《胜济总録》一百三十九：“听会”云云，“各灸五壮，主耳聋无所闻。”

“气会”，《难经·四十五难》经言：“八会者何也？然府会、太仓藏会、季胁筋会、阳陵泉髓会、绝骨血会、膈俞骨会、大杼脉会、太渊气会、三焦。”

洁古注：“胸中热结不散，可灸膻中穴。”

《难经·六十二难》曰：“藏井荥有五，府独有六者，何谓也？然府者阳也，三焦行于诸阳，故置一俞名曰原。府有六者，亦与三焦其一气也。”纪氏曰：“藏之井荥有五，谓井荥俞经合五也云云。又置一俞而名曰原。原者，取原气之为名也。又置此一俞，即井荣俞原经合也。”

丁德用注云：“三焦者，臣使之官位，相火宣行君火命令，故行诸阳经中，故置一俞名曰原。所以府有六者，亦是三焦共一气也。”

天锡言：“心为君火手，心主经为相火，宣行君火之命令。三焦为原气之别使，主持原气之气与心主经相合，通行十二经络。今丁德用言‘三焦宣行君火命令’，却不言相火。又况原者非君火之名故，《六十六难》曰：‘原者乃脐下肾间动气，人之生命，十二经之根本也故曰原。三焦者乃原气之别使，主通行三气。’今独言宣行君火命令，恐未中理。”

陈无择《三因方》五之卷《君火论》云：“五行各一，惟火有二者，乃君相之不同相火，则丽于五行，人之日用者是也。至于君火，乃二气之本原，万物之所资始。人之初生必投生于父精母血之中，而成形精藏肾。肾属水，故天一而生水。血藏心，心属火，故地二而生火，识为玄，玄属木，故天三而生木，乃太乙含三引六之义也，亦道生一，一生二，二生三之数也。则知精血乃裁成于识，以识动则暖，静则息。静则无象暖触，可知故命此暖识以为君火，正内典所谓暖识息三连，持寿命者也。然其所以谓之君火者，以其行炎暑，象君之德；万物资始，象君之化；位居少阳，象君之政；神明出入，象君之令。故君亦天也，天亦君也。干以元亨利贞而运行于其上，君以德化政令而辅成于其下，天道顺序而生长化收藏，不失其时。君道助顺，故进退存亡不失其正，其实皆一理也。成象成法，虽主配于心肾，推而明之，一精诚无物不备，是宜君火之用。上合昭昭，下合真真，与万物俱生而无所间断也。医者苟不明此，皆堕于术数技艺焉。夫瞽史之用易，拘拘于卜筮休咎之中，吾见其大蔽圣人之道，未闻有益于天下后世也。悲夫!”金华朱彦修《格致余论·相火论》曰：“太极动而生阳，静而生阴。阳动而变，阴静而合。而生水火木金土各一，其性惟火有二，曰君火，人火也；曰相火，天火也。火内阴而外阳，主乎动者也。故凡动，皆属火。以名而言，形气相生，配于五行，故谓之君。以位而言，生于虚无，守位禀命，因其动而可见，故谓之相。天主生物，故恒于动。人有此生，亦恒于动。其所以恒于动，皆相火之为也。见于天者，出于龙雷，则木之气；出于海，则水之气也。具于人者，寄于肝肾二部。肝属木而肾属水也。胆者，肝之腑。膀胱者，肾之腑。心胞络者，肾之配三焦。以焦言，而下焦司肝肾之分，皆阴而下者也”云云；“以陈无择之通敏，且以暖识论君火，日用之火言相火，而不曾深及乎。后之人无聋瞽也，悲夫!”

《三因方》第一：“心部在左手寸口，属手少阴经，与小肠手太阳经合。肝部在左手关上，属足厥阴经，与胆足少阳经合。肾部在左手尺中，属足少阴经，与膀胱足太阳经合。肺部在右手寸口，属手太阴经，与大肠手阳明经合。脾部在右手关上，属足太阴经，与胃足阳明经合。右肾在右手尺中，属手厥阴心包经，与三焦手少阳经合。”

《素问》第一《阴阳离合论》：“厥阴根起于大敦，阴之绝阳名曰阴之绝阴。”注：“大敦，穴名，在足大指之端三毛之中也。两阴相合，故曰阴之绝阳。厥，尽也，阴气至此而尽，故名曰阴之绝阴。”

67. 以八减之齐和煮之，以更熨两脐下。

抄云：八减之齐，言剂和药材减之者八种，煎煮其药，以人熨斗，更熨两肋下。

幻谓：熨两肋下，盖章门穴乎？阴上阳下，故熨章门穴，令阴阳顺也。章门，季肋也，属胃。

脐，《索隐》作“肋”。

春按：《史记》诸本均作“肋”，此本误作“脐”。观桃源与幻云注语，知其所见本亦作“肋”。况以文意考之，言“两肋”可，言“两脐”则谬甚矣。

68. 但服汤二旬而复故。

抄云：前则破阴绝阳，今既调适二旬，盖三七日乎？

69. 君有疾在腠理。

腠，师说曰：与辏音同。陆法言：腠，肤腠，释云：肤里也。武玄之曰：肤腠，血脉所会。孙愐云：理皮肉曰腠也。孙伷云：《字林》：肤理也。

《韵会·上声·纸韵》：“肤肉之间为凑理，以其有脉理也。”

70. 后五日，扁鹊复见。

后五日，幻谓：七十二候以五日为一候，故云尔乎？汉张良与圯上老人期者，亦曰“后五日”者四回也。

71. 在血脉，针石之所及也。

在血脉，《素问经》第七《针解篇》云：“黄帝问曰：‘愿闻九针之解，虚实之道。’岐伯对曰：‘刺虚则实之者，针下热也，气实乃热也。满而泄之者，针下寒也’”云云；“虚实之要，九针最妙者，为其各有所宜也”云云；“岐伯曰：‘夫一天、二地、三人、四时、五音、六律、七星、八风、九野。身形亦应之。针各有所宜，故曰九针人皮应天’”，注：“覆盖于物，天之象也”；“人肉应地”，注：“柔厚安静，地之象也”；“人脉应人”，注：“衰变易，人之象也”；“人筋应时”，注：“坚固真定，时之象也”；“人声应音”，注“备五音故”；“人阴阳合气应律”，注：“交会气通相生无替，则律之象”；“人齿面目应星”，注：“人面应七星者，所谓面有七孔应之也”；“人出入气应风”，注：“动出徃来，风之象也”；“人九窍三百六十五络应野”，注：“身形之外，野之象也”；“故一针皮，二针肉，三针脉，四针筋，五针骨，六针调阴阳，七针益精，八针除风，九针通九窍，除三百六十五节气，此之谓各有所生也”，注：“一镵针，二员针，三鍉针，四锋针，五鈚针，六负利针，七毫针，八长针，九大针。

《新校正》云：‘按别本，鍉一作铍。’”

《针解篇》又曰：“九针之名各不同形者，针穷其所当，补冩也。”注：“《新校正》云：‘按九针之形今具甲乙经。’”

幻谓：针法具于《灵枢经》第一《九针十二原》第一，《黄帝本输》第二，《小针解》第三。

72. 其在肠胃，酒醪之所及也。

抄云：疾在肠胃则以酒服药。

幻谓：《素问》第二《汤液醪醴论篇》可考之，见上。

73. 臣是以无请也。

无请，幻谓：不告而退也。

74. 使圣人预知微。

抄云：指扁鹊为圣人（幻谓非也）。又云：“若圣人知微”则当令良医治之，病即可痊也。“齐桓侯”，《韩非子》作“蔡桓侯”。

幻谓：以下至“重难治也”，太史公论也。此传中间设此论者，文法一也。圣人，泛谓见几君子也。

《韵会·微韵》：“几，《说文》：‘微也’。《易》：几者，动之微。”

75. 阴阳并，藏气不定。

阴阳并藏，抄云：阴阳混乱也。

幻谓：“藏气”连读可也。

阴阳并藏，《素问》第五：“夫疟之始发也，阳气并于阴，当是之时，阳虚而阴盛，外无气，故先寒栗也。阴气逆极则复出之阳，阳与阴复并于外则阴虚而阳实，故先热而渴。夫疟气者，并于阳则阳胜，并于阴则阴胜。阴胜则寒。阳胜则热。”

阴阳并藏气，幻谓：见《素问·疟病论篇》，则阴阳与藏气之义非也。阴阳并，藏气不定，此点可钦：言阴与阳相并，藏气不定也。又阴阳并藏，气不定，此点之义，言阴与阳相并而隐藏，其气不定也。虽然，“藏气”二字连读可也。

76. 即为带下医。

带下，《三因方》卷之十二《滞下叙论》：“经中所载，有血溢、血泄、血便注下。古方则有清脓血及泄下，近世病名痢疾，其实一也。”幻谓：此论非妇人带下，唯谓痢病而已。

又《三因方》卷之十八《妇人女子众病论》：“妇人三十六病，本论所述，名品不同，或云七症、八瘕、九痛、十二下，共三十六。虽有名数，不见证状”云云。

《济生方》第十卷《妇人带下》：“论曰：《巢氏病源论》：妇人有三十六疾。所论三十六疾者，七症、八瘕、九痛、十二带下是也。然所谓十二带下者，亦不显其证状，今人所患惟赤白二带而已。推其所自，劳伤过度，冲任虚损，风冷据于胞络，此病所由生也。且妇人平居之时，血欲常多，气欲常少，方谓主气有原，百疾不生。傥或气倍于血，气倍生，寒血不化，赤遂成白带。气平血少，血少生热，血不化红，遂成赤带。寒热交并，则赤白俱下”云云。

《奇效良方》卷六十三《妇人门》：“其病所发，正在过带脉之分，而淋沥以下，故曰带下也。赤白与下痢义同，而无寒者也。盖赤者热入小肠白者。热入大肠，原其本也。戴人云：赤白痢者，是邪热传于大肠下广肠，出赤白也。带下者，传谓小肠入脬，经下赤白也。若湿热结于任脉，故津液涌溢，是为赤白带下”云云。

《难经·二十八难》曰：“其奇经八脉者”云云，“任脉者，起于中极之下，以上毛际，循腹里上关元至喉咽。”熊氏注：“脐下三寸曰关元，四寸曰中极。毛际，阴毛之际也。任者，妊也，犹人生养之元气。”

《难经》又曰：“带脉者，起于季胁，回身一周。”熊注：“季胁在肋下接腰骨之间，即章门穴也。回，绕也，绕身一周如束带，故名带。”

幻谓：《三因方》《济生方》，医方大成之论。古方以痢病为滞下，则用滞字。《妇人带下论》用带字，此其义有异也。

又《韵会·去声·霁韵》：“瘵，直列切瘵，久痢也。《三苍》云：‘瘵，下病。’《释名》云：‘下重而赤白曰瘵，言厉瘵而难差。’”

幻谓：瘵，非妇人带下也。

77. 即为耳目痹医。

刘曰：老人所患冷痹及耳眼也。

78. 姓淳于氏，名意。

《通鉴》卷十五：“汉文帝十三年，齐太仓令淳于意有罪。”胡

注：太仓令，齐王国官也。《姓谱》："淳于出于姜姓，周公之后。"

又《汉书·文帝纪》："十三年五月，除肉刑法，语在《刑法志》"云云。又《刑法志》曰："十三年，齐太仓令于公有罪"云云。

幻谓：史迁今以意罪系于文帝四年，恐非。

幻按：《汉书》无淳于意传《后汉书》立《方术传》，《前汉书》不立焉。

幻按：《仓公传》文章诘屈，难分句读，似非马迁笔。盖仓公应文帝诏，自录平居治病有效者，以备御览。虽历马迁润色，尚有仓公语，如故也邪？

79. 更受师同郡元里公乘阳庆。

抄云：更受师同郡元里公乘阳庆，师事师承父，事承祖，则受师此点可也。

80. 更悉以禁方予之。

幻：《东坡诗集注》第九《种德亭》："仓公多禁方"，演注引《仓传》云："'更悉以禁方子之'，盖常为齐太仓长。"然则"子"之作"予"可欤？

《详解》"子之"作"予之"。

春按：《史记》诸本均作"予之"，此本误作"子之"。

81. 传黄帝、扁鹊之脉书。

黄帝，《医学源流》云："炎帝，神农氏，姜姓。人身牛首"云云；"以赭鞭鞭草木，尝百草，始兴医教人"云云。《淮南子》："神农尝百草之滋味，一日而遇七十毒。"由是医方兴焉。盖上世未著文字，师学相谓之。《本草传》又云："黄帝姓公孙，名轩辕。"又曰："姬姓"云云；"炎帝世衰，诸侯相征伐，轩辕乃惯用干戈，以征不享，平定天下，殄灭蚩尤，以土德王天下"云云。《内经素问序》云："在昔黄帝之御极也，以理身绪，余治天下。坐于明堂之上，临观八极，考建五常。以谓人之生也，负阴而抱阳，食味而被色，外有寒暑之相荡，内有喜怒之交侵，夭昏札瘥，国家代有。将欲敛时五福，以敷锡厥庶民。乃与岐伯上穷天纪，下极地理，远取诸物，近取诸身，更相问难，垂法以福万世。于是雷公之伦授业传之，而《内经》作矣。"又云："《素问内经问答》，岐伯为黄帝之师，故称之曰天师岐伯”云云。

82. 五色诊病，知人死生。

《正义》曰：《八十一难》云：“五藏有色。”

□□已见前者，指望色注欤？向则引《素问》。幻谓：按《素问》无之详，见《难经·十三难》，此注曰“《难经》，盖后人有刀笔讹而已，宜改。《素问》二字作八，《十一难经》：‘书于望色之工□□□’”。

抄：《察病指南》“看小儿灵虎口诀”云：“凡婴儿孩生下一月至三岁，当看虎口内脉两边。脉有黄、青、红、紫、黑五色，除黄色为平和，黑色为危急外，青、红、紫色可以察病”云云。今不拘小儿，王叔和《察色观病人生死候歌》，洁古注：“经曰望而知之谓之神，见五色以知其病也。色泽，神和；色不泽，神不和。藏败神去。《内经》曰：‘藏者，神之舍，色者神之旗。五脏一有不知旗色，不内包声听，内切亦在其中。色合五音，音合五证证，合五脉谓之候’”云云。

注“五藏有色”，按《难经·十三难》曰：“经言见其色而不得其脉”云云；“五脏有五色皆见于面”云云。此注“色”字上恐脱“五”字乎？详见《扁鹊传》“良工取之”下注。

83. 然左右行游诸侯。

抄：游历诸侯之间，不治吾家产业。

84. 以刑罪当传西之长安。

抄：以刑罪当传西之长安。

85. 于是少女缇萦伤父之言。

《汉书·刑法志》注，师古曰：“缇萦，女名也。缇音他弟反。”

86. 此岁中亦除肉刑法。

《正义》曰：班固诗曰：“就递长安城；上书诣阙下，思古歌鸡鸣；晨风扬激声。”

《集览》：除肉刑。肉刑者，墨、劓、膑、宫、大辟。除者，有以易之也。郑氏云：“皋陶改膑为剕，《吕刑》有剕，周改为刖。”《文帝夲纪》：诏曰：“今法有肉刑三”，注：李奇曰：“高帝约法三章，无肉刑。文帝则有肉刑。”孟康曰：“黥、劓二，左右趾合一，凡三

也。”《索隐》曰：“断趾、黥、劓之属。”崔浩《汉律序》云：“文帝除肉刑而宫不易。”张斐曰：“以淫乱人族类，故不易之也。”

《尚书·吕刑》篇：“剕辟疑赦”，孔传“刖足曰剕”，《正义》：“《释诂》云：‘剕，刖也。’李巡云：‘断足曰刖’，《说文》：‘刖，绝也。’是刖者断绝之名，故刖足曰剕。”

《韵会·上声·轸韵》：“膑，婢忍切，《说文》：‘膝端也’本作髌，今作膑。徐曰：‘刖刑，去膝也。’”《增韵》：“膝盖骨。”

肉刑法注，就递，《韵会·去声·祭韵》：“递，大计切，《说文》：‘易更也。’《广韵》：‘更递也。’《增韵》：‘又传递也，或作迭。’”幻谓：就递乃就传车乎?

谊阙下，《韵会·寘韵》：“议，一曰谋也。”《广韵》：“择也、评也，通作谊。”

春按：《史记》诸本作“诣阙下”，此本误作“谊”。作“谊”不辞，而幻云强为之解，牵强太甚。

歌鸡鸣，《礼记·文王世子》篇：“文王之为世子，朝于王季，日三。鸡初鸣而衣服，至于寝门外问内竖之御者，曰：‘今日安否?何如?’内竖曰：‘安。’文王乃喜。”《毛诗》第五：“鸡鸣思贤妃也。哀公荒淫怠慢，故陈贤妃贞女夙夜警戒，相成之道焉。”“鸡既鸣矣，朝既盈矣。”《传》：“鸡鸣而夫人作，朝盈而君作。”《笺》云：“鸡鸣、朝盈，夫人也，君也。可以起之，常礼也。”“匪鸡则鸣，苍蝇之声。”《传》：“苍蝇之声有似远鸡之鸣。”《笺》云：“夫人以蝇声为鸡鸣，则起早于常礼，敬也。”

幻谓：歌《鸡鸣》用《文王世子》篇，则男女虽异，孝心一也。又用《鸡鸣》篇，则缇萦虽不肖庶民，之似古贞女也。

晨风，《毛诗》第六：“晨风刺康公也。忘穆公之业始，弃其贤臣焉。”“鴥彼晨风，郁彼北林。”《传》：“兴也。鴥，疾飞貌。晨风，鹯也。郁，积也。北林，林名也。先君招贤人，贤人往之，驶疾如晨风之飞，入北林。”《笺》云：“先君谓穆公。”

《韵会》：“鹯，诸延切。《说文》：‘鸇，风也。’《尔雅》注：‘鹞也。’”

幻谓：所诉忧心摧折，□晨风激发也。

87. 有其书无有。

幻谓："有其书无有"，五字为一句可也。"有其书无"，四字为一句，"有"一字为一句。此点非也。此皆所诏问也，未有所答也。"何病医药已"，五字为一句，"其病之状"，四字为一句，此点可也。又曰"何病"二字为一句，"医药已其病之状"七字为一句，此点不可也。

88. 得见师临菑元里公乘阳庆。

抄："得见师临淄——"十一字，答上所谓"皆安受学"之语。

89. 意得见事之。

"得见事之"，蕉点。

90. 尽去而方书，非是也。

"尽去方书而非。是也"，蕉点。

91. 庆有古先道遗传黄帝、扁鹊之脉书。

"有古先道"为一句，"遗传黄帝——诊病"十三字为一句，蕉点。或曰"有古先道遗"。

92. 我家给富。

抄："我家给富"，言阳庆给富，虽不治病，产业不乏。意家既贫，故授医术，欲赡其家。盖给富不吝秘方也。非意之，"非意之——"，今传禁方者出于不意也，喜在言外。

93. 奇咳术。

《正义》曰：《八十一难》云：顾野王云："胲指毛皮也。"

《文志》有《五音奇胲用兵》二十六卷。

《韵会·灰韵》："该，柯开切，《说文》：'军中约也。'徐案：字书：备也。《增韵》又载也。《增韵》亦作赅，误。同韵：胲，《说文》：'足大指毛也。'又《庄子》：'腊者之有膍胲。'又《海韵》：'胲，已亥切，颊下曰胲'作《东方朔传》：'树颊胲。'《增韵》：'又足大指也，又备也。'又《灰韵》：'侅，柯开，切非常也。'"《集韵》通作赅。

幻谓：胲，军中约也，当作该。

注"顾野王"以下《正义》所引用也。

幻按：《素问》五卷末有《欬论》，无奇咳术，盖非咳嗽乎？《欬

论》所载，肺欬，心欬，肝欬，脾欬，肾欬也。论欬嗽而已。

抄：奇咳术，未详。咳有咳嗽，逆之二听。咳嗽声验病，知死生乎？《听声验病诀》见《察病指南》。

幻谓：抄所谓义，未必是。如《正义》，则奇咳谓奇经八脉乎？又胲，“足大指毛也”云云，穴在大指乎？又《艺文志》曰：“用兵”，则传脉书与兵术部耶？未详。

94. 揆度阴阳外变。

揆度：《素问》第七：“揆度者，度病之浅深也。奇恒者，言奇病也”；“所谓揆者，方切求之也。言切求其脉理也。度者，得其病处，以四时度之也。”

《三因方》：“盖足阴阳本乎地奠方，有常手阴阳法乎？天变化无定，足为常度，手为揆度，体常尽变，故为奇度。奇常、揆度，其道一也。”

幻谓：《三因方》揆度，度，徒故切乎？“揆度阴阳外变”，《素问》第二《玉版要论篇》：“黄帝问曰：‘余闻揆度奇恒所指不同，用之奈？’何岐伯对曰：‘揆度者，度病之浅深也。奇恒者，言奇病也。请言道之至数。五色脉变，揆度、奇恒道在于一。’”注：“一谓色脉之应也。知色脉之应，则可以揆度奇恒矣。”“女子右为逆，左为从。男子左为逆，右为从。”注：“左为阳，故男子右为从而左为逆；右为阴，故女子右为逆而左为从”云云。“易重阳死，重阴死。”注：“女子色见于左，男子色见于右，是变易也。男子色见于左是曰重阳，女子色见于右是曰重阴，气极则反，故皆死也”云云。“阴阳反他，治在权衡相夺。奇恒，事也，揆度事也。”注：“权衡相夺，谓阴阳二气不得高下之宜，是奇于恒常之事，当揆度其气，随宜而处疗之。”

《素问》十三《疏五过论篇》：“上经下经，揆度阴阳，奇恒五中，以决明堂。”注：“所谓上经者，言气之通天也。下经者，言病之变化也。言此二经揆度阴阳之气，奇恒五中，皆决于明堂之部分也。揆度者，度病之深浅也。奇恒者，言奇病也。五中者，言五藏之气色也。夫明堂者，所以视万物、别白黑、审长短，故曰决于明堂也。”幻谓：《素问》，揆度，度音铎。

《难经二·十七难》曰：“脉有奇经八脉者，不拘于十二经，何也？然有阳维，有阴维，有阳蹻，有阴蹻，有冲，有督，有任，有带之脉。凡此八脉者，皆不拘于经，故曰奇经八脉也。”杨氏曰：“奇。异也。此八脉与十二脉不相拘制，别道而行，与正经有异，故曰奇经也。”熊氏注：“经者，常经而不变也。奇经者，奇异各别于正经，不在十二经之拘制也。”《二十六难》曰：“经有十二，络有十五，余三络者，是何等络也？然有阳络，有阴络，有脾之大络。阳络者，阳蹻之络也。阴络者，阴蹻之络也。故络有十五焉。”天锡云：“脾之大络者，除其余小络之外，别有一大络也。”杨氏云：“人两足蹻脉，男以足外者为经，足内者为络。女子足内者为经，足外者为络。又曰：当数者为经，不当数者为络。”

天锡言：“经与络相连，但经之旁出者为络，又岂分足内与足外也。又况络随其经，为经之支派。焉有当数与不当数也。如杨玄操之论，恐有所未当。”张素元曰：“在肌肉之上，阳脉所行为之阳蹻，通贯五府。蹻者，捷疾也。主持诸表，故名为阳蹻之络。阴蹻在肌肉之下，阴脉所之阴蹻，通贯五藏，主持诸里，故名为阴蹻之络。脾之大络者，通主阴阳脏腑、表里、上下，贯通诸经，为之大络。通于阳，则使风寒不能伤于五脏；通于阴，则致谷味不能伤于五府。故云大络也。”《二十五难》下，素元注：“秦越人云十五络者，余三络，即阴阳二蹻与脾之大络是也。皇甫士安甲乙云：任督与脾大包，为余三络。二蹻者是邪？任督者为邪？太素云：有胃之大络，名曰虚里。《难经》、《甲乙》不言者，何也？更有何络否乎？”《二十七难》曰：“经有十二，络有十五，凡二十七气相随上下，何独不拘于经也。然圣人图设沟渠，通利水道，以备不然。天雨降下，沟渠溢满，当此之时，雾霈妄作，圣人不能复图也。此络脉满溢，诸经不能复拘也。”熊注：“此奇经八脉，何故不拘于经？圣人计设沟渠，通利水道，以防不测。忽然天降猛雨，沟渠漫溢，圣人不能复设计。纵乃雾霈泛滥横流，譬若经脉降甚，漫溢泛流于奇经八脉，别道而行，是则诸经听纵妄行别道不能拘束也。”素元注：“诸经者行如线，走如线，蚁涓不息，二刻一周十六丈二，合于天度。奇经之盛行，如巨川之水，泛走如奔马，至暴欤速，天度岂能拘之。”《难经二十八难》曰：“其奇经八脉者，既不拘于十二经，皆何起何继也？然督脉者，起于下极之

俞，并于脊里，上至风府入属于脑。”熊注：“始从何起，终何所继。继，处也。然督脉者，起于下极之俞并于脊里，上至风府入于脑。”熊注：“下极，长强穴也。在脊骶。风府穴，在脑发上三寸督都也。人背为阳，故督脉能督行诸脉，复能收拾诸脉，而为阳脉之督纲。”“任脉者，起于中极之下，以上毛际，循腹里，上关元至喉咽。”熊注：“脉下三寸曰关元，四寸曰中极。毛际，阴毛之际也。任者，妊也，犹人生养之元气。”“冲脉者，起于气冲并足阳明之经，夹脐上行至胸中而散也。”吕氏曰：“冲脉者，阴脉之海也。”杨氏曰：“经云：冲脉者，十二经之海也。如此，则不独阴脉之海，恐吕氏误焉。冲者，通也。言此脉下至于足，上至于头，通受十二经之血气，故曰冲焉。”熊氏注：“气冲穴在少府中两旁各二寸，足阳明脉之所发，处已上三者之脉，皆始于气冲一原，而分为三岐。督脉行背而应乎阳，任脉行腹而应乎阴，冲脉若衔之冲而直行于上，为十二经脉之海，总领诸经者也。”“带脉者，起于季胁，回身一周。”熊注：“季胁在肋下接腰骨之间，即章门穴也。回，绕也，绕身一周如束带，故名带。”“阳蹻脉者，起于跟中，循外踝上行，入风池。阴蹻脉者，亦起于跟中，循内踝上行，至咽喉交贯冲脉。”熊注：“循外踝，申脉血也。风池在项后法际陷中，循内踝照海穴也。外踝至风池脉，行于背，应乎阳，为阳蹻。内踝至咽喉脉，行于腹，应乎阴，为阴蹻。蹻者，捷疾也。言此脉之行，如动足之行步而捷疾也。”“阳维、阴维者，维络于身，溢畜不能环流灌溉诸经者也。故阳维起于诸阳会也，阴维起于诸阴交也。”熊注：“维，持也。阳维持诸阳，阴维持诸阴，包络诸经，维持一身，谓诸阳之会如府会、太仓之类是也。诸阴交者，如足太阴之循胻骨交出厥阴之前，足厥阴之后，此类是也。溢畜不能环流灌溉诸经者也。此十二字或云衍文，或云当在下文‘亦不能拘之’之下。”“比于圣人，图设沟渠。沟渠满溢，流于深湖，故圣人不能拘通也。而人脉隆盛，入于八脉而不环周，故十二经亦不能拘之。其受邪气，畜则肿热，砭射之也。”熊注：“此八脉，比如圣人设沟渠，水满流于湖，圣人复不能拘通。人脉隆甚，泛溢横流于八脉，别道而行却不环流于诸经，故十二经亦不能拘制，故八脉因此受其邪，遂畜热在内则为疮疡、热肿，当以砭石而射之，犹刺也。”

95. 药论、石神。

石神，抄云：谓石药神灵也。医书有玉石部三品，言辨石药真伪也。

96. 接阴阳禁书。

抄：接阴阳禁书，谓男女交接之事。竹田快翁：《延寿类要》末载《房中损益篇》曰“彭祖曰：‘以人疗人真得其真’云云，夫房中术者，其道甚近，而人莫能行其法”云云；“昔黄帝御女一千二百而登仙，而俗人以一女伐命，知焉不知，岂不远矣。人年廿者四，曰一泄”云云。蕉抄：为素女，语有小异。

97. 受读解验之，可一年所。

抄：受读解验，之可一年所受读解验四也：从师受之一也，受而读之二也，读而解其义三也，解其义而医病验之四也。明岁，即明年也。明年试之有效验，有明岁即验之，有验。如此可读之。

幻谓：“明岁即验之”五字为一句，有验，然尚未精也，此点亦可也。虽然“有验”二字为一句，然“尚未精也”五字为一句，言虽有验而未精。

98. 要事之三年所。

抄：“要事之三年所”，即尝已为人治。要，必也。上文曰：“一年所”，用可所二字，此文削“可”字，用所之一字，盖读者可以上文会此文。先试于己而后为人用之，可谓三折臂。幻谓：“所尝已为人治”六字为一句。诊病，决死生，有验精良。如此读之可乎？“要事”二字常有之，《周易》筮仪有“要事记”，盖日本人述筮仪事也。今此文用之，为要用之事也。又此传之末云：“事数师，悉受其要事。”

99. 臣意年尽三年。

抄：“臣意年尽三十”，此文难会，非三十，非四十。此文难解，今以私意推之。今庆已死十年所，言庆死后十所也。年尽三年，言三年丧，天下之达也。盖父母丧服，三年为达丧也。师丧者，心丧，三年也，不著丧服，而心中所丧如父母丧。臣意以阳庆为师，故心丧者三年。尽三年时，我年三十九岁也。此答上文之：受学几何岁也。或曰：“高后八年”下，徐广曰：“意年二十六。”考之二十六而要事之三年，则二十九岁也。然而庆死十岁所，则三十九岁也。徐广由三十九岁考之曰二十九，六欤？又曰：尽三年，谓要事之三年欤？庆死后十年，加前所要事三年，则三十九岁也。虽然，尽三年文，在庆死十岁之后，则前后有异。抄义可欤？

春按：《史记》诸本均作“臣意年尽三年”，此本亦作“三年”，不知《桃源抄》何据作“三十”，且以此为据论“臣意”之年龄，误甚。

100. 齐侍御史成自言病头痛。

幻谓：“齐侍御史成”以下，二十八人传也。此内未有公孙光等三传。此则意从师学方，人犹意学方者也。意诊脉有效，唯二十五人也。乌乎，难矣！医之入神。

101. 此病疽也。

李世英《痈疽辨疑论上》：“《内经》云：黄帝问岐伯曰：‘痈疽何以别之？’岐伯曰：‘营卫稽留于经脉之中，则血泣而不行。不行则卫气从之而不通，壅遏而不得行，故热大热不止。热胜则肉腐，肉腐则为脓。然不能陷，骨髓不为焦枯，五脏不为伤，故命曰痈。’黄帝曰：‘何谓疽？’岐伯曰：‘热气淳盛，下陷肌肤，筋髓枯，内连五脏，血气竭，当其痈下，筋骨良肉皆无余，故命曰疽。疽者上之皮夭以坚，上如牛领之皮。痈者，其皮上薄以泽。此其候也。’”疽，抄：《韵会》“疽”注，《说文》：“久痈也。”医书云：“痈者，六腑不和之所生。疽者，五藏不调之所致。阳滞于阴则生痈，阴滞于阳则生疽。”抄：亚夫范增被项羽疑，疽发其背而死，又《吴王濞传》：周丘“闻吴王败走，自度无与共成功，即引兵归下邳。未至，疽发背死。”由是观之，《说文》“久痈之”说不合也。

102. 肝气浊而静。

《集解》：徐广曰：“一作‘黾’。”

注“一作‘黾’”者，浊与黾同欤？幻按：《韵会》二字不通，不审。上声耿韵：黾，母耿切。《周礼》“蝈氏掌去蛙黾……凡水虫无声”，齐鲁之闲谓鼃为蝈。黾，耿黾也，尤怒鸣聒人。又狝韵：渑，渑池也，县名，或作黾。又蒸韵：渑，水名。又上声轸韵：弥尽切，《尔雅》：勉也。通作僶，本韵：忧也，通作闵。幻谓：黾字难解。

肝气浊，熊宗立：《难经·三十难·荣卫清浊升降图》："离，天之浊降也；坎，地之清升也。经云：地气上为云，天气下为雨。雨出地气，云出天气，此之谓也。清者，体之上也，阳也，火也。离中之一阴降，故午后一阴生，即心之生血也。故曰清气为荣。注：'天之清不降，天之浊能降，为六阴驱而使之下也。云清气者，总离之体而言之。'浊者，体之下也，阴也，水也，坎中之一阳升，故子后一阳生，即肾之生气也，故曰浊气为卫。注：'地之浊不升，地之清能升，为六阳，举而使之上也。云浊气者，总坎之体而言之。'"

幻谓：肝气浊而静，静与净同义，亦可也。肝，巽下断也，二阳一阴也。

幻谓：六阴駈，《玉篇》：驱，俗作駈。幻又谓：《清浊升降图》出于东垣"此事难知"之说。

103. 此内关之病也。

《正义》曰：《八十一难》云："关遂入尺为内关。"吕广云："脉从关至尺泽，名内关也。"

《难经》："关之前者，阳之动也。"熊氏注："关前寸口阳脉之动，当现九分而浮，合阳奇九数。关后尺部阴脉之动，当见一寸而沈合阴偶十数。二者之脉皆为平也。尺寸分别阴阳，常相济，不可偏胜一。有偏胜则脉有太过、不及、覆溢、关格见焉。若阴气大甚拒阳，使阳气不得相营于下，故脉上出于鱼际，是名曰溢，谓之外关内格，阴偏胜而乘于阳，是阴太过而阳不及也。若阳气大甚拒阴，使阴气不得相营于上，故脉下入于尺泽，是名曰覆，谓之内关外格。阳偏胜而乘于阴，是阳太过而阴不及也。覆如上倾而下也，溢如内泛出外也。覆溢之脉是阴阳不相济，各自偏胜，所谓孤阳不生，独阴不成，以致上下相离，是真藏之脉，是无胃气以和之人，虽不病，脉则死也。"

《正义》"关遂入尺"云云，《难经·三难》曰："脉有太过，有不及，有阴阳相乘，有覆，有溢，有關，有格，何谓也？然關之前者阳之动也，脉当见九分而浮，过者，法曰太过，减者，法曰不及。遂上鱼为溢，为外關内格，此阴乘之脉也。"吕氏曰："过者，谓脉出过一寸至一分、二分、三分或四分、五分，此大过之脉也。减者为不满一寸，脉见八分、七分，或六分、五分，此谓不及之脉，遂入尺为覆。覆脉者，脉从关至尺泽，脉见一寸余，伏行不见也。今从关见尺泽，故言覆行也。一名覆脉，一名内关，一名外格，一名阳乘之脉也。故曰覆溢，是其真藏之脉，人不病而死也。”吕氏曰：“脉来见如此者，皆诸藏相乘克之脉，非谓外邪、中风、伤寒之类，脉已见，人虽未病，病即死，不可治也。”纪氏注曰：“吕广注：过者谓遏，常分出于其部也。不及为寸九分而见八分、七分、六分也。天锡言：阴胜其阳，上出鱼际，阴乘其阳者，则阴乃太过。阳离六分，似此如何为覆溢脉也，恐未中理。”

“脉有大过”，洁古注：“假令夏脉寸盛而尺弱，冬脉寸弱而尺盛，虽有大过不及，是天地常数，非病也。此一辨。”

“有阴阳相乘”，洁古注：“阳乘阴而发热，为寸盛而尺弱，是大热之气也。阴乘阳而恶寒，为寸弱而尺盛，此大寒之气。此二辨也。”

“有覆有溢”，洁古注：“为之溢，阳入胜阴，为之覆也。此一解辞也，此同辨也。”“有关有格”，洁古注：“关则不得小便，格则吐逆。关者甚热之气，格者甚寒之气，是关无出之由，故曰关也。格者无入之由，故曰格。此三辨也。”

“然则关之前阳之动也，脉当九分而浮”云云，洁古注：“面色阳而身热，脉浮而弱，是外关也。胸满振寒，恶寒吐食，是内格也。阴盛。”

“关之后者阴之动也，脉当见一寸而沈”云云，洁古注：“小便赤，大便秘，溢饮而身热，是内关也。阳盛。”

“手足冷而厥，脉沈而微，是外格也”，幻按：《素问》第三：“溢饮者，渴暴多饮而易入肌皮肠胃之外也。”

“《难经》故曰覆溢”云云，洁古注：“寒在胸中，遏绝不入。热在下焦，填塞不便。脉浮则为阳减，沈弱则为阴减，浮甚则为阳过，沈甚则为阴过。寒用阳而不发，热用阴而不泄，皆任于中之药，治主当缓，治寒当急。如天地论之当缓，如五行论之当急。热居上而为主当缓，热居下而为寒当急。阴居上而为寒当急，阴居下而为主当缓。”

《素问》第三《脉要精微论篇》：“阴阳不相应，病名曰鬬格。”注：“广陈其脉应也。夫反四时者，诸不足皆为血气消损，诸有余皆为邪气胜精也。阴阳之气不相应合，不得相营，故曰鬬格也。”熊注：

"覆如上倾而下也，溢如内泛出外也。覆溢之脉是阴阳不相济，各自偏胜，所谓孤阳不生，独阴不成，以致上下相离，是为真藏之脉，是无胃气以和之人，虽不病，脉则死也。"

"内关"，王叔和《脉经》第六："心主手之脉起于胷中，出属心包络下膈歷络三膲"云云；"手心主之别名曰内关，去腕二寸，出于两筋之间，循经以上系于心包络。心系实则心痛，虚则为烦心，取之两筋间也。"

"内关之病"注，《八十一难》经云："关遂入尺"，幻谓读《难经》者遂字作"终"字训，盖《左传》"当事曰遂"之类也，恐非欤？遂者进也，《易·大壮》卦上六"羝羊触藩，不能退，不能遂"。《正义》曰："退谓退避，遂谓进往。"

104. 不得代四时者。

《正义》曰：王叔和《脉经》云："素问曰：'病在心，愈在夏。'"

"不得代四时者"，《正义》王叔和《脉经》云云，幻按：叔和《脉经》第一《脉形状指下秘诀》第一："代脉来数，中止不能自还，因而复动。结者生，代者死。"幻谓：《正义》阙"结者生"三字。幻又按："代脉出结脉"云云，"结脉往来缓，时一止复来，按之来缓，时一止者名结脉，初来动止，更来小数，不能自还举，之则动名结阴。"

幻谓："按之"以下三十字，细字也。盖"结者生，代者死"六字判结与代两脉也。

"不得代四频率"，抄云：代字非脉名也。春弦、夏洪、秋浮、冬沈，盖脉随四时而交代。今谓不相代也。

幻谓：抄与《正义》殊矣。

注："《素问》云'病在心，愈在夏'"，《素问》卷之四《经脉别论》云："病在肝，愈于夏。"注："子制其鬼也，余愈同。""夏不愈，甚于秋。"注："子休鬼复王也。余甚同。""秋不死，持于冬。"注："鬼休而母养，故气执持于父母之乡也，余持同。""起于春。"注："自得其位，故复起。余起同。""禁当风。"注："以风气通于肝，故禁而勿犯。""肝病者，愈在丙丁。"注："丙丁应夏。""丙丁

不愈，加于庚辛。”注：“庚辛应秋。”“辛不死，持于壬癸。”注：“壬癸应冬。”“病在心，愈在长夏，长夏不愈，甚于冬。冬不死，持于春，起于夏。”注：“如肝例也。”“禁温食热衣。”注：“热则心躁，故禁止之。”“心病者愈在戊巳。”注：“戊巳应长夏也。”“戊巳不愈，加于壬癸。”注：“壬癸应冬。”“壬癸不死持于甲乙。”注：“甲乙应春。”“起于丙丁。”注“应夏火也。”“病在脾，愈在秋，秋不愈，甚于春，春不死，持于夏，起于长夏。禁温食饱食，湿地濡衣。”注：“温湿及饱并伤脾气故禁止之。”“脾病者，愈在庚辛。”注：“应秋气也。”“庚辛不愈，加于甲乙。”注：“应春气也。”“甲乙不死，持于丙丁。”注：“应夏气也。”“起于戊巳。”注：“应长夏也。”“病在肺，愈在冬。冬不愈，甚于夏。夏不死，持于长夏。起于秋。”注：“例如肝也。”“禁寒饮食、寒衣。”注：“肺恶寒气，故衣食禁之。《灵枢经》曰：‘形寒，寒饮则伤肺，饮尚伤肺，其食甚焉。肺不独恶寒，亦畏热也。’”“肺病者愈在壬癸。”注：“应冬水也。”“壬癸不愈，加于丙丁。”注：“应夏火也。”“丙丁不死，持于戊巳。”注：“长夏，土也。”“起于庚辛。”注：“应秋金也。”“病在肾，愈在春。春不愈，甚于长夏。长夏不死，持于秋，起于冬。”注：“例如肝也。”“禁犯焠烪热食温炙衣。”注：“肾性恶燥，故此禁之。《新校正》云：‘按：别本焠作焠。’”“肾病者，愈在甲乙。”注：“应春木也。”“甲乙不愈，甚于戊巳。”注：“长夏，土也。”“戊巳不死，持于庚辛。”注：“应秋金也。”“ 起于壬癸。”注：“应冬水也。”

幻谓：禁寒饮食寒衣注：“肺不独恶恶寒，畏热也”，恶字恐一字衍乎？

幻谓：长夏常谓土，今谓夏耳。

105. 代则络脉有过。

代脉，晞范《脉诀》第九：“代者阴也”云云，注《素问》曰：“代则气衰脾脉代。”《难经》曰：“经言脉不满五十动而一止，一脏无气者何脏也？然人吸者随阴入，呼者因阳出。今吸不能至肾，至肝而还，故知一脏无气者，肾气先尽也。”王氏曰：“经言诊其寸口，数至五十动而不代者，五脏皆受气，是为平和无病之人；四十动而一代者，一脏无病，四岁死；三十动而一代者，二脏无气，三岁死；二十动而一代者，三脏无气，二岁死；十动而一代者，四脏无气，一岁而死；不满十动而一代者，五脏无气，七日死。”“《难经》言止，本经言代。按止者，按之，觉脉于指下而中止者，名代。代者，还尺中停久方来，古者名代。黎曰：‘老阳之数极于九，老阴之数极于十。’十动而应一脏者，阴阳之数完矣，经而计之，五脏气备则脉满，五十动而一止也，若脉应指不满五十动而一止者，一脏无气，其人不越五岁而死。”

《难经十一难》曰：“经言脉不满五十动而一止”云云，熊氏注：“五十合天地造化之数，《易·系辞》曰‘大衍之数五十乃备一’，是数之始。十是数之极，人之脉息昼夜循环，五脏脉一动循一岁，五动循环五岁，周而复始。五十动则是十次。五脏循环遍，则数皆至极数而不见止脉者，五脏皆平，故无病也。今不满五十动而见止脉，是一藏无气，谓平人一呼脉两动，一动肺，一动心。一吸，脉两动，一动肝，一动肾。心肺阳也，故云呼因阳出。肝肾阴也，故云吸随阴入。脾居中位，脉动呼吸两界之间。平人脉亦有一息五至者，一动是脾脉也。假如一呼一吸脉四动，初动脉，二动心，三动脾，四动肝而止。却还复动肺，是不至肾也，故肾脏无气。如此只在肺、心、脾、肝四藏循环，皆满十之极数，则四十动后乃见止脉，是知肾之一藏无气而先绝也。”吕氏言：“经言一岁五十动，五岁二百五十动，谓之平经。不满五十动者，无有五十动也，是以知一藏无气也。”杨氏云：“《难经》言止，本经言代。按止者，按之觉于指中而中止，名止也。”云云。“止与代虽两经不同，据其脉状，亦不殊别，故两存之。”

106. 其病主在于肝和，即经主病也。

在于肝和，幻谓《正义》所引《素问》云“肝之和也”，四字为连读。又次注云：“和即经主病”，则“在于肝”三字为句，和字属即经字。

幻按：《素问》无此二文，噫！《素问》多烂脱，林亿所上《宋校定脉经序》颇论此事，又详见王冰《素问序》。且《正义》所引《素问》有此文耶？幻又谓“和即经主病”以下《正义》语也。“脉有不及有大过”云云，《素问》往往有此语势。

肝和，幻按：《脉经》第一《迟疾短长杂脉》云：“脉数则在府，脉迟则在藏，脉长而弦病在肝。扁鹊云‘病出于肝’。”《正义》“病于肝”，于字当改作“在”。

叔和《脉经》第一：“弦脉，举之无有，按之如弓弦状。一曰‘如张弓弦，按之不移。’又曰‘浮紧为弦’。”幻谓：“一曰”以下细字，自注欤？

《素问》第三《玉机真藏论篇》：“黄帝问曰：‘春脉如弦何如而弦？’岐伯对曰：‘春脉者，肝也，东方木也，万物之所以始生也。故其气来耎弱轻虚而滑，端直以长，故曰弦。’”注：“言端直而长，状如弦也。《新校正》云：‘按越人云春脉弦者，东方木也。万物始生，未有枝叶，故其脉来濡弱而长。’《四时经》轻作‘宽’。”

《玉机真藏论篇》又云：“真肝脉至中，外急如循刀刃，责责然如按琴瑟，色青白不泽，毛折乃死。”注：“《新校正》云：‘按杨上善云无余物和杂，故名真也。五藏之气皆胃气和之，不得独用。如至刚不得独用，独用则折，和柔用之即固也。五藏之气和于胃气，即得长生。若真独见，必死。欲知五藏真见为死，和胃为生者，于寸口诊即可知见者。如弦是肝脉也，微弦为平和。微弦谓二分胃气一分弦气，俱动为微。三分并是弦而无胃气，为见真藏。余四藏准此。’”

肝和，抄云难解。幻谓：以和为病，未详。恐以无和为病耶？和即胃气也。

107. 其代绝而脉贲者。

脉贲者，《素问》第九《刺谬论篇》云：“无故善怒气上走贲上。”注：“以其经支别者，从肺出络心，注胸中。又其正经从肾上贯肝鬲入肺中，循喉咙侠舌本，故病令人嗌干痛不可内食，无故善怒气上走贲上也。贲谓气奔也。《新校正》云：‘详王注。以贲上为气奔者非。按《难经》，胃为贲门。杨操云：“贲，鬲也。”是气上走鬲上也，经既云气上走，安得更以贲为奔上之解邪？’”

幻谓：《新校正》云“王注”者，盖唐王冰注也。又云“杨操”者，杨玄操也。

幻谓：脉贲者，脉数紧急乎？《灵枢经》第二《气藏府病形》云“滑甚为息”，史崧《音释》云“息本”。《难经·五十六难》“肺之积名曰息贲”，天息言：“息贲者，言或息而或贲也。”《难经》：“贲经门”，晞范《句解》释音：“贲，枯昆切。”

108. 病去过人，人则去。

病去过人，抄云：此四字不可晓。《察病指南·诊三部脉法》：“寸部法天，主上焦，诊自头以下至心病也；关部法人，主中焦，诊自以下至脐病也；尺部法地，诊自脐下至足病也。”又《三部九候》：“三部者，上中下即寸关尺也。每部三候，各自分天人地三部。上部天，以候头角；上部人，以候耳目；上部地，以候口齿。中部天，以候肺；中部人，以候心；中部地，以候胸中。下部天，以候肝；下部人，以候脾胃；下部地，以候肾。”王子亭云：“一位有三候，浮取之属阳，沈取之属阴，中得之为胃气，故无胃气则死。”《素问》第三卷《三部九候论篇》：“何岐伯曰：‘天地之至数始于一终于九焉。’”注：“九，奇数也。故天地之数斯为极矣。”“一者天，二者地，三者人，因而三之。三三者九，以应九野。”注：“《尔雅》曰：邑外为郊，郊外为甸，甸外为牧，牧外为林，林外为坰，坰外为野，言其远也。”“故人有三部，部有三候，以决死生，以处百病”云云；“帝曰：‘何谓三部?’岐伯曰：‘有下部，有中部，有上部。部各有三候，三候者，有天，有地，有人也’”云云。幻谓：大概《察病指南》所论同之，盖《指南》举《素问》也。

病人过去，抄：以三部配天、地、人。病去言沈屙去体之类也。其病去寸口之天而过于关上人，之人关上人之脉病，关退也，其时脉络主病也。

109. 则至少阳之界。

《正义》曰：王叔和《脉经》云：“分别三门界脉候所主；以关为界，阳出三分。”

三关，幻谓：《脉经》所谓三关，言关前关后，阴阳出入，以关上为界，故曰三关。或三阴三阳所出入也，故曰三关乎？后说恐非也。《脉经》第二：“三关，阴阳二十四气脉，以关前、关后、关上为之关也。”

注：“分别三门界脉候所主。”幻谓：《脉经》门作“关”，镜作“境”。此十字，题号也。王叔和《脉经》卷一《分别三关境界脉候所主》云：“从鱼阳际至高骨却行一寸，其中名曰寸口”云云。此注

“其骨自高”四字误在“寸口”字之下。《素问》“脉经高骨”之下有此四字。四字小而注也。

《正义》曰：王叔和《脉经》云：“其自高骨从寸至尺，名曰尺泽。”

注“从尺至寸”，王叔和《脉经》卷一：“阳出阴入，以关为界。阳出三分，阴入三分，故曰三阴三阳。”幻谓：此注脱“阳出阴入”四字，可与之。不然，如何解三阴。

110. 烂流络，流络动则脉结发。

幻谓：流络，盖脉络横流者乎？“故络交热”四字为句，可乎？烂流，络流，络动则脉结发。蕉点如此。

111. 齐王中子诸婴儿小子病。

蕉抄云：齐王、中子、诸婴儿小子，言齐王中子病时，诸婴儿小子同时病。

幻谓：齐王中子者，中男也，不必小儿。言齐王中子有诸婴，儿婴儿之中最小子有病也。据幼儿方，则小子长于婴儿。此文不分焉。又婴儿之中长者有病耶？

又谓：抄不分婴儿小子为一也。或云：一中子，二婴儿，三小子。叙其次则中子、小子、婴儿也。然举其有病者，故婴儿之次列小子也。

幻又谓：考病症，则非婴儿也。《扁鹊传》谓虢太子为婴孩，亦即此类也。

112. 病得之少忧，数忔食饮。

抄云：“病得之少忧，数忔食饮”，言心气也。

幻谓：若曰少时则非小子也。此义如何？此本之点：病，之得，少忧数，忔食饮。如此点，则言此病发时，少忧苦，然而食饮多。食饮多而不下，气鬲，病也。忔字读作“勇”，未详。《韵会·勿韵》：“忔。欺讫切。《说文》：‘勇壮也。’引《周书》‘忔忔勇夫。’”忾不与仡通，不审。《索隐》曰：“忔然不得动也”，盖屹字义欤？屹，欺讫切，忾，许讫切，《博雅》：“喜也。”幻谓：忔，喜云云，则数忔食饮，此点乎？病少忧恼，数好食饮，而食不下，是即气膈也。又《索隐》“风痹忔然不得动”，则恐中风乎？

幻谓："病得之"三字为句，恐非欤？前后文"病得之"三字多宜类例而读之，病得之，少忧忔食饮。此点亦未是。病得之少，忧数忔食饮。

幻谓：《索隐》此点乎？幻谓：此段之末曰"病得之忧也"，由是观之，少时忧苦，却好食饮之义欤？"数忔食饮"，幻按：《集韵·迄韵》："忔，鱼迄切，心不欲也。《史记》：'数忔食饮。'"幻谓："忔"字作"嫌"读乎？作"厌"读乎？向引《韵会》，以所注释皆非也。《集韵》为证。言微恙而不欲食饮也。"少"字作少年之少，则似壮年人也，如何少病少恼而已。《周本纪》："弃为儿时，忔如巨人之志。""忔"字训不欲义乎？然则少，忧忔食饮。此点可乎？病得之少，忧数忔食饮。幻谓：此点可欤？忧患少之义，恐非欤？末曰："病得之忧也"，岂为忧少哉！《灵枢经》第九："黄帝问于伯高"云云，"伯高对曰：人年五十已上为老，二十已上为壮，十八已上为少，六岁已上为小。"《幼幼方》第二卷《婴孩脉法总论》："或云初生曰婴儿，三岁曰小儿，十岁曰童子。"《周本纪》："姜原出野见巨人迹"云云，"弃为儿时，忔如巨人志"云云，无注。本书其上曰："忔，拟一反。"

113. 病使人烦懑。

懑，《韵会·上声·阮韵》："懑，母本切，烦也。亦作闷。"又缓韵："懑，母件切，烦也。"

114. 心气也，浊躁而经也。

《素问》第二《阴阳应象大论篇》："寒气生浊，热气生清"云云；"清阳为天，浊阴为地"云云。

115. 重阳者，逷心主。

《正义》曰：《八十一难》云："手心主中宫。"

《韵会·唐韵》："逷，徒郎切，过也。《史记·仓公传》'逷心主'，注：'犹荡也'。《文选·思玄赋》：'藐以迭逷'，注：善曰：'藐，远貌；迭，过也；逷，突也。'"

《素问·应象阴阳大论篇》："重阴必阳，重阳必阴。"

逷心主，王叔和《脉经》第六《心手少阴经病症》第三："心病烦闷，少气大热，热上逷心，呕欬吐逆，狂语，汗出如珠，身体厥

冷。其脉当浮，今反沉濡而滑；其色当赤，而反黑者，此是水之克火，为大逆，十死不治。”

《难经十八难》“手心主”云云，天锡言：“水木火土金为常者，以其相生，有子母之道也。金火土木水为序者，以其五脏上下相次而言也”云云；“心主为心之别脉，三焦不属五脏。且心为君主，高而自尊，不受邪气，若邪气犯心即死。其宣布著见，皆在心主脉耳。肾有原气，居肾间寂然不动，气上下往来，游行于阴阳之中，皆因三焦而行之。心主与三焦行于脏腑，虽属其火，各无正位，或能生土，故与土同居中部”云云；“高承德疏：‘左寸心与小肠’云云，夫三焦属火为手经，今却与命门相配居下部。肾有两枚，其气相通，正一藏之数而分两。手心主经系十二经数，却遗而不用命门；于十二经不载，却于尺部添之，似此分配恐为未当。”“看脉者阴阳一气而已，上下相通，往来不息，故经曰：‘天道无穷，一言而总其要，唯曰阴与阳。’人身脉道，不一一言，而总其要亦唯曰阴与阳。夫人五脏六腑之脉，乃阴阳一气而已。若脏腑之亏甚，应时之王衰，皆在三部之内而变见焉。看脉之法何在将五脏六腑碎碎分于两手者哉？夫脉有三部以分上下，虽脉法心肺在上，肝肾在下，脾居其中，此乃定五脏之高下立其位而已。分别病脉而决死生，自有伐耳。且脉具五行，通为一体，上部以候上，中部以候中，下部以候下。候脉在左而病在左脉，在右而病在右脉。又有辨其所适迭为甚虚，故分阴甚阳虚，阳甚阴虚是也。又有阴阳，轻重如三菽之重。至于按之至骨，立其部以知病在内在外也。以长短、大小、滑濇各从物类，而察其甚虚，此所以侯五脏阴阳也。又有变动而不常者，五脏六腑不能一时而见，故当以王者为主。如春弦，夏钩，秋毛，冬石是也。又有四时之内，邪正相干，刚柔相逢，一脉转变而为王。如是，脏腑虚实、阴阳、衰甚病之所在自可以见，何必碎碎全体，妄生分别也！”

116. 故烦懑食不下则络脉有过。

脉络有过，抄云：经脉脉络等分则可。络有大过，故血上出也。

117. 众医皆以为蹙，人中而刺之。

人中，陶九成《南村辍耕录》卷之五：“钱唐陈鉴如以写神见推一时，尝持赵文敏公真像来呈公援笔，改其所未然者。因谓曰：‘唇之上何以谓之人中？若曰人身之中半，则当在脐腹间，盖自此而上，眼耳鼻皆双窍，自此而下，口暨二便皆单窍，三画阴，三画阳，成泰卦也。'"

王叔和《脉诀》："人中尽满兼唇青，三日须知命必倾。"洁古注："人中，脾也。青者，脾之色木，数三，知死于肝也。"幻按：真通子无注。人中，《圣济总录》第一百九十四卷："尸厥者，灸厉兑二穴。"《甲乙经》云："穴在在足大指、次指之端，去爪甲角如韭叶，足阳明脉之所出也。各灸三壮，如小麦大。"又"灸阴下去下部一寸百壮，若妇人灸两乳中间。"又云："爪刺人中良。又针人中至齿立起。"又："卒客忤死者，灸人中三壮，一名鬼客厅。"又云："卒中邪魅、恍惚、振噤，灸鼻下人中及手足大指爪甲，本令艾丸半在爪上，半在肉上，各七壮，不止十四壮。炷如雀屎大。"人中而刺之，抄云："人中谓鼻穴，众医刺鼻穴也。"幻谓：抄非也，人中鼻下水沟者。

118. 涌疝也，人不得前后溲。

《素问》第七《长刺节论篇》："病在少腹，腹痛，不得大小便，病名曰疝。得之寒。"

《素问·五脏生成篇》："黄脉之至也，大而虚，有积气在腹中，有厥气，名曰厥疝。"注："脉太为气，脉虚为虚。既气又虚，故脾气积于腹中也。若肾气逆上，则是厥疝。肾气不上，则但虚，而脾气积也。"幻谓：黄脉，脾脉也；赤脉，心脉也；白脉，肺脉也。余效之。

涌疝，《奇效良方》卷之四十七《巢氏病源论》："疝者，痛也。其名曰厥，曰症，曰寒，曰盘，曰气，曰附，曰狼。此七者，疝之名也。其厥逆心痛，诸饮食吐不下，名曰厥疝"云云。其症发则可验。"又有石疝，血疝，阴疝，妬疝，气疝。此五者，有名而无形也。外有心疝，寒疝，饥疝，疝癖数者。其名不同，病则大同小异。世俗呼为小肠气，膀胱气，奔豚气，蟠肠气。横弦，竖弦，偏坠，木肾，肾余，阴肿，由疝之为病，其名别矣。至于张子和论七疝，曰寒疝、水疝、筋疝、血疝、狐疝、癫疝，名与诸论不同。且如癫疝者，外肾坚肿也。痛者为阴肿，不痛者为木肾"云云；"或冷饮过情，水流归肾；或坐卧处温寒搏留阴，以寒攻阴则疝痛。经曰：痛者，通也。疝气作痛，宜通不宜寒，宜温不宜寒。通谓泄其实不泄其虚，寒谓补其虚不补其实。实者，邪气也；虚者，正气也”云云。《内经》又云：“任脉为病，男子内结七疝，女子带下瘕聚，冲脉为病，逆气里急。然则任脉虽称病有七疝之名，而无七疝之状。而任脉者，是疝病之本源，各经是疝病之支流也。”又云：“厥阴脉滑为狐疝，小肠脉滑为肝风疝，大阴脉滑为脾风疝，少阴脉滑为心风疝，太阳脉滑为肾风疝，阳明脉滑为肺风疝。此风非外入之风也。此六疝应乎六经，在于五脏。何谓疝病皆属肝，病生于阴，起于下”云云。

幻按：考《三因》《济生》等诸方论疝者，莫若于《奇效良方》。《奇效良方》所论巢氏七疝、五疝，又外有四疝，又疝之别名小肠气等，张子和七疝又肝风等五疝，其类不鲜。然而无涌疝之名，未晓其义。幻又按：《项处传》有牡疝，是亦《奇效良方》等不载。

119. 臣意教以上下经脉五诊。

《正义》曰：五诊，谓诊五脏之脉。

120. 奇咳，四时应阴阳重。

抄：四时应阴阳重，“重”字可属上乎？可属下乎？如属下，则“重”即再也。医术未成，为侍医也。幻谓：“重”字属上可软？四时之应阴阳之重，皆意所教也。阴阳之重，盖重阴重阳也。其学未成，或为齐王侍医。

“阴阳重”，《素问·玉版要论》篇：“容色见上下左右，各在其要。上为逆，下为从。”注：“色见于下者，病生之气也，故从色；见于上者，伤神之兆也，故逆。”“女子右为逆，左为从；男子左为逆，右为从。”注：“左为阳，故男子右为从，左为逆；右为阴，故女子右为逆而左为从。”“易，重阳死重阴死。”注：“女子色见于左，男子色见于右，是变易也。男子色见于左是重阳，女子色见于右是重阴。气极则反，故皆死也。”

《难经·四难》：“四难曰：脉有阴阳之法，何谓也？然呼出心与肺，吸入肾与肝。呼吸之间，脾受谷味也，其脉在中。呼出为阳，吸入为阴。心肺为阳，脾肾为阴。各以部位之高下而应之也。一呼再动，心肺主之；一吸再动肾肝主之。呼吸定息脉五动，闰以太息，脾之候也。故曰呼吸之间，脾受谷味也。其脉在中者，在阴阳呼吸之中，何则以脾受谷味？灌溉诸藏，诸藏皆受气于脾，主中宫之义也。浮者阳也，沈者阴也，故曰阴阳也。浮为阳，沈为阴。心肺俱浮，何以别之？然浮而大散者，心也；浮而短濇者，肺也。肝肾俱沈，何以别之？然牢而长者，肝也；按之濡，举指来实者，肾也。脾者，中州，故其脉在中。是阴阳之法也。”

121. 故老子曰“美好者不祥之器”。

《老子·道经》：“夫佳兵者，不祥之器也。”河上公注：“祥，喜也。兵者，鸾精神浊和气，不祥之器也。不当修饰之。”幻谓：《道经》《德经》无“美好”文，不审。

122. 【卷末】

《黄氏日抄》：扁鹊姓秦名越人，得长桑君禁方，能洞视五藏。期赵简子之瘖，起虢太子之死，齐桓侯无疾，望而退走，果不可药。又能随俗为变，斯亦奇且巧矣。乃为李醯所忌而见杀。太公仓淳于意即女子缇萦父也得乘阳庆禁方。仓公既以缇萦免刑，召问医治，纤悉如款案，吁士亦何以术为。

日本南化本《史记·匈奴列传》疏证

1.【卷首】

《正义》曰：此卷或有本次平津侯后，第五十二。

《自序传》，抄：将军之设为征匈奴，故次之李广也。

春按：此注援引《太史公自序》："设备征讨，作《匈奴列传》第五十。"证《匈奴列传》不与四夷传为序，可备一说。

2. 唐虞以上有山戎、猃狁、荤粥。

《集览》："匈奴，《黄帝本纪》：'北逐荤粥'，注《索隐》曰：'荤粥，匈奴别名。唐虞以上曰山戎，亦曰獯鬻，夏曰淳维，殷曰殷曰鬼方，周曰玁狁，汉曰匈奴，魏隋唐皆曰突厥。'"

"猃狁"，《韵会·盐韵》："猃，离盐切。《尔雅》：'犬长喙。'又琰、艳二韵。艳韵：'猃，力验切。犬名，长喙曰猃。《毛诗·六月》篇：薄伐猃狁，以奏肤公。'又《采薇》篇作'猃狁'。《玉篇》：'猃，喜检切。猃狁，北狄也。'"《韵会·琰韵》："猃，虚检切。《周语》：'北狄曰猃狁。'"

3. 其奇畜则橐駞、驴骡、駃騠、騊駼、驒騱。

《集解》：徐广曰："驒騱，音颠巨虚之属。"

《韵会》："驼，唐何切。《说文》：'本作佗，负荷也。'引《史记》橐佗。《前·百官志》：'牧橐昆蹏令丞'，师古曰：'牧橐，言牧养橐駞也。'或作'驼'，《外国图》云：'大秦国人长一丈五尺，猿臂长胁，好骑骆驼。'陆佃云：'驼卧腹不贴地，足屈。漏明则行千里。背有肉鞍如峰，粪烟直上如狼烟'云云。亦作'駞'，徐铉曰：'橐佗，言能负囊橐而驮物，今俗讹误，谓之骆駞。'"

"驒騱"，注"巨虚"，退之《醉留东野》诗："低头拜东野，愿得终始如駏蛩。”注：“樊曰：《孔丛子》：‘北方有兽名曰蟨，爱蛩蛩、駏驉，食得甘草，必啮以遗蛩蛩、駏驉。见人将来，必负蟨以走。蟨非爱駏蛩也，为其假足也。二兽亦非心爱蟨也，为其得甘草而遗之也。夫禽兽犹知比假而相报也，况士君子之欲名利者乎。’”駏音巨，蛩音卭。按：《前汉·司马相如传》：“《子虚赋》：‘蹵蛩蛩辚距虚’”，张揖曰：“蛩蛩，青兽，状如马。距虚似骡而小。”郭璞曰：“距虚即蛩蛩，变文互言耳。”师古曰：“据《尔雅》文，郭说是也。”卭字诸家或作蛩，驉字诸家或作岠，虚字诸家或作驴，但《孔丛子》《史记》皆以语二兽，《尔雅》《玉篇》、郭璞注，西汉以为一兽，当考。又《穆天子传》作“卭卭距虚，日走五百里也”云云。《文选·子虚赋》：“蹵蛩蛩辚距虚”，韩诗注所引乎。

4. 亦各有分地。

讲曰：各有所领之地，封疆不混。

5. 儿能骑羊，引弓射鸟鼠。

师古曰：“言其幼小则能射。”

6. 少长则射狐兔，用为食。

《汉书》作“肉食”，师古曰：“言无米粟，惟食肉。”

7. 短兵则刀鋋。

师古曰：“鋋，铁把小矛也。音蝉。”

8. 夏道衰，而公刘失其稷官。

《正义》曰：《周本纪》云“不窋失其官”。

《周本纪》：“后稷卒，子不窋立。（《索隐》曰：按《国语》云‘世后稷，以服事虞、夏’，言世稷官，是失其代数也。）不窋末年，夏后氏政衰，去稷不务，（《集解》：韦昭曰：‘夏太康失国，废稷之官，不复务农。’）不窋以失其官而犇戎狄之间。不窋卒，子鞠立。鞠卒，子公刘立。公刘虽在戎狄之间，复修后稷之业，务耕种，行地宜，自漆、沮度渭，取材用。”

9. 变于西戎。

师古曰：“变，化也，谓行化于其俗。”

10. 邑于豳。

师古曰：“即今之豳州是其地也。”

11. 其后三百有余岁。

《困学纪闻》卷十一："《匈奴传》：'夏道衰，公刘变于西戎。其后三百有余岁，戎狄攻大王亶父。'王氏曰：'自后稷三传而得公刘，自亶父三传而武王灭商，则公刘在夏之中衰，而亶父宜在商之季世，不啻五六百年。而曰"三百岁"，未知何所据。'"

12. 戎狄攻大王亶父。

师古曰："父，读曰甫。"

13. 而豳人悉从亶父而邑焉，作周。

《正义》曰："一本'周'字作'固'也。"

14. 周西伯昌伐畎夷氏。

《索隐》曰：《山海经》云："并明生白犬"。

《周本纪·正义》曰："并明生白犬。"《汉书》注作"苗龙生融吾，融吾生弄明，弄明生白犬。白犬有二牝牡，是为犬戎"。与此注异。

15. 复居于酆鄗。

《韵会·皓韵》："镐，合老切。地名，武王所都，在长安西上林苑中丰东二十五里，通作'鄗'。《史记·周本纪》：'复都丰鄗。'亦作'滈'，《荀子》：'武王以滈'，"《史记》"丰滈"。《韵会·东韵》："丰，周文王所都，在京兆杜陵西南。"

16. 而穆王伐犬戎。

师古曰："穆王，成王孙、康王子也。"

17. 于是周遂作甫刑之辟。

《周本纪》："今自大毕、伯士之终也，犬戎氏以其职来王"，《正义》曰："贾逵云：'大毕，伯士，犬戎氏之二君也。白狼，白鹿，犬戎之职贡也。'按：大毕、伯士终后，犬戎氏常以其职来王。天子曰'予必以不享征之，且观之兵，无乃废先王之训，而王几顿乎。吾闻犬戎树敦，率旧德而守终纯固，其有以御我矣'。王遂征之，得四白狼四白鹿以归。自是荒服者不至。诸侯有不睦者，甫侯言于王，作修刑辟。"

师古曰："即《尚书·吕刑》篇是也。辟，法也，音辟。"

18. 周幽王用宠姬褒姒之故。

《周本纪》曰："幽王嬖爱褒姒。褒姒生子伯服，幽王欲废太子。

太子母申侯女，而为后。”

19. 申侯怒而与犬戎共攻杀周幽王于骊山之下。

《周本纪》曰：“于是诸侯乃即申侯而共立故幽王太子宜臼，是为平王，以奉周祀。平王立，东迁于雒邑。”

“骊”，《汉书》作“丽”，师古曰：“丽读曰骊。”

20. 于是周平王去酆鄗而东徙雒邑。

《周本纪》：“伐崇侯虎，而作丰邑。”《集解》：“徐广曰：‘丰在京兆鄠县东，有灵台。镐在上林昆明北，有镐池，去丰二十五里。皆在长安南数十里。’”《正义》：“《括地志》云：‘周丰宫，周文王宫也。’”

21. 襄王奔于郑之泛邑。

《索隐》曰：《春秋地名》云：“泛邑，襄王所居，故云襄城”也。

师古曰：“以襄王尝处之，因号襄城。”

22. 而襄王后母曰惠后。

“后母”，《汉书》作“继母”。

23. 于是戎狄或居于陆浑。

《索隐》曰：杜预以为“九姓之戎居陆，在秦晋之间，二国诱而从之伊川。”

《左传·僖公二十二年》：“秋，秦晋迁陆浑之戎于伊川。”杜预注：“允姓之戎居陆浑，在秦晋西北，二国诱而徙之伊川，遂从戎号，至今为陆浑县也。”

幻谓：《索隐》“九姓之‘九’当改作‘允’，‘居陆’之下当加‘浑’，‘从之’从当改作‘徙’。”

春按：《史记》他本“允”“徙”不误，“浑”未脱。幻云所校之语，均此本之误，未校他本。

24. 故诗人歌之曰“戎狄是应”。

《毛诗》廿卷《鲁颂·閟宫》，《诗序》：“閟宫，颂僖公能复周公之宇也。”《诗》曰：“戎狄是膺，荆舒是惩。”《传》云：“膺，当也。”《笺》云：“惩，艾也。僖公与齐桓举义兵，北当戎与狄，南艾荆及羣舒，天下无敢御也。”

25. 薄伐玁狁，至于太原。

《毛诗》卷十七《小雅·六月》，序曰："六月，宣王北伐也。"《诗》曰："薄伐玁狁，至于大原。"

26. 出舆彭彭，城彼朔方。

《毛诗》卷十六《小雅·出车》，序曰："出车，劳还率也。"《诗》曰："王命南仲，往城于方。出车彭彭，旗旐央央。天子命我，城彼朔方。赫赫南仲，玁狁于襄。"《毛传》云："王，殷王也。南仲，文王之属。方，朔方，近玁狁之国也。彭彭，四马貌。交龙为旗，央央，鲜明也。"《笺》云："王使南仲为将率，往筑城于朔方，为军垒，以御北狄之难。"又《毛传》云："朔方，北方也。赫赫，盛貌。襄，除也。"《笺》云："此'我'，我戍役也。戍役筑垒而美其将率，自此出征也。"

《困学纪闻》卷三："《史记·匈奴传》：'周襄王与戎狄伐郑，戎狄逐襄王，于是戎狄或居于陆浑，东至于卫，侵盗暴虐中国。中国疾之，故诗人歌之曰"戎狄是膺，薄伐玁狁。""至于太原，出舆彭彭。城彼朔方。"'《汉匈奴传》则曰：'宣王兴师，命将以征伐之。诗人美大其功，曰"薄伐玁狁，至于太原"。"出车彭彭"、"城彼朔方"。'以《六月》为宣王诗是也。以《鲁颂》，'六月出车'为襄王诗，以《出车》为宣王诗，而《史》、《汉》又不同，皆未详。"

27. 号曰赤翟、白翟。

《左传·宣公十五年》："六月癸卯，晋师灭赤狄潞氏，以潞子婴儿归。"注："潞，赤狄之别种潞氏国，故称氏，子爵也。"

《正义》曰："狄有赤狄、白狄，就其赤白之间各自别有种类，此潞是国名。赤狄之内，别种一国。夷狄祖其雄豪者，子孙则称豪名为种。若中国之始封君也，谓之赤白，其义未闻，盖其俗尚赤衣、白衣也。《传》称'天子建德，因生以赐姓，胙之士而命之'。氏者，即以国名为氏，但华夏不须言夏国，名不以氏配。赤狄既须言狄，单国不复成文，故以氏配之。潞氏、甲氏、皋落氏皆是也。杜言氏国故称氏，虽指解此狄而中国亦然。刘炫云：'狄称种者'，《周礼·内宰上》：'春生穜稑之种'，贱之同之草木，故称种。"

又《僖公三十年》："八月戊子，晋侯败狄于箕。郤缺获白狄子。”注：“白狄，狄别种也。故西河郡有白部胡。”

师古曰：“《春秋》所书‘晋师灭赤狄潞氏，郄缺白狄子者’。”

28. 秦穆公得由余。

《困学纪闻》卷十一：“秦穆公得由余，西戎服于秦后百有余年。晋悼公使魏绛和戎翟。以《左氏》考之，鲁文公三年，秦始霸西戎；襄公四年，晋魏绛和戎。裁五十余岁。”

29. 赵襄子逾句注而破并代以临胡貉。

《索隐》曰：按：貉即濊也。

“句注”，“句”音“枸”。《韵会·虞韵》：“枸。恭于切。《说文》：‘止也。’”又《侯韵》：“枸，居候切。拘揍，聚也。《礼记·曲礼》‘以袂拘而退’。又‘钩’、‘枸’、‘句’三字同字母也。”

《通鉴》卷十四：“南逾句注”，胡注：“句，音钩，又如字，又音拘。”

《集览》：“句注，徐广曰：‘山名，在鴈门应阴馆，属并州。’如淳曰：‘句，音章句之句。’案：《史记》句作‘勾’，索隐曰：‘伏俨云：句音俱，包恺云：音钩。’《正义》曰：‘勾注山，一名西陉山，在代州鴈门县西北四十里。’”

《集览》：“薉州，颜师古曰：‘薉州是地名。薉与濊通，音秽，即古濊貉国。本朝鲜地，汉武置苍海郡。’”

注“貉即濊也”云云，按《韵会·去声·泰韵》：“濊，乌外切。《说文》：‘濊，汪洋广貌。’又《队韵》：‘濊，乌废切。汪濊洋广貌。’又《曷韵》：‘濊，呼括切’。《说文》：‘碍流也。’”

幻谓：“濊”诸义未同。“濊”同字母下有“獩”字，注：“獩貊，东夷国名。《广韵》：‘扶余国。’《前·武纪》：‘东夷薉君南间等’。服虔曰：‘秽貊在辰韩之北，高句丽沃沮之南，东穷于大海。’《晋书·东夷传》：‘其王印文称秽王之印。’盖《韵会》‘濊’、‘秽’、‘檅’三字同字母也，其义亦通乎？”

春按：幻云多引《韵会》注史文字音义，其法不足取。《韵会》是宋代著作，其所收罗之字多为异体，以此考史文，距离亦远，乖戾本义。

30. 于是秦有陇西、北地、上郡。

《集览》：“陇西，《地理志》：‘雍州陇西郡，今陇右也。’《括地

志》云：‘陇，山名，郡在山西，故名陇西。’上郡属古并州，今鄜州是。”

31. 而赵武灵王亦变俗胡服。

赵武灵王北略中山之地，至房子，遂至代，北至无穷，西至河，登黄华之上。与肥义谋胡服骑射以教百姓，曰：“愚者所笑，贤者察焉。虽驱世以笑我，胡地、中山，吾必有之！”遂胡服。国人皆不欲，公子成称疾不朝。王使人请之曰：“家听于亲，国听于君。今寡人作教易服而公叔不服，吾恐天下议己也。制国有常，利民为本；从政有经，令行为上。明德先论于贱，而从政先信于贵，故愿慕公叔之义以成胡服之功也。”公子成再拜稽首曰：“臣闻中国者，圣贤之所教也，礼乐之所用也，远方之所观赴也，蛮夷之所则效也。今王舍此而袭远方之服，变古之道，逆人之心，臣愿王孰图之也！”使者以报。王自往请之，曰：“吾国东有齐、中山，北有燕、东胡，西有楼烦、秦、韩之边。今无骑射之备，则何以守之哉。先时中山负齐之强兵，侵暴吾地，系累吾民，引水围鄗，微社稷之神灵，则鄗几于不守也。先君丑之，故寡人变服骑射，欲以备四境之难，报中山之怨。而叔顺中国之俗，恶变服之名，以忘鄗事之丑，非寡人之所望也！”公子成听命，乃赐胡服；明日服而朝。于是始出胡服令而招骑射焉。

《集览》：“房子，县名”云云，“名曰无穷之门”云云。“黄华”，《正义》曰：“西河侧之山名。”“东胡”，《正义》曰：“赵东有瀛州之东北营州之境，即东胡乌丸地。”服虔曰：“鄗，县名，今赵州高邑是也。”

32. 习骑射，北破林胡，楼烦。

《集览》：“林胡，西胡国名。《括地志》云：‘在朔州、岚州以北，春秋北地地。’如淳曰：‘林胡即儋林，为赵武灵王所灭。’”

幻谓：林胡、楼烦在赵西北乎。此传可与《集览》并考焉。

33. 筑长城。

《正义》曰：公溪亘岭，东西无极，盖赵武灵王所筑也。

注“公溪”，讲曰：处名乎。未审。《汉书·李陵传》：“李绪本汉塞外都尉，居奚侯城。匈奴攻之，绪降。”公溪，恐溪侯字倒而谬乎。

春按：公溪，他本或作“沿西”。蕉讲疑为“溪侯”之倒，然倒则作“侯溪”，非“公溪”，或以为“公”“侯”可互换乎？

34. 自代并阴山下。

《集览》：“阴山县，《括地志》云：‘阴山，北戎地，在朔州北。塞外东西千余里，草木茂盛，匈奴依阻其中。汉武克匈奴，置阴山县。’”

35. 至高阙为塞。

《汉书·卫青霍去病传》：“青复出云中，西至高阙。”师古曰：“高阙，山名也。一曰塞名也，在朔方之北。”

《集览》：“高阙，徐广曰：‘在五原郡北。’《括地志》云：‘朔方郡，临戎县北有连山，险於长城。其山中断，两峰极峻，相对若阙，故名焉。’”

36. 置上谷、渔阳、右北平、辽西、辽东郡以拒胡。

《集览》：“上谷，今妫州是，在古幽州西北。渔阳，幽州渔阳郡。右北平渔阳郡，东南七十里，有北平城，即汉右北平也。辽东，今辽阳府是。周封箕子于朝鲜，汉置乐浪等四郡地。”

37. 冠带战国七。

讲曰：冠带，谓七雄战国也。冠带言有威仪而可尊者也。

38. 因河为塞。

《索隐》曰：按：秦塞自五原北九里。

注“五原北九里”，众本作“九百里”，恐非。《集览》“自五原郡北九里，地名造阳”。

39. 徙适戍以充之。

师古曰：“适读曰谪，有罪谪合徙戍者，令徙居之。”

40. 因边山险巉溪谷可缮者治之。

师古曰：“缮，补也。”

41. 起临洮至辽东万余里。

《正义》曰：延袤万余里，东入辽水。

注“延袤”，《韵会·去声·候韵》：“袤，莫候切。《说文》：‘衣带以上一曰南北曰袤，东西曰广。又长也。’”

42. 匈奴单于曰头曼。

《索隐》曰：其国称之曰“樸黎孤涂单于”。

注："樸黎"，幻谓：《韵会·庚韵》"樘，抽庚切，邪柱也。本作'樘'，徐曰：'樘之言牚也'，引《灵光赋》'枝撑杈枒而斜据'，今文作'樘'。《集韵》或作'樸'。《复古编》云：'别作撑，非韵。'《释疑》：（增修校正押韵释疑）云：'《礼韵》无从手"樘"字。毛氏曰：从木从牚，俗又作"撑"，非。'"《汉书·匈奴传》："单于姓挛鞮氏，其国称之曰'犁孤涂单于师'。匈奴谓天为撑犁"云云，师古曰："挛，音力全反。鞮，音丁奚反。"苏林曰："撑音牚距之'牚'。"师古曰："音丈庚反。"

春按："樘犁"，《史记》《汉书》诸本或作"樘犂"，或作"樸黎"，或作"牚犁"。此皆为音译，所用字本无一定，且与其字所含之义无关。幻云多引典籍证字，实无必要。

《集览》："匈奴天子之号，犹华言皇帝也。单于，单音蝉。"

43. 头曼不胜秦，北徙。

《通鉴》卷十一："及秦灭，匈奴复稍南渡河"，胡注："此北河也，在朔方北。"

44. 单于有太子名冒顿。

"冒顿"，宋祁曰："冒音墨，顿音毒，无别训。姚令威云：'仆阅《董仲舒传》，冒音莫克反，又如字。《司马迁传》亦音莫克反。'"

45. 后有所爱阏氏。

《索隐》曰：阏氏，旧音曷氏。

刘攽曰："匈奴单于号其妻为阏氏，尔颜便以皇后解之，太俚俗也。"师古曰："阏氏，匈奴皇后号也。阏音于连反，氏音支。"

《通鉴》胡三省注："匈奴之阏氏，犹中国之皇后。阏，于连翻。氏，音支。"

《古今注》（中华古今注）："燕脂，盖起自纣，以红蓝花汁凝作燕脂，以燕国所生，故曰燕脂。涂之作桃红妆。"

"阏氏"注"曷氏"，或云"曷"恐"遏"乎。幻谓《通鉴》第一"阏与"，《索隐》曰："音曷余"，盖音因之阏氏。《韵会·支韵》"氏"注引月氏、阏氏，又引此传注"旧音曷氏"。

春按：如前所释，幻云究字之注音无义。

46. 冒顿乃作为鸣镝。

《通鉴》卷十一："冒顿乃作鸣镝"，胡注："应劭曰：'髐箭也。'韦昭曰：'矢镝飞则鸣。余见今军中亦有鸣镝，于近笴之处开小窍，矢飞急则凌风而鸣。'镝，音嫡。髐，呼交翻。"

《韵会·肴韵》："嗃，虚交切，鸣镝也。《集韵》或作'骹'，通作'嚆'，《庄子》'知曾史之不为桀跖嚆矢也'，注：'嚆矢，矢之鸣者也。'通作'謞'，《庄子》'謞者'，注：'謞音孝，若箭去之声。'"

47. 是时东胡强盛。

抄："东胡"，宋末所谓猃辽之猃，盖东胡种也。蒙古部亦东胡裔也。

48. 东胡王愈益骄，西侵。

抄："西侵"，言西侵匈奴。

49. 与匈奴间，中有弃地。

"间中"，讲曰：东胡与匈奴之中间也。

春按：蕉讲断句有误，"间中"不可连读。

50. 各居其边为瓯脱。

师古曰："境上候望之处，若今之伏宿舍也。瓯音一侯反，脱音土活反。"

蕉：云"胡人"、云"匈奴冒顿"、云"谷蠡"、云"骨都"之类不可胜计，其字无义，不可会之。犹若砚云"松苏利"，笔云"分置"也。

51. 至朝那、肤施。

《通鉴》卷十一："朝那、肤施"，胡注："班《志》：'朝那县属安定郡，肤施县属上郡。'"

52. 控弦之士三十余万。

《通鉴》胡注："控弦，引弓也。控，口弄翻。"

53. 时大时小。

讲曰：时大时小，言国之大小不定，由中国强弱之。

54. 别散分离，尚矣。

《正义》曰：尚矣，言分远矣。

师古曰："尚，久远。"

55. 而南与中国为敌国。

讲曰：为敌国，为匹敌也。

56. 置左右贤王，左右谷蠡王。

《通鉴》卷十四："右贤王入居河南地"，胡注："右贤王，匈奴贵王也。"

《集览》："左右贤王，匈奴官号也。有左有右。按：左贤王以次当为单于。"

《黄氏日抄》："谷蠡，音鹿离，匈奴官称。"

57. 匈奴谓贤曰"屠耆"。

《集览》："休屠，匈奴之属，为王者之号。《索隐》曰：'休音朽，屠直于反。'张晏曰：'屠音储。'"

春按：此注引《集览》释"休屠"，但《史》文为"屠耆"，未及"休屠"，故为不当。

58. 诸左方王将居东方。

《汉书匈·奴传》："诸左王将居东方，直上谷以东，接秽貉朝鲜；右王将居西方，直上郡，以西接氐羌。"师古曰："直，当也。"刘攽曰："以东属下句。"

讲曰：汉天子南面，以东为左，以西为右。奴天子北面，以东为右，以西为左。今此文曰左方王居东方，未审。

幻谓：据此文，则匈奴大臣为南面欤。王将，盖王与将乎。旧点恐非。但如文可解，不可强会。

春按：幻云注重在句读，"王将"连读，不应点断，本无歧义。幻云质疑，似多此一举。

59. 直上谷以往者。

"以往"，《汉书》作"以东直"，无"东接"之"东"字、"者"字。师古曰："直，当也。"刘攽曰："以东属下句。"

60. 东接秽貉、朝鲜。

"秽貉"，《汉书·高祖纪上》："北貉燕人来致枭骑助汉"，应劭曰："北貂国也。枭，健也。"张晏曰："枭，勇也，若六博之枭也。"师古曰："貉在东北方，三韩之属，皆貉类也。音莫客反。"

《韵会·某韵》："貉，曷各切。似狐，善兽。孔子云：'狐貉之厚以居，明貉贱也。'《墨客挥犀》云：'貉行十数步辄睡，以物击竹，警之乃起，既行复睡。性嗜纸，状如兔。'"

《陌韵》："貊，莫白切。北方国豸貜，本作'貉'。《孟子》：'大貉、小貉'，师古曰：'貉在东北方，三韩之属'云云。今作貊。《论语》：'蛮貊之邦行矣。'"

幻谓：秽貉之貉，莫白切，又莫客切，非曷各切。

61. 接月氏、氐、羌。

"氐、羌"，《韵会·齐韵》："氐，都黎切。又戎种，西夷之名曰氐羌，散处广汉之西。"

62. 而单于之庭直代、云中。

《正义》曰：在蔚州羌胡县北百五十里。

"蔚州"，《韵会·勿韵》："蔚，纡勿切，又州名。本代地，周宣帝置蔚州，属河东道。"

63. 各有分地，逐水草移徙。

《汉书·高祖纪下》："未有分地"，李奇曰："信、越等未有益地之分。"师古曰："分音扶问反。"

64. 诸二十四长亦各自置千长、百长、什长、裨小王、相、封都尉。

《汉书》无"封"字。

65. 五月，大会茏城。

"茏城"，《韵会》："龙，庐容切。又州，名氐羌地，西魏立龙州。"

抄："茏城"之"茏"亦是"龙"义。

66. 秋，马肥，大会蹛林。

"蹛林"，《韵会·恭韵》："蹛，踶也。"《霁韵》："踶，大许切，躗也。《汉书·武帝纪》诏'马或奔踶而致千里'。"又《齐韵》："《广雅》：'小蹋谓之蹋。'又躗也，《庄子》'怒则分背相踶'。通作'谛'。"

春按：此注释"蹛林"，然未及"蹛林"义，辗转训"蹛"之音，与"蹛林"之义无涉。蹛林之义应以颜师古注为确："蹛者，绕林木而祭也。鲜卑之俗，自古相传，秋祭无林木者，尚竖柳枝，众骑驰绕三周乃止，此其遗法也。”

67. 拔刃尺者死，坐盗者没入其家。

“拔刃尺者”，讲曰：自匣中拔出剑者一许则死罪也。没入，言有罪之家籍没以入于官也。

68. 有罪小者轧。

《汉书》：“有罪小者轧”，服虔曰：“刃刻其面也。”如淳曰：“轧，挝杖也。”师古曰：“二说皆非。轧谓辗轹其骨节，若今之厌踝者也。轧音于黠反，辗音女展反。”

幻按：《汉书》与此注所引有小异，故书之注：轧，歷也。幻谓：歷与轣同字母也，盖轣义。《韵会·锡韵》：“轣，狼狄切，压也。”《韵会·叶韵》：“压，益陟切，笮也。徐曰：‘笮，镇也，压也。’《汉书》：‘折冲厌难’”云云。《汉书·匈奴传》：“陵轹边吏”，师古曰：“轹，音来各反。”

69. 长左而北乡。日上戊己。

“长左”，抄：汉尊右，天子南面，匈奴反之。日上戊己，黄帝时，大挠作甲子，容成作盖天。今胡人用中国甲子。

70. 月盛壮则攻战，月亏则退兵。

讲曰：白月攻战，黑月退兵。

71. 而所得卤获因以予之。

“卤获”，《韵会·虞韵》：“《汉书》晋灼曰：‘生得曰卤，斩首曰获。’《汉书·高祖纪》‘毋得卤掠’，应劭曰：‘卤与虏同。’”

抄：《左传》“死生曰获”。

春按：《汉书》晋灼无“生得曰卤，斩首曰获”之注语。抄引《左传》文减“曰”字，本为“死生皆曰获”。且断章取义，《左传》原文为“得大夫生死皆曰获”，非“得大夫”之外，亦“生死曰获”。

72. 善为诱兵以冒敌。

“冒敌”，《汉书》作“包敌”，师古曰：“包裹取之。”

73. 战而扶舆死者。

“舆”，一本作“舆”。

74. 后北服浑庾、屈射、丁零、鬲昆、薪犁之国。

《正义》曰："庾，《汉书》作'窳'，《地理志》'朔方郡窳浑县'是。"

"犁"，《汉书》作"犂"，师古曰："窳音弋主反。犂音犁。"

75. 因引兵南逾句注。

《通鉴》卷十一："南逾句注"，胡注："《郡国志》：'句注，山险名，在雁门阴馆县。'《括地志》：'句注山在代州雁门县西北三十里。'杜佑曰：'句注山，即代州雁门县西陉岭。'句，音钩，又如字，又音拘。"

76. 会冬大寒雨雪。

《通鉴》卷十一："会天大寒，雨雪"，胡注："《大戴记》曰：'盛阴之气在雨水，则凝滞而为雪。'雨，于具翻，自上而下曰雨；后以义推。"

77. 冒顿匿其精兵。

《通鉴纲目》卷三："冒顿匿其壮士、肥牛马，但见老弱羸畜"，《集览》："但见，见，形甸反，露也。"

78. 冒顿纵精兵四十万骑围高帝于白登。

《集览》："白登，《括地志》云：'平城东北三十里有白登山，白登台在焉。'李穆叔《赵记》云：'平城东七里有土山，高百余尺，方十余里，即白登也。'陈平秘计，应劭曰：'平使画工图美女，间遣人遗阏氏，云："汉有美女如此，今皇帝困阨，欲献之。"阏氏畏夺己宠，因谓单于曰："汉天子亦有神灵，得其土地非能有之。"于是匈奴开其一角，得突出。'颜师古曰：'应说出《桓谭新论》，盖谭以意测之，非记传所载。'六出奇计：请捐金行反间，一也；以恶草具进楚使，二也；夜出女子二千人解荥阳围，三也；蹑足请封齐王信，四也；请伪游云梦缚信，五也；今解白之围六也。"

79. 其西方尽白马，东方尽青駹马，北方尽乌骊马。

《汉书》无"马"字。

80. 高帝乃使使间厚遗阏氏。

师古曰："求间隙而私遗之。"

81. 而黄、利兵又不来。

《汉书》“又”作“久”。

82. 亦取阏氏之言。

“取”，一本作“听”。

83. 于是高帝令士皆持满傅矢外乡。

师古曰：“傅读曰附，乡读曰向，言满引弓弩注矢外捍，从解围之隅角直以出去。”

84. 居无几何。

师古曰：“无几何，言无多时也。几音居岂反。”

85. 高帝乃使刘敬奉宗室女公主为单于阏氏。

“公”，一本作“翁”，《汉书》作“翁”，师古曰：“诸王女曰翁主者，言其父自主婚。”

《汉书·王吉传》：“尚公主”，晋灼曰：“娶天子女则曰尚公主。周制：天子嫁女于诸侯，至尊不主婚，止使诸侯同姓者主之，故谓之公。主帝姊妹为长公主，帝姑为大长公主。”

86. 高后欲击之。

《索隐》曰：《汉书》云：“孤偾之君。”

如淳曰：“偾，仆也，犹言不能自立也。”师古曰：“偾音方问反。”

87. 侵盗上郡葆塞蛮夷。

“葆塞”，《韵会·皓韵》：“保，养也，任也，抱也，全之也，安也，傅也，依也，又守也。同母之下有葆字，草盛貌，一曰大也。又《汉书·燕王旦传》：‘头如蓬葆’，师古曰：‘草丛生曰葆。’又《庄子》‘此之谓葆光’。”

《汉书·匈奴传》：“匈奴右贤王入居河南地为寇。于是文帝下诏曰：汉与匈奴约为昆弟，无侵害边境，所以输遗匈奴甚厚。今右贤王离其国，将众居河南地，非常故。往来入塞，捕杀吏卒，驱侵上郡保塞蛮夷，令不得居其故。陵轹边吏，入盗，甚骜无道。”师古曰：“保塞蛮夷，谓本来属汉而居边塞自保守。”

幻谓：按《汉书》“葆塞”之“葆”与“保”通乎？《史》之旧点恐非乎？侵盗上郡葆塞，此点可也。此《传》“葆此亭”，《汉书》

"葆"作"保"。太史公《自序传》："吴之叛逆，瓯人斩濞，葆守封禺为臣，作《东越列传》。"《索隐》曰："葆音保。言东瓯被越攻破之后，保封禺之山，今在武康县也。"又"燕丹散乱辽间，满收其亡民，厥聚海东，以集真藩，葆塞为外臣，作《朝鲜列传》。"

春按：幻云注此文，一是论述"葆"与"保"之通否，进而涉及断句问题。然其引《韵会》，列葆、保之词义，以确定此"葆"在本文中之义。这是日本早期研究汉籍的必由之路。汉字的多音多义特点，往往是理解词义的障碍。但罗列韵书的词义去确定具体语境的意义，则大可不必。

88. 是时济北王反。

悼惠王子济北王兴居也。

89. 称书意，合欢。

师古曰："称，副也。言与所遗书意相副而共结驩亲。"

90. 右贤王不请。

"不请"，言不请单于。

91. 听後义卢侯难氏等计。

"後"，作"俊"。"义"，作"仪"。

《汉书》作"後义卢侯难支"。

92. 与汉吏相距。

"距"，《汉书》作"恨"。

93. 以夷灭月氏。

《汉书》作"灭夷"，师古曰："夷，平也。"

94. 定楼兰、乌孙、呼揭及其旁二十六国。

《通鉴》卷十四："楼兰、乌孙、呼揭"，胡注："楼兰国，在西域之东垂，后曰鄯善。自武帝开河西之后，地最近汉，当白龙堆之道。乌孙国，治赤谷城。师古曰：'乌孙于西域诸戎，其形最异，今之胡人，青眼，赤须，状类猕猴，是其种也。'《史记正义》：'呼揭国，在瓜州西北。'余据班史，匈奴北服丁零、呼揭之国。宣帝时，匈奴乖乱，其西方呼揭王自立为呼揭单于。《西域传》：呼揭不在三十六国之数，而乌孙国东与匈奴接，则呼揭盖在乌孙之东、匈奴西北也。师古曰：'揭，丘例翻。'《索隐》：'其列翻。'《正义》：‘音犁。’”

幻谓：胡三省所引“丘例”“其列”二翻，与此注小异。

春按：此文《索隐》注：“又音丘列反。”《正义》：“揭音犁，又其例反。”胡注与之小异，然其音未异。或胡注所据本如此。

95. 以安边民，以应始古。

“始古”，《汉书》作“古始”。

96. 献橐他一匹，骑马二匹，驾二驷。

“二匹”，《韵会·质韵》：“匹。僻吉切。匹，四丈也。从八、匸。八揲一匹，八亦声。徐曰‘会意’。《汉书·食货志》：‘布帛广二尺二寸为幅，长四丈为匹。’一曰偶也，《诗》‘率由群匹’，《笺》云：‘成王立朝之威仪，循用羣臣之贤者，其行能匹耦己之心。’又合也、二也。又《楚辞》：‘览可与兮匹俦’，王逸注：‘二人为匹，四人为俦。’又马四足为匹，《左传·襄公二年》：‘赂夙沙卫以索马牛皆百匹。’又‘匹夫无罪’，《疏》：‘庶人惟夫妻相匹，其名既定，虽单亦通，故韦昭曰：通谓之匹夫、匹妇也。’或作‘疋’，《小尔雅》：‘倍两谓之疋，二丈为两，倍两四丈也。’《汉书·诸侯王表》：‘子弟为匹夫。’《艺文类聚》：‘马之光景一疋长耳，故后人号马为一疋。’”

抄：“驾二驷”，言可驾车之马也。二驷盖八匹也。一驷四匹。驷，一乘也，四马也。

97. 则且诏吏民远舍。师古曰：“舍，居止也。”

“远舍”，讲曰：匈奴不欲与中国近，则须远舍也。或曰：匈奴可远舍也。此义可也。抄：“皇帝即不欲匈奴近塞，则且诏吏民远舍。”余按文势，汉皇帝若不欲匈奴近汉塞，则且匈奴，诏吾吏民远舍。此义岂不是哉。

98. 书至，汉议击与和亲孰便。

讲曰：书至汉议，此点可也。

春按：蕉讲以“书至汉议”连读，不可从。

99. 服绣袷绮衣。

抄：“服”者，天子所自服也，日本所谓御服物也。

春按：抄谓“服者，天子所自服也”，据《索隐》小颜云“服者，天子所服也”，其义是否专指“天子所服”，尚待考据。

100. 黄金饰具带一，黄金胥纰一。

抄：“具带”，大带也。“胥纰”，小带欤？

春按：“胥纰”，《汉书》作“犀毗”，师古曰：“犀毗，胡带之钩也。亦曰鲜卑，亦谓师比，总一物也，语有轻重耳。”是证“胥纰”为带钩之属，非小带。

又《索隐》释“胥纰”甚详，“此作‘胥’者，犀声相近，或误。张晏云：‘鲜卑郭落带，瑞兽名也，东胡好服之。’”

春按：《战国策》云：“赵武灵王赐周绍具带黄金师比。”延笃云：“胡革带钩也。”则此带钩亦名“师比”，则“胥”“犀”与“师”并相近，而说各异耳。班固与窦宪笺云：“赐犀比金头带”是也。不知《桃源抄》何以不据，而另解为“小带”。

101. 赤绨、绿缯各四十匹。

师古曰：“缯者，帛之总称。绨，厚缯也，音徒奚反。”

102. 孝文皇帝复遣宗室女公主为单于阏氏。

“公主”，《汉书》作“翁主”。师古曰：“宗人女，亦诸侯王之女。”

103. 使宦者燕人中行说傅公主。

师古曰：“姓中行，名说也。行音胡郎反，说读曰悦。”

《通鉴》卷十四：“中行说傅翁主”，胡注：“中行，姓；说，名。中行本出荀氏，晋荀林父将中行，因以为氏。行，户江翻。说，读曰悦。”

104. 必我行也，为汉患者。

师古曰：“言我必于汉生患。”

《通鉴》卷十四：“必我也，为汉患者”，胡注：“言为汉患者必我也。史倒其文，因当时语。”

105. 匈奴好汉缯絮食物。

《通鉴》卷十四：“匈奴好汉缯絮”，胡注：“缯，帛也；絮，绵也。好，呼到翻。”

106. 汉物不过什二。

《集解》：韦昭曰：“言汉物什中之二入匈奴。”

“什二”注，师古曰：“言汉费物十分之二，则尽得匈奴之众也。”

《集览》：“韦昭言：‘汉物费十分之二入匈奴，则匈奴皆动心归汉矣。’”

幻谓：“十中之二”云云，中作“分”可也。

107. 以示不如湩酪之便美也。

《汉书》“湩”作“重”，师古曰：“重，乳汁也。重音竹用反，字本作湩，其音则同。”

《集览》：“湩酪，湩，覩涌反，又音冻，乳汁也。熟而和之曰酪。《穆天子传》：‘牛马之湩，巨搜氏所具。’注：‘西戎有巨搜国。’”

“巨搜”，《索隐》作“臣蒐”，孰是？作“臣”恐非。

春按：《穆天子传》作“巨搜”，其文为：“天子乃遂东南翔行，驰驱千里至于巨搜，之人□奴乃献白鹄之血，以饮天子。因具牛羊之湩以洗天子之足。”注：“湩，乳也。今江南人亦呼乳为湩，音寒冻反。”与《集览》《索隐》所引小异。

108. 于是说教单于左右疏记。

师古曰：“说者，举中行说之名也。疏分条之也。”

109. 所遗物及言语云云。

《韵会》“云”注：“《诗》‘昏姻’，孔云：‘又云云，众语也。’《汲黯传》‘吾欲云云’师古曰：‘云云，犹言如此如此也。’”

《集览》：“云云，犹言如此如此，《史》畧其辞耳。”

110. 及印封皆令广大长，倨傲其辞曰。

师古曰：“倨，慢也。骜与傲同。”

瓠本“倨傲其辞”，幻谓：《汉书》“辞”下有注，故瓠点如此。虽然《汉》《史》注在中间者多，以之不可分句读，其“辞”宜属“曰”字。

春按：幻云针对瓠本将“辞曰”点断，认为虽然《汉书》在“辞”字下有师古注，但不能作为点断的根据。这对于初读《史记》及其他汉籍的日本人是有意义的。

111. 其老亲岂有不自脱温厚肥美以赍送饮食行戍乎。

“自脱温厚”，幻谓：《史记》家古点“脱”字为“能”字训，出处未审。《汉书》脱作“夺”，以夺字义推之，则脱略义也。言老亲脱略无所用温厚肥美食物，赍送于彼行戍者，令之饮食也。《韵会》曷、末韵两处出“脱”字，无解、善等义。

春按：幻云谓“瓠本”训“脱”为能，不审，甚当。此“脱”《汉书》改用“夺”，与“脱”字义近。

112. 匈奴父子乃同穹庐而卧。

师古曰：“穹庐，旃帐也。其形穹隆，故曰穹庐。”

113. 匈奴之俗。

幻谓：“匈奴之俗”以下，论说匈奴风俗。父子兄弟死以下，答所以妻后母、妻兄弟妻；礼仪之敝，答所以无冠带之饰、阙庭之礼；室屋之极，答所以父子同穹庐而卧；力耕桑以下说中国风俗。

春按：幻云此注，意在区分文句层次，分析其中的相连带关系，使阅读者易于理解，为日本人阅读《史记》提供帮助。

114. 畜食草饮水，随时转移。

《毛韵·宥韵》：“畜，许救切。《周礼》‘六畜’，《礼记》‘四灵为畜’。又丑救切，申明在屋韵内，屋韵：蓄，敕六切。积蓄聚也，亦作畜。”

春按：此注意在区分畜、蓄二字之读音。

115. 而室屋之极，生力必屈。

《正义》曰：言竞争胜负，为栋宇极奢丽，故营主力屈尽也。

师古曰：“力，谓竭力也。”

116. 缓则罢于作业。

师古曰：“罢读曰疲。”

117. 嗟土室之人，顾无多辞。

《通鉴》卷十四：“嗟！土室之人”，胡注：“匈奴之人，逐水草，居庐帐，非如中国有室屋，故谓中国人为土室之人。师古曰：‘嗟者，叹愍之言。’”

抄云：土室之人谓匈奴，言匈奴无辞令故免礼仪烦也。

讲曰：匈奴凿土室居其中。

幻谓：抄并讲之义与注异，《汉书》无“土室”注，又胡三省注与《索隐》同。

春按：幻云列出《桃园抄》、蕉讲与《索隐》及《通鉴》胡注之异，但未言明己意。

118. 令喋喋而佔佔，冠固何当。

《集解》：言虽复著冠，固何当所益。

《正义》曰："喋喋，多言也。佔佔，恭谨貌。言汉人徒多言恭谨，而著冠衣固亦何所当也。"

幻谓："何当"二字之读用《正义》则可也，如以此注则难读。

春按：幻云此注认为《集解》与《正义》注"何当"之"当"字读音不同，一读平声，一读去声。声调不同，义亦有别。《汉书》："冠固何当"，师古曰："虽自谓著冠，何所当益也。"

119. 顾汉所输匈奴缯絮米糵，令其量中。

师古曰："顾，念也。中犹满也。量中者，满其数也。中音竹仲反。"

120. 不备，苦恶，则候秋孰。

《集解》：韦昭曰："苦，麄也。音若'靡盬'之'盬'。"

"苦恶"，《韵会·虞韵》："苦，果五切。恶也。《周礼》：'辨其苦良。'注：'苦读为盬，谓分别其缣帛与布纻之粗细。'《国语》曰：'辨其功苦，'韦昭注：'辨，别也。功，牢也。苦，脆也。'《周礼·酒正》注'功沽'，疏：'功沽，谓善恶。'亦通盬，通作沽同。韵同字母下'盬'字注：'为王事靡盬'"云云。

春按："苦恶"义甚明了，注引《韵会》，其意在通假字，其引《周礼》注，切合此文"苦恶"之"苦"义，可取。然列"苦"字多项通假，而又无定断，则不可取。

121. 日夜教单于候利害处。

讲曰：利害，言利于己害于敌也。

春按：此解牵强。此文之"候"字为"守候""伺候"。"利害处"为关键之处、要冲。

122. 遂至彭阳。

《正义》曰："城"字误也。

《通鉴》卷十五："遂至彭阳"，胡注："班《志》：'彭阳县属安定郡。'师古曰：'即今彭原县。'"

幻谓：彭阳作“彭城”，误。

春按：《史记》诸本皆作“彭阳”，无作“彭城”者。然《正义》注文谓“‘城’字误也”，是知其所据本作“彭城”。今《正义》本作“彭阳”，当是后人校改。幻云亦谓“彭阳作‘彭城’，误。”其所据本或作“彭城”，然幻云据此本作注，此本作“彭阳”，其注语或谓其所见他本。

123. 兵入烧回中宫。

师古曰：“回中，地在安定，其中有宫也。”

124. 候骑至雍甘泉。

《索隐》曰崔浩云：“候，逻骑。”《正义》曰：秦皇帝以来祭天圜丘处。

讲曰：逻骑，言遮而来也。圜丘，《文选·甘泉赋》：“崇崇圜丘隆隐天兮。”善曰：“崇崇，高貌也。”铣曰：“圜丘，祭天之坛。崇崇隐天，言高也。”

幻按：圜者象天。

春按：幻云引诗证史，是其注《史记》方法之一。而此处言“圜者象天”，目的是使“圜丘”与祭祀的关系更明。

125. 而拜昌侯卢卿为上郡将军。

《通鉴》卷十五：“拜昌侯卢卿为上郡将军”，胡注：“昌侯‘卢卿’，《功臣表》作‘旅卿’，古字借用也。《姓谱》：‘姜姓之后封于卢，以国为氏。’与宁侯、隆虑侯皆高祖功臣。昌侯国属琅邪郡。宁侯国在河内修武县界。隆虑侯国亦属河内郡。三人分屯三郡，故各以郡为将军号。”

126. 宁侯魏遬为北地将军。

师古曰：“遬，古速字。”

127. 成侯董赤为前将军。

师古曰：“《文纪》言建成侯，此言成侯，《纪》、《传》不同，当有误。”

128. 单于亦使当户报谢。

《通鉴》卷十五：“单于亦使当户报”，胡注：“匈奴官自左、右贤王至左、右大当户，凡二十四长。”

129. 使当户且居雕渠难、郎中韩辽遗朕马二匹。

师古曰："当户且渠者，一人为二官。"

抄："韩辽"，中国人中事匈奴者也。

130. 引弓之国，受命单于。

"引弓之国"，讲曰：胡人能挽强弓也。《汉书》"命"作"令"。

131. 父子无离，臣主相安。

"父子无离"，幻谓：或云汉与匈奴不和则万民父子离散，臣主是殆。今既和亲，则万民父子无离，臣主相安矣。幻又谓：下文曰"朕与单于为之父母"，盖汉天子与单于为民父母。由是观之，万民为子也。此义为当。

春按："父子无离"为确指，"为民父母"为喻指。幻云以确指释喻指，谓"万民为子也"，不甚妥当。

132. 今闻渫恶民贪降其进取之利。

晋灼曰："渫音渫水之渫，邪恶不正之民。"师古曰："渫音先列反，降下也，谓下意于利也 。"

《韵会·宵韵》："泄，私列切。《说文》：'除去也。'《广韵》：'又治井也。'《易》'井渫不食'，注：'渫，不停污之谓也。'"王弼注："修已全洁而不见用，故为我心恻也。"

春按：此注虽未有"幻谓"标记，但据字体，为幻云注无疑。此注释"渫"之义引《韵会》尚可为参证，然《广韵》所引《易》注"渫"字，本为王弼注，其后又谓王弼注："修已全洁而不见用，故为我心恻也"，且为释《易》文意而非"渫"之字义。

133. 世世昌乐，闟然更始。

"闟然"，《韵会·缉韵》："闟，迄及切。《广韵》：'戟名。'又阖也，又韩《南山诗》：'闟闟屋摧溜。'又同字母下翕，《广韵》：'合也，歙也，动也，盛也。'通作'歙'，《韩延寿传》：'郡中歙然'，与'翕'同。"

幻谓：此传所谓闟然之闟，与翕通乎？合也。徐广："闟音 攔。"《韵会·缉韵》无 攔字。《玉篇》："拉，力答切，折也。" 搚同上。《韵会》："拉，落各切。《说文》：'提也。'《广韵》：'折也，败也。'或作'折'，《汉·扬雄传》：'范雎以折折而危穰侯。'《集韵》又作

‘擒’。”

春按：幻云引韵书证“闟”之异体字，方法散乱。所引文献多与闟字构形、音义无涉。如引韩愈《南山诗》：“闟闟屋摧溜”，此诗前后句为：“敷敷花披萼，闟闟屋摧溜。悠悠舒而安，兀兀狂以狃。”其“敷敷、闟闟、悠悠、兀兀”均为状貌辞，以此为据论述异体，离题万里。

134. 圣人者日新，改作更始。

讲曰：圣人者日新，言不思旧恶也。

“更始”，《礼记·三年问》篇云：“其在天地之中者莫不更始焉。”郑注：“法此变易可以期也。”《庄子·盗跖》篇：“尊将军为诸侯，与天下更始，罢兵休卒。”《汉书·武帝纪》“与民更始。”《史记·秦始皇本纪》：“更始作阿房宫。”

幻谓：《史记》旧点皆以“更”作去声，未见其切，但作“庚”音可乎。

135. 朕与单于俱由此道。

师古曰：“由，从也，用也。”

136. 各保其首领而终其天命。

一作“天年”。

春按：《史记》诸本或作“天命”，或作“天年”。《汉书》作“天年”。

137. 故诏吏遗单于秫蘖金帛丝絮佗物岁有数。

“秫蘖”，《韵会·质韵》：“秫，食律切。《说文》：‘秫，稷之黏者，从禾，术象形。’徐曰：‘黏者，柔懦也。’”幻谓：“蘖”当作“糵”，《广韵·宵韵》：“糵”，鱼列切，与“蘖”同字母。《说文》：“牙米也。”《书》：“尔惟曲糵。”《周礼·媒人》注：“曲麸曰媒。”通作“孽”，司马迁《报任安书书》“媒孽其短”。

讲曰：“糵”，酿酒防寒也。

138. 万民熙熙。

师古曰：“和乐貌。”

139. 薄物细故，谋臣计失。

师古曰：“细故，小事也。”

140. 朕闻天不颇覆，地不偏载。

师古曰："颇亦偏也，普何反。"

141. 堕坏前恶，以图长久。

师古曰："堕，毁也，图谋也。"

142. 元元万民，下及鱼鳖。

"元元"，《韵会》"元"注："《汉·文帝纪》：'元元之民'，师古曰：'元元，善意也。'又《后汉书·光武纪》：'下为元元所归'，李贤注：'元元，谓黎庶也。元元，犹言喁喁，可矜怜之辞也。'"

143. 跂行喙息蠕动之类。

《索隐》曰：按：《三苍》云："蠕，动貌，音软。"

《正义》曰："凡有足而行者曰跂行；凡以口出气曰喙息。词书云：麢鹿之类为跂行，并以足跪不著地，如人企。按：又音企。"

春按：诸本无《正义》注文。此注与师古《汉书》注文字基本相同，或《正义》引师古文，或辑《正义》者以师古注充《正义》注。然"词书云"不合《正义》注文例，或抄者自加。

"蠕动"，注"音软"。《玉篇》："软，而兖切，柔也。"《韵会·铣韵》："耎，乳兖切。《说文》：'稍前大也。'"幻谓："耎"字母下有"蝡""软""愞"等字。"蝡"，注：《说文》："动也。"《广韵》："虫动也。"或作"愞"，注："劣弱也。"或作"懦"，通作"耎"。"软"，注："柔也。"或作"需"，《周礼·考工记》："薄其帤则需。"亦作"濡"，《庄子》："以濡弱谦下为表。"通作"耎"。

144. 故来者不止，天之道也。

"来者不止"，幻谓：此文难解。或言从来和亲之约不变则天之道也。前恶去除而不可言焉。

145. 朕释逃虏民。

师古曰："谓汉人逃入匈奴者，令不追。"

146. 约分明而无食言。

师古曰："食言者终为不信弃其前言，如食而尽。"

147. 单于其察之。

《汉书》瓠本云："到此文帝书也。"

148. 匈奴大单于遗朕书，言和亲已定。

幻谓“言”字为句，自“和亲已定”以下至“俱便”，盖单于书之语也。“亡人不足以益众广地”，汉与匈奴绝和亲，则得匈奴亡人，将益边地众。虽然，亡人不足以益众广地，自今而后不可收亡人也。或曰“和亲已定”四字，单于书中请也，“亡人”以下，制诏语也。

春按：幻云“言”字属上读，恐不确。此段自“匈奴大单于”至“布告天下，使明知之”，皆为文帝语御史之言，令其制诏。

149. 军臣单于立四岁。

《集解》：徐广曰：“而此云‘后四年’，又‘立四岁’，数不容尔也。”

幻谓：徐广注“后四岁”，“四”字讹乎？“立四岁”，谓自后元三年至后元六年乎。四岁之“四”当改作“一”乎？

150. 于是汉使三将军军屯北地。

幻谓：“三将军”以下，详见《文帝纪》后六年，又见《周亚夫世家》。

《通鉴》卷七：“哀皇帝建平元年，春，正月，陨石于北地十六。”《通鉴纲目集览》：“陨石于北地，北地本春秋义渠戎国，秦置北地郡，属雍州。今宁州、泾州、庆阳府皆北地地也。”

151. 赵屯飞狐口。

师古曰：“险陁之处，在代郡之南，南冲燕赵之中。”

152. 军长安西细柳。

《集览》：“徐广曰：‘在长安西。’如淳曰：‘《三辅黄图》：细柳仓在渭北，近石徼。’张揖曰：‘在昆明池南，今有柳市是也。’《索隐》：‘细柳在直城门外阿房宫西北维。’《括地志》云：‘细柳仓在雍州咸阳县西北。’”

153. 渭北棘门、霸上以备胡。

《集览》：“棘门，孟康曰：‘在长安北，秦宫门也。’”《集览》：“霸上，霸水之上。地名，在长安东三十里。《三秦记》云：‘霸水，古滋水也。出雍州蓝田谷，北入渭。’《正义》曰：‘即秦岭水之下流，秦缪公筑宫于此，更名城曰霸城，水曰霸水，以章霸功。’”

《汉书·文帝纪》："六年，冬匈奴三万骑入上郡，三万骑入云中。以中大夫令免为车骑将军屯飞狐；故楚相苏意为将军屯句注；将军张武屯北地；河内太守周亚夫为将军次细柳；宗正刘礼为将军次霸上；祝兹侯徐厉为将军次棘门。以备胡。"

154. 汉使马邑下人聂翁壹奸兰出物与匈奴交。

《索隐》曰：顾氏云："壹，名也。老，故称翁。"

《汉书》无"下"字。

"奸蘭"，《汉书》作"间闌"。

幻谓：奸蘭不可晓，据注颜解之。《韵会》："奸，《广韵》：'以罪犯也。'《增韵》：'犯，非礼也。'《集韵》或作'奸'，注：'今取"干"义。'《韵会》：'干，犯也。'攔，注：'閑也。'又牢也，通作'蘭'。《前·王莽传》：'与牛马同蘭'，师古曰：'蘭谓遮蘭之，若牛马蘭圈也。'"若此注，言汉法禁与匈奴交易，今犯禁与匈奴交易也。蘭者，遮攔也。干者，犯也。

幻谓：注"顾"，当改作"颜"欤？但此师古曰："姓聂名壹。翁者，老人之称也。"

155. 护四将军以伏单于。

师古曰："伏兵待单于。"

156. 是时雁门尉史行徼。

《正义》曰：徼，塞也。坚木为栅曰徼。

《汉书》："行徼见寇，保此亭。单于得，欲刺之。尉史知汉谋，乃下，具告单于，单于大惊"云云，师古曰："尉史在亭楼上，虏欲以矛戟刺之，惧，乃自下以谋告。"

157. 葆此亭，知汉兵谋。

幻谓："葆"与"保"通，见此传十三丁"葆塞蛮夷之上"。

春按："十三丁"即"十三页"。

158. 单于得，欲杀之。

《集解》：徐广曰："一云'乃下，具告单于'。"

《汉书》作"尉史知汉谋，乃下"，师古曰："尉史在亭楼上，虏欲以矛刺之，惧，乃自下以谋告。"

159. 汉兵约单于人马邑而纵。

《汉书》纵字下有“兵”字，师古曰：“放兵以击单于。”

160. 汉以恢本造兵谋而不进。

《汉书》造字上有“建”字，作“建造”。

161. 攻当路塞，往往入盗于汉边。

师古曰：“塞之当行道处者。”

162. 尚乐关市，嗜汉财物。

“尚乐关市”，旧点如此。胡三省注：“乐音洛”。然则“尚乐关市”点可也。

抄：虽绝和亲，不伤关市。

《通鉴》卷十八胡注：“然尚贪乐关市，匈奴与汉人于边为互市，如今之回易场也。”

163. 汉亦尚关市不绝以中之。

“中之”，师古曰：“以關市中其意。中音竹仲反。”

幻谓：此义难晓，“不绝以中之”之点乎？

“不绝以中之”，旧点如此，盖如淳义也。幻谓：如淳义难晓。若强解之，汉尚关市，故不绝和亲。虽然，窃欲伤之。胡三省注与师古义同乎。

春按：此句之义历来有分歧，幻云所疑言之成理，可备一说。《通鉴》此句作“嗜汉财物，汉亦关市不绝以中其意”，意谓“满足匈奴喜欢汉朝财物之欲”。如淳云：“得具以利中伤之”，恐为误释。

164. 汉使四将军各万骑击胡关市下。

“四将军”，幻谓：指卫青、公孙贺、公孙、敖李广。

165. 至茏城，得胡首虏七百人。

《汉书》“茏”作“龙”。

166. 广后得亡归。

《汉书》“后”作“道”，无“得”字。

“得亡归汉”，《汉书》“归”字句绝，“汉”字属下句。以此见则“归”字句绝佳欤？师古曰：“于道上亡还。”

167. 击胡之楼烦、白羊王于河南。

瓠本：“楼烦白羊王”为一人。幻谓：前者讹为二王也，见此传第九丁。

春按：谓“娄烦白羊王为一人”，可考。此传第九页：“南并楼烦白羊河南王”，《索隐》曰：“如淳曰：‘白羊王居河南。’”是如淳以“娄烦白羊河南王”为一人。

168. 于是汉遂取河南地，筑朔方。

《集览》：“取河南地，《春秋传例》曰：‘克邑不用师，徒曰取。’卫青本《传》：‘击走白羊楼烦王，遂取河南地，筑朔方郡’，注：张晏曰：‘朔方郡之河南，旧并匈奴地，今亦谓之新秦中。’朔方郡，唐肃宗即位于灵武，即汉朔方也。《括地志》云：‘即萧关也。’汉武使苏建筑朔方城。按今夏州朔方县之北什贲故城是。什贲之号盖出蕃语。”

169. 军臣单于弟左谷蠡王伊稚斜自立为单于。

《通鉴》卷十八：“左谷蠡王伊稚斜”，胡注：“匈奴左、右谷蠡王，在左、右贤王之下。谷蠡，音鹿黎。”

170. 汉封于单为涉安侯。

“涉安”，《汉书》作“陟安”。

171. 匈奴数万骑入杀代郡太守恭友。

“恭友”，《汉书》作“共友”，师古曰：“共友，太守姓名也。共读曰龚。”

172. 匈奴又复入代郡、定襄、上郡。

《通鉴》卷十八：“上郡”，胡注：“上郡，唐延、绥、银之地。”

173. 匈奴右贤王怨汉夺之河南地而筑朔方。

《通鉴纲目》：“元朔五年春，匈奴寇朔方。遣卫青率六将军击之”云云，注：“匈奴右贤王数侵扰朔方，天子令车骑将军青将三万骑出高阙，将军苏建、李沮、公孙贺、李蔡俱出朔方；李息、张次公俱出右北平。凡十余万人，皆领属青，击匈奴。”

174. 其明年春，汉以卫青为大将军。

《通鉴纲目》：“六年春二月，遣卫青率六将军击匈奴”，注：“大将军青出定襄，公孙敖、公孙贺、赵信、苏建、李广、李沮咸属，斩首数千级而还。”

175. 裨小王十余人。

《集览》："裨王，颜师古曰：'小王也，若裨将。'然《索隐》曰：'裨，频弥反，王之偏副也。'《匈奴传》作'裨小王'。"

176. 乃再出定襄数百里击匈奴。

"乃"，《汉书》作"仍"，师古曰："仍，频也。"

幻谓：《通鉴》云："春二月率六将军击匈奴"，夏四月亦击乎？

春按：幻云疑二月、四月相近，能否两次连击匈奴。幻云未详审文意，《通鉴》载"春，二月，大将军青出定襄，击匈奴……休士马于定襄、云中、雁门。""夏，四月，卫青复将六将军出定襄，击匈奴。"是二月击匈奴后屯兵于定襄，四月由定襄出兵再击匈奴，故为两次出兵，无可怀疑。

177. 以前将军与右将军并军分行。

《汉书》分作"介"，无"行"字。晋灼曰："介音戛。"师古曰："介，特也。本虽并军，至遇单于时特也。介读如本字。"

178. 用其姊妻之，与谋汉。

抄：用姊妻翕侯，不令其归汉也。

179. 信教单于益北绝幕。

《集览》："益北绝幕，《正义》曰：'益北，愈向北也。幕，一作漠，北方流沙也，匈奴南界。'瓒曰：'直度曰绝，沙土曰漠。'"

180. 徼极而取之无近塞。

《集览》："徼极而取之，《正义》曰：'徼，古尧反，要也，谓要汉兵，令其罢极然，后取之。'"

《韵会·萧韵》："邀，遮也，求也。《集韵》或作'徼'，通作'要'，《孟子》：'将要而杀之，使数人要于路。'"

"无近塞"，《汉书》无作"毋"。师古曰："不近塞居，所以疲劳汉兵也。"

181. 过焉支山千余里。

《正义》曰：止我祁连山，使我六畜不蕃息。

幻谓：注"止五祁连山"，旧点非也。元朔三年，《集览》止作"亡"。

春按："止我祁连山"之"止"，《史记》诸本均 作"亡"，幻云

订误甚确。然不考《史记》他本，而以《集览》为依据，舍近求远，殊不可取。

182. 破得休屠王祭天金人。

《集解》:《汉书音义》曰:“故休屠有祭天金人，家祭天人也。”

《集览》:“休屠，匈奴之属，为王者之号。《索隐》曰:‘休音朽；屠，直于反。’”

幻谓：注“有祭天金家”，《汉书》注家作“象”，无“祭天人”三字。又注“孟说恐不然”，然“孟说”指《音义》,《汉书》注《音义》字作“孟康”。

春按：幻云此注皆因此本字讹所致：“家”，诸本及《汉书》注均作“象”；“孟说恐不然”，各本均作“事恐不然”。云未校他本，遂质疑，过于草率。

183. 过居延，攻祁连山，得胡首虏三万余人。

“居延”,《集览》:“居延，《地理志》:‘度张掖河西北行，出合黎山峡口，傍河东壖屈曲，东北行千里，有宁寇军。军东北有居延海，古文以为流沙。’《广志》云：‘流沙在玉门关外，有居延泽、居延城。’《括地志》云：‘居延，匈奴中水名，即古流沙也。武帝置居延县，属张掖郡。’”

《集览》:“祁连山，本名天山，盖匈奴呼天曰祁连也。韦昭曰:‘天山，一名雪山，一名太白山，以四时有雪也。’”

184. 击匈奴右贤王。

《汉书》作“左贤王”。

春按:《史记》诸本均作“左贤王”，唯此本误作“右贤王”。

185. 且尽，杀虏亦过当。

抄云：李将军卒减少也。幻谓：抄义：李将军卒或杀死，或捕虏，杀与虏皆死也。如瓠本点，则李卒且尽，又杀匈奴至当也。然观下有“为汉所杀虏”字，盖瓠点非也。幻谓：杀虏胡人亦至当也，或“且尽”，言李士卒奔亡杀虏，言士卒为匈奴所杀虏也。

186. 李将军得脱，汉失亡数千人。

《汉书》作“李将军得脱尽亡其军”，刘奉世曰：既云死者过半，又云亡其军，与《武纪》本《传》无同者，必有一误。

187. 单于怒浑邪王休屠王居西方为汉所杀虏数万人。

《集览》："浑邪，匈奴之属，为王者之号。浑，下昆反。邪，时遮反。"

188. 浑邪王杀休屠王，并将其众降汉。

《通鉴》卷十九："乃令票骑将军将兵往迎之。休屠王后悔，浑邪王杀之，并其众。"

189. 徙关东贫民处所夺匈奴河南、新秦中以实之。

《集览》："关西、朔方、新秦中。关西谓陇西、北地、西河、上郡，此四郡地。朔方郡，今夏州是。新秦，地名也，《史记·平準书》作'关以西，朔方以南，新秦中'，服虔曰：'新秦在北方千里。'如淳曰：'在长安以北，朔方以南。'又《汉书·食货志》注，应劭曰：'新秦者，初秦始皇遣蒙恬攘却匈奴，得其河南造阳之北千里，地甚好，乃为筑城郭，徙内郡贫民以充实之，谓之新秦。'今其地空，故徙民以实之。"

《通鉴》卷二十："新秦中"，胡注："唐麟州治新秦。杜佑：汉新秦中地。余谓唐取汉新秦中之名以名郡耳，麟州不能尽有汉新秦中之地也。"

190. 而减北地以西戍卒半。

抄：少胡寇，故减戍卒半。

191. 乃粟马发十万骑。

"粟马"，师古曰："以粟秣马也。"

192. 负私从马凡十四万匹。

《汉书》作"私负从马"，师古曰："私负衣装者及私将马从者，皆非公家发与之限。"

193. 粮重不与焉。

师古曰："负戴粮食者。重音直用反。与读曰豫。"《西南夷传》："食重万余人"，《索隐》曰："食粮及辎重车也。"

194. 远其辎重，以精兵待于幕北。

师古曰："徙其辎重，令远去。"

195. 汉兵纵左右翼围单于。

《集览》："左右翼，旁引其骑，若鸟翼之也。"

196. 行斩捕匈奴首虏万九千级。

幻谓：行字属下句可也。

197. 北至阗颜山赵信城而还。

《汉书》作“窴颜山”，孟康曰：“赵信所作，因以名城。”师古曰：“窴，音徒千反。”

198. 其兵往往与汉兵相乱而随单于。

“汉兵”，《汉书》作“汉军”。

199. 与左贤王接战。

“左贤王”，《汉书》无“贤”字，下同。

200. 禅姑衍，临翰海而还。

《集览》：“瀚海，张晏曰：‘登海边山以望海也。’”

201. 而幕南无王庭。

《通鉴》卷十九：“而幕南无王庭”，胡注：“冒顿之强，尽取蒙恬所夺匈奴地，而王庭列置于幕南。今匈奴为汉所攻，远遁幕北，故幕南无王庭也。”

《集览》：“王庭，《索隐》曰：‘匈奴所都处为庭。’乐彦云：‘单于无城郭，不知何以国之，按穹庐前地若庭，故云王庭也。’”

202. 往往通渠置田官。

《通鉴》卷十九：“置田官”，胡注：“置官以主屯田。”

春按：胡三省断句为“置田官”，并注：“置官以主屯田”，甚确。今多于“田”绝句，以“官”属下读，误。

203. 稍蚕食，地接匈奴以北。

师古曰：“其地相接不绝。”《通鉴》卷十九：“稍蚕食匈奴以北”，胡注：“蚕食，言如蚕之食叶，以渐而侵其地也。”

204. 而汉士卒物故亦数万。

《通鉴》卷十九：“而汉士卒物故亦数万”，胡注：“《魏台访议》：‘高堂隆曰：“闻之先师，物，无也，故，事也，言无复所能于事也。”’《索隐》曰：‘汉以来谓死为物故，就朽故也。’师古曰：‘物故，谓死也。言其同于鬼物而故也，盖汉军死者亦数万。’”

《集览》：“颜师古曰：‘物故，谓死也，言其同于鬼物而故也。’一说：不欲斥言死，但云其所服用之物皆已败耳。《索隐》曰：‘魏台访问物故之义于高堂隆’。”云云。

205. 而汉天子始出巡郡县。

《汉书》:“汉武帝始出巡狩郡县。”

206. 遣故太仆贺将万五千骑出九原二千余里。

“贺”,《汉书》作“公孙贺”。

207. 至浮苴井而还。

师古曰:“苴音子余反。《武纪》苴字作‘沮’,其音同。”

208. 至匈奴河水而还。

刘敞曰:“《赵破奴传》但云‘至匈河’,此衍‘奴’字。”刘攽说同。

209. 而使郭吉风告单于。

师古曰:“风读曰讽。”

210. 匈奴主客问所使。

师古曰:“主客,主接诸客者也,问以何事而来。”

211. 即南面而臣于汉。

抄云:在汉则君南面臣北面也。今汉在南匈奴在北,故云“南面而臣于汉”。

212. 亡匿于幕北寒苦无水草之地,毋为也。

《汉书》无“毋也”二字。

213. 而留郭吉不归,迁之北海上。

“北海上”,《汉书》瓠本,此《传》并《苏武传》之点“北海上”三字连读,盖上海义乎?上海,即北方极远地也。

214. 为遣其太子入汉为质。

本作“太子入质于汉”。

师古曰:“言为王乌故遣太子入质。”

215. 是时汉东拔秽貉、朝鲜以为郡。

“秽貉”,《汉书》作“濊貉”,师古曰:“濊与秽同,亦或作薉。”

216. 又以公主妻乌孙王。

《集览》:“乌孙,西域国名,在大宛东北。师古曰:‘乌孙于西域诸戎其形最异,今胡人绿睛赤眉状类弥猴者是其种也。’”

217. 又北益广田至胘雷为塞。

服虔曰："胘雷，地在乌孙北也。胘音州县之县。"

《韵会·先韵》："胘，胡千切。《说文》：'牛百叶也。'服虔曰：'有角曰胘，无角曰肚。一曰胃之厚肉。今俗言肚胘。'"幻谓：《史》作"胘"，非也，当改作"眩"，州县，去声霰韵。小板亦作"胘"，非也。

218. 给缯絮食物有品。

师古曰："品谓等差也。"

219. 今乃欲反古。

师古曰："反，违也。"

220. 令吾太子为质，无几矣。

《通鉴》卷二十一："令吾太子为质，无几矣"，胡注："师古曰：'言遣太子为质，则匈奴国中所余者无几，皆当尽也。'余谓：匈奴盖自谓本与汉为邻敌之国，今乃令以太子为质，是其国势削弱，所余无几也。几，居岂翻。"

221. 而单于复讇以甘言。

师古曰："讇，古谄字。"

222. 给谓王乌曰。

师古曰："给，诈也。"

223. 非得汉贵人使，吾不与诚语。

师古曰："诚，实也。"

224. 厚葬直数千金。

"葬"，本作"币"，瓠本。

225. 子乌师庐立为单于。

《汉书》作"詹师庐"。

226. 而使游击将军韩说、长平侯卫伉屯其旁。

师古曰："说，读曰悦。伉音抗，即卫青子。"

227. 使强弩都尉路博德筑居延泽上。

抄云：路博德为伏波将军，马援为伏波将军，谓之汉有两伏波将军。柳子厚诗"伏波故道风烟在"，言路博德也。

《通鉴》卷十九："票骑将军逾居延"，胡注："居延泽，古文以为流沙，帝开置居延县，属张掖郡，使路博德筑遮虏障于其北。”

228. 会任文击救。

师古曰：“击救者，击匈奴而自救汉人。”

229. 贰师将军破大宛，斩其王而还。

《通鉴》卷二十一：“天子尝使浞野侯以七百骑虏楼兰王，以定汉等言为然；而欲侯宠姬李氏，（胡注：师古曰：‘欲封其兄弟。’）乃拜李夫人兄广利为贰师将军，发属国六千骑及郡国恶少年数万人，以往伐宛。期至贰师城取善马，故号贰师将军。”臣光曰：“武帝欲侯宠姬李氏，而使广利将兵伐宛，其意以为非有功不侯，不欲负高帝之约也。夫军旅大事，国之安危、民之死生系焉。苟为不择贤愚而授之，欲徼幸咫尺之功，借以为名而私其所爱，不若无功而侯之为愈也。然则武帝有见于封国，无见于置将；（胡注：高祖曰：‘置将不善，一败涂地。’）谓之能守先帝之约，臣曰过矣。”

230. 昔齐襄公复九世之仇，春秋大之。

《公羊传》云：“庄公四年，齐襄公灭纪，复仇也。襄公九世祖为纪侯所谮而烹杀于周，故襄公灭纪也。九世犹可以复仇乎。虽百世可也。”

231. 汉天子，我丈人行也。

师古曰：“丈人，尊老之称也。行音胡浪反。”

《韵府·去声·漾韵》“行”注：“辈行。又《汉书·郑当时传》：‘自见年少官薄，然其知友皆大父行。’又单于曰：‘汉天子，我丈人行。’”

戴复古《石屏诗集》卷一《立春后二首》：“梅花丈人行，柳色少年时。”

232. 步兵十万，出朔方。

“十”，《汉书》作“七”。

233. 悉远其累重于余吾水北。

师古曰：“累重，谓妻子资产也。累音力瑞反，重音直用反。”

234. 而单于以十万骑待水南。

《通鉴》卷二十二：“而单于以兵十万待水南”云云，胡注：“《考异》曰：‘《史记·匈奴传》云广利于此降匈奴’，误。”

幻谓：天汉四年，太史公撰《史记》。征和三年，贰师降单于。征和者，太始之次。

《通鉴》卷二十二："征和三年：初，贰师之出也，丞相刘屈牦为祖道，送至渭桥。广利曰：'愿君侯早请昌邑王为太子；如立为帝，君侯长何忧乎！'屈牦许诺。昌邑王者，贰师将军女弟李夫人子也；贰师女为屈牦子妻，故共欲立焉。会内者令郭穰告'丞相夫人祝诅上及与贰师共祷祠，欲令昌邑王为帝。'按验，罪至大逆不道。六月，诏载屈牦厨车以徇，要斩东市，妻子枭首华阳街；贰师妻子亦收。贰师闻之，忧惧，其掾胡亚夫亦避罪从军，说贰师曰：'夫人、室家皆在吏，若还，不称意适与狱会，郅居以北，可复得见乎！'贰师由是狐疑，深入要功，遂北至郅居水上。虏已去，贰师遣护军将二万骑度郅居之水，逢左贤王、左大将将二万骑，与汉兵合战一日，汉军杀左大将，虏死伤甚众。军长史与决眭都尉辉渠侯谋曰：'将军怀异心，欲危众求功，恐必败。'谋共执贰师。贰师闻之，斩长史，引兵还至燕然山。单于知汉军劳倦，自将五万骑遮击贰师，相杀伤甚众；夜，堑汉军前，深数尺，从后急击之，军大乱；贰师遂降。单于素知其汉大将，以女妻之，尊宠在卫律上。宗族遂灭。"

235. 因并众降匈奴。

《正义》曰："《汉书音义》云：'狐鹿姑单于七年，当征和三年。李广利与商丘成等伐胡，追北至范夫人城，闻妻子坐巫蛊事，贰师狐疑，深入而未功。至燕然山，军大乱，败，乃降匈奴。单于以女妻之。'"

《通鉴》卷二十二："贰师击破之，乘胜追北至范夫人城"，胡注："应劭曰：'本汉将，筑此城。将亡，其妻率余众完保之，因以为名也。'张晏曰：'范氏，能胡诅者。'"

236. 功不得御。

"不得御"，《韵会·上声·语韵》"御"注："《广韵》：'禁也，应也，当也。'《增韵》：'拒也。'或作御。"

幻谓：功不得当也。

237. 使广利得降匈奴。

《索隐》曰：张晏云："班彪又撰而次之。"

“得降匈奴”注：“班彪又撰而次之”，幻谓：由张晏传考之，并《正义》“贰师闻其家以巫蛊族灭”以下非司马迁笔，盖迁所目击，不可错误，恐刘向、褚先生所书也。

238. 隐桓之间则章，至定哀之际则微。

《正义》曰：“仲尼仕于定、哀，故《春秋》不切论当代之事，而无褒贬忌讳之讳国，礼也。言太史公亦能改当代之忌讳，故引也。”

239. 为其切当世之文而罔褒，忌讳之辞也。

抄：“太史公”云云，隐桓之际，直笔褒之贬之；定哀之时，无可褒事。微者，婉文也。罔褒忌讳之辞，古点如此。然罔褒忌讳之辞，此点可欤。忌讳者，不言国之恶事，忌讳此点，非也。

杜元凯《左传序》：“其微显阐幽裁成义类者”，自解此言：“左氏作传于经之显明者，微而隐之；经之幽者，阐而明之。以裁别耳成义理伦类者。又曰：而为例之情有五：一曰微而显；二曰志而晦；三曰婉而成章；四曰尽而不污；五曰惩恶而劝善。”

240. 世俗之言匈奴者。

“世俗”，抄：世俗欲伐匈奴者，唯树功轨权，意在图画，无为汉建策也。参言参谋、参政之类也。

241. 以便偏指，不参彼己。

《扬之水》，刺平王也。不抚其民，而远屯戍于母家，周人怨思焉。“扬之水，不流束薪。彼其之子，不与我戍申。怀哉怀哉，曷月予还归哉。”《笺》：“‘其’或作‘记’，或作‘已’，读声相似。”

242. 将率席中国广大。

《正义》曰：“席谓舒展广阔。”

抄：“席中国”，将帅击匈奴者，由中国威力感动人主，以达战策。故无远大谋其功矣。虽云帝尧微禹，焉能宁九州岛岛，故欲兴圣统者，唯在任良将贤教也。

243. 得禹而九州岛岛宁。

《正义》曰：“而务谄纳小人浮说，多伐匈奴，故坏齐民。”

注“齐民”，《集览》：“齐民，《平准书》注：如淳曰：‘齐等无有贵贱，故曰齐民，若今言平民矣。’汉武时所忠言世家子弟富人乱齐民，《索隐》曰：晋灼云：‘中国被声教齐整之人也。’唐太宗曰：

‘百万之虏可化为齐民’，注：‘齐民，平民也。’《记·王制》曰：古者公田藉而不税，其法计口授田，初无贫富不均之患，故曰齐民，言民业均齐也。”

244.《索隐述赞》：式憬周篇。

《韵会·梗韵》：“憬，俱永切。《说文》：‘觉悟也’，引《诗》‘憬彼淮夷’。又远也。”

“憬”，按《韵会》无大义，旧抄之点不审。

245. 未尽中权。

抄之点“未尽中权”，幻谓：未尽中权之点乎。权者，权道也。武帝兴兵以击冒顿，为之帑，然空矣。然而未中权道，空帑然为我族散财货也。或遗匈奴者多服绣袷绮衣、绣袷袍等是也。或曰：权者，权幸也，指卫、霍等。或说冒顿聚控弦空弩，而未当权道也。《六韬》第一：“太公曰：钓有三权：禄等以权，死等以权，官等以权。夫钓以求得也。”

《困学纪闻》云：“乾道元年，《郊赦文》云：‘前事俱捐，弗念乎薄物细故；烝民咸乂，靡分乎尔界此疆。’洪文惠所草也。朱文公《与陈正献书》曰：‘卑辞厚礼，乞怜于仇雠之戎狄，幸而得之，肆然以令于天下，曰：“凡前日之薄物细故，吾既捐之矣。”孰有大于祖宗陵庙之雠者，而忍以薄物细故捐之哉。’”

幻谓：《述赞》所谓顿冒，习脂、巴西类乎。《渔隐后集》二十七：“艺苑雌黄”云：“人诗押字，或有颠倒而无害于理。无害者，如韩退之以‘参差’为‘差参’，以‘玲珑’为‘珑玲’是也。”比观王逢原有孔融诗云：“虚云坐上客常满，许下惟闻哭习脂。”黄鲁直有《和荆公六言》云：“啜羹不如放麑，乐羊终愧巴西。”按：后汉史有“脂习”而无“习脂”有秦“西巴”无“巴西”岂二公误邪。

《黄氏日抄》：“传之叙匈奴详矣。大抵以其视中国为强弱，夏道衰而狄始大。及周之兴，惟命之曰荒服。周道衰，戎狄又世世为患。秦并天下，筑长城，头曼单于遂为之北徙。既而中国兵争，冒顿复兴，虽高帝不免白登之围，非其视中国为强弱哉。然尝论之秦汉之待夷狄，不可复以三代比也。三代以天下为公，诸侯各自为守设，不幸有警，方伯连帅以诸侯兵驱之而已。然不常有也。秦汉以天下为私，自京师去匈奴塞上皆天子所自制，边尘稍惊，劳民万里，虽鞭之长不及马腹，故秦之备边不得不出于长城。然此毒民之事，悖谬之举，适以自毙不可为也。故汉之求安，不得不出于结约。虽娄敬遣公主之说不可用，若孝文皇帝赐之书有曰：‘天不颇覆，地不偏载，使两国之民若一家，下及鱼鳖，上及飞鸟，跂行喙息蠕动之类莫不就安利而辟危殆。’呜呼，大哉言乎！文帝之心，天地之心也。持之坚行之久，至孝景世终无大冦。武帝即位之初，匈奴信汉，自单于以下，往来长城下，无忌矣。乃一旦无故自为狙诈于匈奴，兵连祸结，使天下生灵肝脑涂地，然匈奴益骄，亦终不我服。回视文景之世得失，何如哉。我太祖时，不过因李汉超辈使自为之守，而边烽之警自不接于庙堂。愚故尝谓：守在四夷，三代公天下之事也；兼爱南北，文帝得处之之道也。内兼制诸夏，如汉而外，因疆圉之臣以御边，如三代。其待夷狄之得，自有天地以来，未有如我太祖者也。不使守封疆者久任世袭，而欲身制万里如在目睫，天下无是理也。武帝穷追且不能得其要领，夷狄之患如之何不日接于中国耶。”

（原载《古文献与传统文化》，华文出版社 2009 年版）

日本南化本《史记·卫将军骠骑列传》疏证

1. 将军卫青者，平阳人也。

《通鉴》卷十："平阳公主"，胡注："班《志》：'平阳县属河东郡。'"

2. 给事平阳侯家，与侯妾卫媪通。

《汉书》曰："平阳侯曹寿尚武帝姊阳信长公主"，师古曰："寿姓曹，为平阳侯，当是曹参之后。然《参传》及《功臣侯表》并无之，未详其意也。"

3. 青同母兄卫长子。

"卫长子"，《汉书》作"卫长君"。

抄云：青同母兄卫长子，盖青未生先之同母兄也。卫媪前之夫卫氏乎。又媪姓卫氏乎：注义未明。

讲曰：注"父与母"，卫为父姓邪。次曰："同母兄卫长子"，则母卫氏也。曰同母则异父也。注"家僮"，《韵会·东韵》："《说文》：男有罪曰奴，奴曰童，女曰妾。本作'童'，从䇂，重省声。䇂辠也。徐曰：'童即没官供给使者也，今文作僮。'《汉书·卫青传》，师古曰：'僮者，婢女之总称也，当时所呼也。'"

"童"注："《说文》：'未冠也。'本作僮，《礼记》'十五成僮'，僮，子也。《史记》：'使僮男僮女七十人俱歌'，今作'童'。《广韵》：'独也'，言童子未有家室也。"

4. 而姊卫子夫自平阳公主家得幸天子。

《通鉴纲目》："武帝建元二年，陈皇后骄妒擅宠而无子，宠寝衰。上尝过姊平阳公主，悦讴者卫子夫，主因奉送入宫，恩宠日隆，皇后恚几死者数矣。”

5. 故冒姓为卫氏。

师古曰：“冒谓假称，若人首之有覆冒也。”

《通鉴》卷十七：“冒姓卫氏”，胡注：“冒姓者，青本郑氏子而冒卫姓也。”

6. 后子夫男弟步、广皆冒卫氏。

师古曰：“言步广及青二人皆不姓卫而冒称。”

瓠云：“真实不姓卫，初只称卫，冒耳。”

7. 为侯家人。

“侯家”，指平阳侯之家也。

幻谓：下有“侯家”字，“家人”之点恐非乎？

8. 皇后，堂邑大长公主女也。

《通鉴》卷十六：“长公主嫖”，胡注：“长，知两翻。嫖，文帝女，景帝之姊。师古曰：‘年最长，故谓之长公主。’余谓帝女称公主，帝之姊妹称长公主。嫖降堂邑侯陈午，生女，是为武帝陈皇后。嫖，匹昭翻。”

9. 大长公主执囚青。

讲曰：钳徒言囚徒，头髡者也。

10. 其友骑郎公孙敖与壮士往篡取之。

师古曰：“逆取曰篡。”

《通鉴》卷十七：“骑郎”，胡注：“郎之骑从者。郎中有车、户、骑三将。逆取曰篡。”

11. 乃召青为建章监、侍中。

《通鉴》卷十七“乃召青为建章监、侍中”，胡注：“建章宫监。据史，太初元年起建章宫，盖因旧宫而大起也。青时为建章监而兼侍中。”

瓠点：“为建章，监侍中。”

幻谓：依胡三省注，瓠点非欤。

12. 青至茏城，斩首虏数百。

“茏”，《通鉴》作“茏”，《汉书》作“笼”。师古曰：“笼读与龙同。”宋祁云：“浙本，笼字从竹者，无龙音，后人误作。”

《通鉴》卷十八："卫青至龙城"，胡注："龙城，奴祭天，大会诸部处。"

13. 皆当斩，赎为庶人。

《通鉴》卷十八："元光六年，汉下敖、广吏，当斩，赎为庶人。唯青赐爵关内侯。青虽出于奴虏（胡注：青本平阳公主家骑奴），然善骑射，材力绝人；遇士大夫以礼，与士卒有恩，众乐为用，有将帅材，故每出辄有功。天下由此服上之知人。"

14. 卫夫人有男，立为皇后。

《索隐》曰：即卫太子据也。

抄：卫太子即戾太子也。

15. 斩首虏数千人。

"斩首虏"，讲曰：斩首捕虏也，互见义也。或有"斩首虏"之点。又斩首虏数千人，旌其功大也。然而次文有"匈奴入杀辽西太守"则青功不大，盖谬也。

"人"，《汉书》无，《汉书》作："青斩首虏数千。"

16. 走白羊、楼烦王。

幻谓：白羊王与楼烦王也。《匈奴传》："南并楼烦、白羊河南王"，师古曰："二王之居在河南。"

17. 遂以河南地为朔方郡。

《通鉴》卷十八："朔方城"，胡注："宋白曰：汉朔方郡治三封县，今长泽县有三封故城，什贲故城，今为德静县治。"

师古曰："当北地郡之北，黄河之南也。"

18. 以三千八百户封青为长平侯。

《通鉴》卷十八："诏封青为长平侯"，胡注："班《志》：'长平侯国属汝南郡。'"

19. 以千一百户封建为平陵侯。

《通鉴》卷十八："青校尉苏建封建为平陵侯"，胡注："据《功臣表》：平陵侯食邑于南阳郡武当县界。"

20. 青校尉张次公有功，封为岸头侯。

晋灼云："河东皮氏县之亭名也。"

21. 暴长虐老，以盗窃为务。

师古曰："谓其俗贵少壮而贱长老也。"

22. 诗不云乎。

《匈奴传》："诗人歌之曰：'戎狄是膺，薄伐猃狁。至于太原。出舆彭彭，城彼朔方。'"《毛诗》十卷《小雅·六月》："宣王北伐也。"《诗》曰："薄伐猃狁至于太原。"九卷《小雅·出车》："劳还率也。"

《诗》曰："王命南仲，徃城于方。出车彭彭，旗旐央央。天子命我，城彼朔方。赫赫南仲，猃狁于襄。"

《毛传》："王，殷王也。南仲，文王之属。方，朔方，近猃狁之国也。彭彭，四马貌。交龙为旗。央央，鲜明也。"《笺》云："王使南仲为将率，徃筑城于朔方为军垒，以御北狄之难。"

《毛传》："朔，方北方也。赫赫，盛貌。襄，除也。"《笺》云："此我，我戍役也。戍役筑垒而羡其将率，自此出征也。"

23. 出车彭彭，城彼朔方。

师古曰："彭彭，众车声也。朔方，北方也。此诗人美出车而征，因筑城以攘猃允也。"

24. 按榆溪旧塞。

师古曰："东经榆林塞为榆溪，言军寻此塞而行也。"

讲曰：旧塞，言秦时夺胡地，后胡取之。今复取之，为中国地。

25. 捕伏听者三千七十一级。

师古曰："本以斩敌一首拜爵一级，故谓一首为一级。因复名，生获一人为一级也。"

26. 其明年，匈奴大入代、定襄、上郡。

讲曰：获首虏三千三百级，捕服听者三千七十一级。然而益封青三千户，褒青功大也。今复匈奴入杀代郡太守，略雁门千余人，则青无大功者可知也。

27. 畜数千百万。

《通鉴》卷十九："畜数十百万"，胡注："师古曰：'数十万以至百万。'"春按：《通鉴》与《史记》《汉书》异，作"千万"。

28. 即军中拜车骑将军青为大将军。

师古曰："即，就也。"

29. 益封青六千户。

《汉书》："益封青八千七百户。"

《通鉴》卷十九："元朔五年，夏，四月，乙未，复益封青八千七百户。"

幻谓：与此《传》违。

30. 青子登为发千侯。

"千"，《汉书》作"干"。

春按：《史记》诸本亦作"干"，此本误作"千"。

31. 青固谢曰。

师古曰："固谓再三也。"

32. 臣青子在繦褓中。

"繦褓"，《韵会·养韵》："繦，负儿衣。举当切。《儿宽传》：'繦属不绝'，师古曰：'繦，索也。言输者接连不绝于道，若绳索之相属也。'"

幻谓：《韵会》"襁"与"繦"同字母，两字义同乎。《皓韵》："褓，《说文》：'小儿衣也。'李奇曰：'緥，小儿大藉也。'齐人名小儿被为褓，即裼也，《诗》：'载衣之裼'之裼，师古曰：'即今之小儿绷也。'通作'保'，《史记·封禅书》：'叶隆于繦保。'亦通作'葆'，《鲁世家》：'成王尚在强葆。'"

幻谓：青子在繦保中者，未有名矣，见此传末。

33. 上幸列地封为三侯。

《通鉴》卷十九："列地封为三侯"，胡注："列，《汉书》作'裂'。"

34. 傅校获王。

《正义》曰：校者，营垒之称，故谓军之一部为一校。

师古曰："校者，营垒之称，故谓军之一部为一校。或曰幡旗之名，非也。每军一校，则别为幡耳，不名校也。"

35. 以千五百户封敖为合骑侯。

《通鉴》卷十九："合骑侯"，胡注："晋灼曰：'合骑侯，犹冠军、从票之名也。’余据《功臣表》：合骑侯食邑于渤海高成。”

36. 为麾下搏战获王。

师古曰：“戏读曰麾，又音许宜反。言在大将军麾旗之下，不别统众也。”

37. 以千六百户封蔡为乐安侯。

《通鉴》卷十九：“李蔡为乐安侯”，胡注：“乐安，《功臣表》作‘安乐’，食邑于琅邪之昌县。”

38. 以千三百户封朔为涉轵侯。

《通鉴》卷十九：“校尉李朔为涉轵侯”，胡注：“涉轵，班史《卫青传》作‘陟轵’，《功臣表》作‘轵’，食邑于齐郡之西安。”

39. 以千三百户封戎奴为从平侯。

《通鉴》卷十九：“公孙戎奴为从平侯”，胡注：“从平侯，食邑于东郡乐昌。”

40. 将军李沮、李息及校尉豆如意有功。

《通鉴》卷十九：“豆如意”，胡注：“班《史》‘豆’作‘窦’。”“豆如意”，《汉书》“豆如意”下有“中郎将绾”四字。

春按：今所见《汉书》均作“豆”，不知胡三省言“班《史》作‘窦’”据何本。

41. 其明年春，大将军青出定襄。

《通鉴》卷十九：“元朔六年，春，二月，大将军青出定襄，击匈奴”，胡注：“杜佑曰：‘汉定襄郡在今马邑北三百余里，后魏置云中郡。’”

42. 翕侯赵信为前将军。

《通鉴》卷十九：“信故胡小王，降汉，汉封为翕侯”，胡注：“信，元光四年十月壬午受封。”

43. 斩首数千级而还。

《通鉴》卷十九：“斩首数千级而还”，胡注：“贤曰：‘秦法，斩首一，赐爵一级，故因谓斩首为级。’”

44. 前将军故胡人，降为翕侯。

赵信自胡降汉，为翕侯。

45. 自归大将军。

归首于其大将军也。

46. 大将军问其罪正闳、长史安。

《正义》曰：律，都军官长史一人也。

注“都军官史”，《汉书》注“官”字下有“长”字。

47. 建当云何。

师古曰：“谓处断其罪，法何至也。”

48. 小敌之坚，大敌之禽也。

师古曰：“言众寡不敌，以其坚战无有退心，故士卒丧尽也。一说若建耻败而不自归，则亦被匈奴禽之而去。”

《通鉴》卷十九：“小敌之坚，大敌之禽也”，胡注：“孙子之言，言大小不敌，小虽坚于战，终必为大所禽。”

49. 青幸得以肺腑待罪行间。

师古曰：“肺腑谓亲戚也。亦腹心也。”

《集览》：“肺腑，按：《史记·惠景间侯者年表》：‘诸侯子弟若肺腑’，《索隐》曰：‘肺与柿通，木札也；腑音附，树皮也。以喻人主疏末之亲，如木札出于木，树皮附于树也。’《汉书·刘向传》：‘幸托肺腑’，《田蚡传》：‘以肺附为相’，注：‘谓如肝肺相附著，言犹心膂也。’一说肺，斫木札也，喻其轻薄附著大材，《史记正义》曰：‘顾野王，公肺腑腹心也。’按：说田蚡为相，若人之肺，知阴阳逆顺，又为帝之腹心亲戚。”

50. 而霸说我以明威，甚失臣意。

《通鉴》卷十九：“甚失臣意”，胡注：“言失为臣之意也。”

51. 而具归天子，天子自裁之。

“具归”，《汉书》作“其归”。

52. 遂囚建诣行在所。

《通鉴》卷十九：“遂囚建诣行在所”，胡注：“蔡邕《独断》曰：‘天子以四海为家，故谓所居为行在所。’”

瓠本云：元封元年，武帝巡边，亲至朔方，盖言此时乎。

53. 大将军姊子霍去病年十八。

《正义》曰：“徐广云：‘姊即少儿也。’”

《汉书》云："其父霍仲孺，先与少儿私通，生去病及卫皇后。尊少儿，更为詹事陈掌妻。"《通鉴》卷二十："元狩六年，秋，九月，冠军景桓侯霍去病薨。天子甚悼之，为冢，像祁连山。初，霍仲孺吏毕归家（胡注：霍仲孺，本河东平阳县吏，给事平阳侯家，与侍者卫少儿私通而生去病。吏毕，言为吏毕，免归家也。）娶妇，生子光。去病既壮大，乃自知父为霍仲孺。会为票骑将军，击匈奴，道出河东，遣吏迎仲孺而见之，大为买田宅奴婢而去。及还，因将光西至长安，任以为郎，稍迁至奉车都尉、光禄大夫。"

54. 为剽姚校尉。

《正义》曰："票姚，劲疾之貌也。荀悦《汉纪》作'票鹞'。去病后为票骑将军，尚取票姚之一字。今读者音飘遥，则不当其义也。"

春按：此《正义》注文全同《汉书》颜师古注。师古（581—645）为唐初人，《正义》作者张守节生活在唐开元年间（713—741），或有可能张守节抄引师古注，或后人以师古注充《正义》注文。

55. 斩单于大父行籍若侯产。

《索隐》曰：谓籍若侯是匈奴阻之行第。

《正义》曰："大父行，音胡浪反。谓祖父行。"

《通鉴》卷十九："生捕季父罗姑"，胡注："大父行，单于祖行也。张晏曰：'藉若，胡侯也，产，名也。'师古曰：'此人，单于祖父之行也。季父，亦单于季父也，罗姑，其名。'行，户浪翻。"

幻谓：《索隐》"匈奴阻之行第"云云，"阻"恐"祖"乎？

春按：《史记》诸本《索隐》注文均作"祖"，此本误作"阻"。

56. 以千六百户封去病为冠军侯。

《通鉴》卷十九："封去病为冠军侯"，胡注："帝以去病功冠诸军，以南阳穰县卢阳乡、宛县临駣聚为冠军侯国。駣，音桃。"

57. 以千一百户封贤为众利侯。

《通鉴》卷十九："封贤为众利侯"，胡注："《功臣表》，众利侯食邑于琅邪郡姑幕县。"

58. 两将军军，亡翕侯。

幻谓：两将军，谓右将军建、前将军信。言失两人军，又亡翕侯信也。信降单于也。

59. 是时王夫人方幸于上。

《外戚传》:“及卫后色衰，赵之王夫人幸，有子为齐王。王夫人早卒。”

60. 愿将军奉所赐千金为王夫人亲寿。

师古曰:“亲，母也。”

61. 以冠军侯去病为骠骑将军。

《通鉴》卷十九:“霍去病为票骑将军”，胡注:“票骑将军始此。票，频妙翻。”

62. 辎重人众慑慑者弗取。

《汉书》慑作“䜤”，师古曰:“摄䜤谓振动失志气，言距战者诛，服者则赦也。”

63. 过焉支山千有余里。

《通鉴》卷十九:“过焉支山千余里”，胡注:“《括地志》:‘焉支山，一名删丹山，在甘州删丹县东南五十里。’焉，音烟。”

64. 合短兵，杀折兰王，斩卢胡王。

《汉书》:“合短兵鏖皋兰下”，应劭曰:“陇西白石县塞外河名也。”苏林曰:“匈奴中山阙名也。”李奇曰:“鏖音麃，津名也。”晋灼曰:“世俗谓尽死杀人为鏖糟。”文颖曰:“鏖音意曹反。”师古曰:“鏖字本从金，麀声，转寫讹耳。鏖谓苦擊而多杀也。皋兰，山名也。言苦战于皋兰山下，而多杀虏也。晋说文音皆得之，今俗犹谓打击之甚者曰鏖。”

幻谓:迁《史》无“鏖皋兰下”四字，其义如何?

65. 诛全甲。

《正义》:“金即铁也，能诛斩也。”

《汉书》:“锐悍者诛全师”，师古曰:“全甲谓军中之甲不丧失也。”

66. 收休屠祭天金人。

师古曰:“休音许虬反，屠音储。”

67. 博望侯坐行留，当斩。

师古曰:“军行而辄稽留，故坐法。”

68. 赎骠骑将军逾居延至祁连山。

《通鉴》卷十九："票骑将军逾居延"，胡注："居延泽，古文以为流沙，帝开置居延县，属张掖郡，使路博德筑遮虏障于其北。"

69. 遂过小月氏。

《通鉴》卷十九："过小月氏"，胡注："匈奴破大月氏，月氏西击大夏而臣之，其余小众不能去者保南山羌，号小月氏。"

70. 攻祁连山，得酋涂王。

《汉书》作："攻祁连山，扬武乎鱳得。"郑氏曰："鱳音鹿，张掖县也。"师古曰："郑说非也。此鱳得匈奴中地名，而张掖县转取其名耳。"

71. 师大率减什三。

《汉书》在前曰"收休屠祭天金人，师率减什七"，小颜在其下"三"作"七"。刘奉世曰："诏书以为全甲，则不应兵失亡至七分也。匈奴人数又何由知之？元狩四年，出塞，马十四万，及还不满三万，则非减什二矣。然则率盖谓军兴财用，大率以减少为功，故四年诏既言率减什二，遂云取食于敌而粮不绝，功相因也。"

幻谓：《汉书》"金人"下曰："师率减什七。"又"都尉六十三人"下曰："师大率减什三。"

72. 赐校尉从至小月氏爵左庶长。

《汉书》"小月氏"下有"者"字。

73. 鹰击司马破奴再从骠骑将军斩遬濮王。

师古曰："赵破奴。"

74. 前行捕虏千四百人。

师古曰："前行，谓在军之前而行。"

75. 以千五百户封破奴为从骠侯。

《通鉴》卷十九："从票侯"，胡注："《功臣侯表》不书食邑之地。"

76. 校尉句王高不识。

《索隐》曰：按：二人并匈奴人也。

注为二人，然则校尉官句王与高不识乎？

77. 从骠骑将军捕呼于屠王王子以下十一人。

幻谓：准呼于屠王，则呼于屠之屠亦音储乎？

78. 以千一百户封不识为宜冠侯。

《通鉴》卷十九："校尉高不识为宜冠侯"，胡注："《功臣表》，宜冠侯食邑于琅邪之昌县。"

79. 校尉仆多有功，封为辉渠侯。

《通鉴》卷十九："校尉仆多为辉渠侯"，胡注："仆多本匈奴种，来降汉。《功臣表》'仆多'作'仆朋'。辉渠侯食邑于南阳之鲁阳县。"

80. 然而诸宿将常坐留落不遇。

师古曰："留谓迟，留落谓坠落，故不谐耦而无功也。"

抄："留落"，《李广传》："军亡导，惑失道"之类也。

81. 使人先要边。

《汉书》作"先要道边"，师古曰："道，犹言也先，为要约来言之于边界。"

集按：谓先于边境，要汉人言欲降汉也。

82. 浑邪王裨将见汉军而多欲不降者。

师古曰："恐被掩覆也。"

83. 鹰庇为辉渠侯。

"鹰庇"，《汉书》作"雁疵"，文颖曰："雁，音鹰，疵，音庇荫之庇。"

84. 禽犁为河綦侯。

"禽犁"，《汉书》作"禽黎"，师古曰："《功臣侯表》作'乌黎'，今此作'禽黎'，转写误耳。"

85. 大当户铜离为常乐侯。

"铜离"，《汉书》作"調雖"，师古曰："《功臣侯表》作'稠睢'，今此传作'調雖'，《表》、《传》不同，当有误者。"

86. 王及厥众萌咸相犇率。

师古曰："萌字与甿同。犇，古奔字也。"

"众萌"，《韵会·庚韵》："氓，莫盲切。《说文》：'民也。'通作甿，《周礼》注：'甿，犹懵，懵，无知貌'云云，亦通作萌。"

87. 诛獟騂，获首虏八千余级。

师古曰："獟，健行轻貌也。字或作'趬'。悍，勇也。獟音邱昭反，又音丘召反。”

88. 降异国之主三十二人。

“主”，本作“王”。

春按：《史记》诸本均作“王”，此本误作“主”。

89. 仍与之劳，爰及河塞。

“與”，《汉书》作“興”，师古曰：“重兴军旅之劳及北河沙塞之表可得宁息，无忧患也。”

90. 减陇西、北地、上郡戍卒之半。

讲曰：浑邪王降，故减戍卒者半也。

91. 因其故俗，为属国。

《通鉴》卷十九：“因其故俗为五属国”，胡注：“五郡，谓陇西、北地、上郡、朔方、云中也。故塞，秦之先与匈奴所关之塞。自秦使蒙恬夺匈奴地而边关益斥，秦、项之乱，冒顿南侵，与中国关于故塞。及卫青收河南，而边关复蒙恬之旧。所谓故塞外，其地在北河之南也。师古曰：‘凡言属国，存其国号而属汉朝，故曰属国。’《史记正义》曰：‘以来降之民徙置五郡，各依本国之俗而属于汉，故曰属国。’”

抄云：各其本国之俗，不变汉俗，属汉，故曰属国。属汉之国者，此也。典之曰典属国，苏武为此官。

92. 常以为汉兵不能度幕轻留。

师古曰：“言轻易汉军，故留而不去也。一曰：谓汉兵不能轻入而久留也。”

《通鉴》卷十九：“度幕轻留”，胡注：“幕，沙漠也。师古曰：‘言轻易汉军，留而不去也’云云，余谓后说是。”

《集览》：“度幕轻留，《索隐》曰：‘谓度沙幕轻入而久留也。’”

93. 步兵转者踵军数十万。

师古曰：“转者，谓运辎重也。踵，接也。”

94. 主爵赵食其为右将军。

师古曰：“食音异。其音基。”

95. 匈奴可坐收虏耳。

师古曰：“言收虏取汉军人马可不费力，故言坐。”

96. 见单于兵陈而待。

师古曰："为行陈而待。"

"见单于，兵陈而待"，《汉书》家点如此。瓠点"见单于兵，陈而待。"

97. 于是大将军令武刚车自环为营。

张晏曰："兵车也。"师古曰："环，绕也。"

98. 沙砾击面，两军不相见。

师古曰："砾，小石也，音历。"

99. 汉益纵左右翼绕单于。

师古曰："翼谓左右舒引其兵，如鸟之翅翼。"

100. 【卷末】

《黄氏日抄》："卫青者，奴隶郑季之余孽，而霍去病其甥也。汉武帝以青之姊曰子夫者，为后，因生事夷狄而官青，曰大将军，官去病曰骠骑将军。公孙敖尝脱卫青于难，亦官之至将军。青之长姊嫁公孙贺，贺为将军，且至宰相。其余侯者，非两将军亲戚，则其门下人也。它日贰师将军亦以后宫故生事大宛而使之贵。帝平生穷兵黩武，使海内肃然。观其所由，往往为荣宫妾地尔。而云'春秋大雠仇'之义，其谁欺，欺天子乎？且受围与嫚书未可以雠言也。文景和亲，相安已久。否而严守备，则置一李将军，匈奴不敢入塞矣。何纷纷为！"

日本室町时期接受《史记》的特点

——以幻云《史记》注为中心

室町时代，以五山禅僧为代表的汉学研究达到了前所未有的高峰，《史记》研究也出现新的局面。此时期研究《史记》最为著名的是释桃源瑞仙（1430—1489），所著《史记桃源抄》开创了日本《史记》接受史的新时期。其后释幻云注《史记》，将《史记》研究引向深入，为后世学者的研究奠定了基础。桃源瑞先与幻云的成果，成为室町时代《史记》研究的标志。然而长期以来，日本及中国学术界集中关注桃源瑞仙及对《史记桃源抄》的研究，幻云的《史记》研究成果没有得到充分的重视。

幻云，名月舟寿桂（1460—1533），近江（今滋贺县）人，号幻云、中孚道人。永正七年（1510）作为建仁寺第二百四十六世入山，其汉学功底深厚，著有《增注唐贤绝句三体诗法抄》（《三体诗幻云抄》）、《山谷幻云抄》等。[①] 幻云的《史记》研究成果，主要以眉批旁注的形式保存在南化本《史记》之中。

南化本《史记》，即南宋黄善夫刊本，传入日本后，辗转入藏于释南化玄兴，故名之曰南化本。[②] 此书后经幻云改装，在该书的边栏外，用毛笔书写了大量的批注，并和他的学生将藤原英房（南北朝时期）、释南化玄兴、释桃源瑞仙、释灵元（室町中期）的《史记》注及博士家《史记》说抄录其上。此书从南化玄兴经由直江兼续（山

① 幻云的生平，参见朝倉尚氏《月舟壽桂小論—— 一華軒の學風》，载《抄物の世界と禅林的文学——中华若木诗抄·汤山联句抄の基础的研究》，清文堂出版，1996 年。

② 关于黄善夫本传如日本的时间管道，参见拙著《南宋黄善夫刊〈史记〉三家注本版本系统研究》，《北京大学古文献研究中心集刊》第 2 辑，北京大学出版社 2001 年版。

城守）传至藩主上杉家，直至近年还在米泽，后由文化厅收购，现藏于日本国立历史民俗博物馆。

在南化本中，幻云对《史记》的研究以“幻曰”“幻谓”“幻讲”“幻按”等注语形式出现，记载了其研究心得，也反映了室町时代《史记》研究的风貌。[①] 幻云注涉及的内容比较丰富，从字、词、句的训释，到名物典故的诠解及史实事件的考证，几乎涵盖了史注所要求的方方面面内容。限于篇幅，本文仅考察幻云注的文字训诂方面的内容，即句读、词义、文意三个方面。

一　明句读

古人著书不点标点，阅读之人随文勾勒，将文辞停顿的地方叫作句或读。连称句读时，句是语意完整的一小段，读是句中语意未完，语气可停的更小的段落，或又称为“断句”。正确的句读或断句，除了可以明了句子和文章原意，也可显现一个人基本的学识涵养。顾亭林曰：“句读之不通，而欲从事于九丘之书，真可谓千载笑端矣。是句读乃为学之第一要务。句知方能惑解。”[②] 最早对《史记》实施勾勒断句的应是明凌稚隆的《史记评林》及清吴见思的《史记论文》。《史记》传入日本的时代虽未能完全证实，但不晚于唐代[③]，其始皆为白文本。[④] 至室町时代，对《史记》实施勾勒，是注释《史记》的重要内容，当然也是幻云《史记注》的主要内容。幻云对《史记》实施句读，主要体现了如下特点。

1. 参阅旧注，会同诸说

幻云之前，《史记》注家多达十数家，除《集解》《索隐》《正义》三家注外，颜师古等人的《汉书》注、胡三省的《通鉴》注也

---

① 室町时代以前传入来的日本的宋元版汉籍有种特色，即在书的边栏之外，布满当时僧人的亲笔批注，可以考察僧人解读汉籍时的原貌。

② 顾炎武著，黄汝成纪集释：《日知录集释》卷24，岳麓书社1994年版。

③ 《日本书记》载圣德太子“宪法十七条”有引用《史记·田单列传》的文字，证《史记》此时已传入日本。《宪法十七条》于604年发布，在中国为隋末唐初。

④ 参见拙著《日本藏〈史记〉唐写本研究》，《中国典籍与文化》2000年第1期。

旁及引用《史记》的文字。古书旧注大多是可信的，参阅旧注，解决句读的疑难之点。如：

白起王翦列传：四十四年，白起攻南阳太行道，绝之。

《史记正义》曰：按南阳属韩，秦攻之，则韩太行羊肠道绝矣。

幻谓："旧点'攻南阳太行'，以'道绝'二字为连读。盖南阳之太行也。"《通鉴》云："秦武安君伐韩，取南阳；攻太行道，绝之。"胡三省云："韩之南阳，即河内野王之地。班《志》：太行山在野王西北。"《通鉴纲目》云："秦白起伐韩，取南阳，攻绝太行道"，盖"太行道"为句。然则"攻南阳太行道"之点可也。幻谓："如《正义》则'攻南阳，太行道绝之'点可乎？'攻南阳'三字为句，'太行道绝之'五字为句也。"

幻云据《正义》及胡三省《通鉴》注，以旧点为非，认为"攻南阳"三字为句，"太行道绝之"五字为句。

此句断句的句子成分，攻的宾语是"南阳"，还是"南阳太行"？首先，我们应该明确"太行道"是否为专指地名，如果是，其地位、作用如何，从其他文献可以得到根据：

《汉书·冯奉世传》："冯奉世字子明，上党潞人也，徙杜陵。其先冯亭为上党守，秦攻上党，绝太行道。"

宋·王应麟《通鉴地理通释》卷五："太行道，《地理志》：'泽州之南，羊肠之道也。白起攻南阳太行道，绝之。'"

清·陈厚耀《春秋战国异辞卷首下·春秋战国通表上》："秦攻韩取南阳，绝太行道。"

以诸文所载，"太行道"为专指地名，地理位置尤为重要。"南阳太行道"为"攻"之宾语。据此，三字为句、五字为句均不确，应点为："白起攻南阳太行道，绝之。"

幻云不仅参考汉籍旧注，斟酌断句，还收罗日人旧注，择善而从。如：

樗里子甘茂列传：王之爱习公也，不如公孙奭。其智能公也，不如甘茂。

陆曰：言以爱习见贵也。

师说："陆氏绝句于'爱习'之下也。"

良氏说曰："上文依陆氏之意，以爱习为绝句也。下文以'公也'为绝句。上文下文不相对也。言王之爱习者，公乃不如公孙奭也。其为智能于公者，则不如于甘茂也。"

菅氏、江氏二家说曰："此文上下相对而读之，陆氏以爱习为绝句，明知其意以智能为绝句也。"

幻谓：今以菅、江二家为先。良氏之说虽非，而意可存之也。王之爱习——公也不如公孙奭；其智能公也——不如甘茂，良家说乃此点也。王之爱习——公也不如公孙奭；其智能——公也不如甘茂，菅、江二家乃此点也。

此句句读比较复杂，在幻云之前，师说、陆氏、良氏、菅氏、江氏均已施句点，幻云归纳之后提出己见：王之爱习，公也不如公孙奭；其智能，公也不如甘茂。

此点未必为非，然未必全对。爱习，为动词，亲近熟悉之义，无异议，关键在于对"也"字的处理，或为句中语气词，或为语尾助词。

司马迁写《史记》，厥协六经异传，整齐百家杂语，战国人物事件记述多引先秦史料。此可以为确定《史记》具体文句断句的参考。

《战国策·魏策二》：夫魏王之爱习魏信也甚矣，其智能而任用之也厚矣，其畏恶严尊秦也明矣。

《战国策韩策一》：今王之爱习公也，不如公孙郝；其知能公也，不如甘茂。今二人者皆不得亲于事矣。

此二文，文句语气不同。《魏策》二"也"字为句中语气词，其后为补语；《汉策》，二"也"字为语尾助词，其前为完整句式，应点断。

《史记》文应是来自此二文，并经司马迁"整齐"之，其结构同于《韩策》。

2. 区分隐性词，斟酌句读

古代词汇，一词往往有多种义项，如本义、常用义、引申义、假借义、僻义，如不详细考求词义，按照常用义随意作解，就会犯望文生训的错误。上文所举例证，均涉专有名词而引起句读歧异。但在具体的语言环境中，比较容易发现问题，往往引起注意。而有些词语，因其专有性质比较隐晦，也就是词的僻义，往往与常用义混淆，故误断的可能性较大。对此，幻云也做了有益的探索。如：

孟尝君列传：夜为狗，以入秦宫藏中。

《正义》：藏，在浪反。

幻谓：《正义》帖，“宫藏”二字其下有“在浪反”三字，然则“宫藏”二字连读可乎？

幻云据“宫臧”二字下有《正义》注文，因而怀疑“宫臧”二字可否连读，若连读则断句为“以入秦宫藏中”，如不连读，则断句为“以入秦宫，藏中”，此“臧中”义则为隐藏于秦宫之中。然隐藏之藏音昨郎反，与《正义》注“在浪反”音异。此“宫藏”亦为专有名词，谓帝王宫中仓库。《周礼注疏·司书》：“及会，以逆职岁与官府财用之出，而叙其财以待邦之移用。”郑玄注：“亦钩考今藏中余见为之簿。移用谓转运给他。”陆德明《音义》：“藏，才浪反。”释曰：“此言叙财，亦谓比次职内藏中余见为簿书，以待邦之移用，更给他官。”皆可证“藏中”是专有名词，为王宫府库。战国以后，“藏中”之称亦沿用，如：

《三国志吴志》：习之苑中，连日续夜大小呼嗟，败坏藏中矛戟五千余枚，以作戏具。

此谓矛戟存藏中。再如：

《后汉书·董卓传》：“人情崩恐，不保朝夕，及何后葬，开文陵，卓悉取藏中珍物。”

珍宝亦存藏中。

此句又见《平原君列传》，幻云亦有相同注语，皆因幻云未晓“藏中”为专有名词，故不敢肯定可否连读。再如：

商君列传：宗室非有军功论，不得为属籍。

师说：菅氏曰：“言宗室非有军功者不得为属籍也，以‘论’字属下句也。故刘云：‘征伐有军功多论为上等也。’如是文者，刘之意以‘论’字属下明也。”

幻按：此说非也。刘之本载“军功论”三字也，明知刘意此三字可连读也。凡言论者，是有军功而定其多少之称也。多功者，论而为上等之亲也；而功少者，论为次等也。更不得论定也。论字本关于无功之者也，犹宗室非军功者不得为属籍也。更加“论”字，有军功者得论定也，故军之论也。良、江两家又若此说，今又从用之。

《正义》曰：“论不得为属籍。属籍，属籍谓属公族宗正。籍，书也。宗室无军功者，皆须论言之，不得入公族籍书也。”幻谓：《正义》“论”字连属“不得”字，则师说不可采。

此“论”字，若依通行句式，属下读无不顺，为动词，有议论、评论、评定等义。如《赵世家》“论至德者不和于俗，成大功者不谋于众”、《六国年表》“论秦之德义不如鲁卫之暴戾者”等。然此句之“论”不能以上例律之，属下读不当。

幻云不采师（桃源瑞仙）说，而从良家、菅家说：“有军功者得论定也，故军之论也。”但又释《正义》注文：“‘论’字连属‘不得’字。”今见诸本《史记》诸本无《正义》注文，只有《索隐》注曰：“谓宗室若无军功，则不得入属籍。谓除其籍，则虽无功不及爵秩也。”但置“论”而不释。《通鉴》卷二：“宗室非有军功论”，胡三省注：“论，议也，有战功之可论也。”“不得为属籍”，胡注：“属籍，宗属之籍也。孔颖达曰：‘汉之同宗有属籍，则周家系之以姓’是也。”是亦以“论”绝句，不与“不得”连读。

此句“论”字非为动词，而是与“军功”合成为专有名词——“军功论”。如《晋书·向雄传》：“今州郡督将并已受封，羌胡健儿或王或侯，不蒙论叙也。”《明史·王宪传》：“旧制，军功论叙，有生擒、斩首、当先、殿后、奇功、头功诸等，其后滥冒日多。”是军功论叙为古之定制，亦省称为“军功论”，即本《传》此句上文所谓“有军功者各以率受上爵”之“率”，训“法”也。“宗室非有军功论”，即“宗室非有军功论叙”。

3. **确定词性，依文意句读**

汉语词性对能否正确句读古籍的作用自不待言。上例既是因“专有名词”而产生句读分歧，也与词性相关，即以“论”的常用词性——动词，范围此“论”的词义，进而至误。与此相似的词语，也引起幻云的关注，如：

李将军列传：令长史封书与广之莫府。

师古曰：“之，往也。莫府，卫青行军府。”刘攽曰：“莫府，乃广之前将军莫府也。凡将兵，皆有莫府。张敖监平乐兵，置莫府是矣。大将军既不许广，难面不从，故但封书与广之莫府，使奉行耳。及后'急责广之莫府'亦是。"刘奉世曰："此莫府，广军之莫府，曹吏文书所在也。广见大将军未肯去，青径封书与广莫府，令如书也。与之莫府者，犹言与其莫府也。"

幻谓：如刘注，则之字不可训往。与广之莫府之点乎？

此句产生歧义在于对"之"字的理解，如师古注"之"训往，为动词，则应点为"令长史封书，与广之莫府"；若刘注，"之"训"其"，则应点为："令长史封书与广之莫府"。二者，"与"一为介词，训"和"；一为动词，训"予，付与"。此"与"为介词，为动词，直接关系其后"之"字的词义，也关系到于何处断句。幻云倾向刘注，认为不应点断。虚词往往是古书断句的障碍。此文"之"或为动词，或为助词。观上下文意：

而是时公孙敖新失侯，为中将军从大将军，大将军亦欲使敖与俱当单于，故徙前将军广。广时知之，固自辞于大将军。大将军不听，令长史封书与广之莫府，曰："急诣部，如书。"

《正义》曰：令广如其文牒，急引兵徙东道也。广不谢大将军而起行，意甚愠怒而就部，引兵与右将军食其合军出东道。

此"之"不能理解为动词。广在莫府收到文牒，"急诣部，如书"。广"意甚愠怒而就部"，而非"之（往）莫府"。幻云以师古训动词"往"为非，而以刘奉世训代词"其"为是。虽然训"其"较训"往"义胜，但亦不很贴切。此"之"应为助词，同于今语"的"。如此，句读难点随之冰释。

以上为区分助词与动词的词性。

再看副词与名词：

信陵君列传：平原君之游，徒豪举耳，不求士也。

《通鉴》："今平原君所与游徒豪举耳。"

幻谓：由《通鉴》推之，"游徒"二字作连读，恐非乎？"徒"字属下。

幻云据《通鉴》，认为"徒游"连读恐非，是知其所见有"徒游"连读者。然胡三省《通鉴》注仅引《索隐》注文："谓豪者举之”，所释在“豪举”而未释“徒游”，恐幻云另有所据。《索隐》未释“徒游”，《正义》亦仅引刘伯庄云：“豪者，举之不论德行。”诸家注均未释“徒”之义，故此句读易引起歧义。观上下文意，徒当为副词，训“乃”。《经传释词》卷六：“徒，犹乃也。《庄子·天地篇》曰：‘吾闻夫子，事求可，功求成，用力少，见功多者，圣人之道。今徒不然。’”言今乃不然也。徒或作乃，《文选无名氏〈长歌行〉》：“老大徒伤悲”，旧校：“徒，善作乃字。”此文“徒豪举耳”即“乃豪举耳”。徒在动词前，往往训但，义为只是、仅仅，如《史记孟尝君列传》“今君失位，宾客皆去，不足以怨士而徒绝宾客之路，愿君遇客如故”、《庄子·在宥》“汝徒处无为”，成玄英疏：徒，但也。《汉书·季布栾布田叔传》：“徒以彭王居梁地”，颜师古注：“徒，但也。”此“徒”训“乃”、训“但”均可通，由上下文意观之，以训“乃”更贴切，则“徒”字属下句便无异议。

再如：

春申君列传：王破楚以肥韩、魏于中国而劲齐。

幻谓：“肥韩、魏于中国”之点可也。韩、魏在中国矣。齐在东，非中国也。《范睢传》：“今夫韩、魏，中国之处而天下之枢也。”

幻云认为，此句应于“肥韩、魏于中国”后点断，理由是“齐在东，非中国也”。此为误解，“而”为转折连词，“肥韩魏于中国”与“劲齐”均为“破楚”的结果，故不应点断。此句引自《战国策·秦策四》：“此皆平原四达膏腴之地也，而王使之独攻。王破楚于以肥、韩魏于中国而劲齐。韩、魏之强足以校于秦矣。”

4. 详审文例，援例句读

不同的文体文例各有一定的句式，弄清原文文体文例，有助于正确句读，否则文理不顺。古书行文，在形式上往往追求文辞对称之美，在不以文害辞的前提下，文句对称关系，是句读的重要根据。幻云的具备深厚的文学修养，曾撰写《汤山联句抄》，深谙文辞对称之学。其丰厚的学养，在《史记》文本句读中也得到体现，如：

苏秦列传：秦必取，齐必伐矣。

幻谓：以下“取秦”对“伐齐”，则秦必取，齐必伐之点可乎？

幻云以“秦必取”与“齐必伐”互为对称，分析句读，方法科学。

虽然文辞对称是古书断句可遵循的方法，但也不绝对一律，在具体语言环境下还应以内容为主，也就是上面所说的，不能“以文害辞”，也就是不能因形式而割裂内容。事涉史实典故，须谨慎对待，尤其是修正旧说，更要言之有据。如：

乐毅列传：及民志不入，狱囚自出。然后二子退隐。

《正义》曰：“言民志不为罪咎，而不入狱，是囚自出，若箕子、商容是也。”幻谓：“如《正义》则狱字为句。”

幻云认为，如按照《正义》注文，则断句为“及民志不入狱，囚自出”。或有疑，未明言可否。然《史记》诸本均无《正义》注，或为《正义》佚文。而《索隐》注曰：“民志不入，谓国乱而仕离心向外，故云‘不入’。又狱囚自出，是政乱而士师不为守法也。”“狱”字属下读，幻云却未引据。

此文“民志不入”与“狱囚自出”互为对称，民志，指民愿、民望。民志之概念，产生在殷末周初，于文献有载，《周易·履卦》：“象曰：上天下泽，履，君子以辨上下、定民志。”《子夏易传》：“上天下泽得其履也。君子辨贤不肖而上下定之，则民无觊幸之望也”；《周礼夏官训方氏》：“正歲，则布而训四方，而观新物”，注：“四时于新物出则观之，以知民志所好恶。”此文是以殷纣时期社会混乱为背景。如王子比干谏、纣之臣祖伊祖伊、微子数谏、比干以死争乃强谏等，纣王拒谏，是为“民志不入”。因此无论从形式的对称，还是对史实内容的考察，无疑“狱囚”连文，属下读。

5. 辨析典章制度，因规句读

中国古代典章制度比较繁杂，包括礼仪、制度风俗等。熟知典章制度，可保证断句准确。如：

商君列传：耕织致粟帛多者复其身。

幻按：《汉书·高帝纪》：“蜀汉民给军事劳苦，复勿租税二岁。”师古曰：“复者，除其赋役也。”又《通鉴》胡三省注：“汉法，除其赋、税、役，皆谓之复。”

幻云引《汉书》师注，《通鉴》胡注，解“复其身”之意。此为秦汉赋税制度，如《汉书·高帝纪》：“非七大夫以下皆复其身及户

勿事，应劭注：不输户赋也。”非据此制度，则“复其身”难能确解。幻云以此法解文意，运用颇为熟练。如：

春申君列传：君置臣郎中，楚王卒，李园必先入，臣为君杀李园。

《通鉴》卷六：“君置臣郎中”，胡注：“班书《百官表》：‘郎掌门户，出充车骑，有议郎、中郎、侍郎、郎中。’韩信曰：‘吾事项王，官不过郎中，位不过执戟。’盖战国时置此官。”

幻谓：“君置臣郎中”，如此读之亦可乎？胡三省注，所谓“郎掌门户”云云，君可置臣于郎中，李园入门则杀之，便也。

此句句读应无歧义，幻云引胡三省注，意在明“郎中”为职官名，属古代职官制度。郎中是诸郎官之低级，如《刺客列传》“群臣侍殿上者不得持尺寸之兵，诸郎中执兵皆陈殿下”，《索隐》“诸郎中，若今宿卫之官”。“郎中”为专有名词，则“中”便不能理解为“之中”“其中”之中。此句成分有省略，应为“于郎中”，省略介词“于”。《战国策·楚策四》作：“君先仕臣为郎中。君王崩，李园先入……”较《史记》文意清晰。幻云在断句之时，亦觉词句不顺，于是增字解句，谓“君可置臣于郎中”。此亦为理解原文，进而准确句读之有效法方法。可以说，幻云对此方法之运用比较熟练。

职官制度，不同时期有所差别，不同民族亦称谓不同。若义以律之，就会产生句读错误。幻云在注《史记》中也遇到此类问题。如：

匈奴列传：诸左方王将居东方。

幻谓：讲曰：“汉天子南面，以东为左，以西为右。奴天子北面，以东为右，以西为左。今此文曰左方王居东方，未审。”据此文，则匈奴大臣为南面欤？王将，盖王与将乎？旧点恐非。但如文可解，不可强会。

幻云注重在句读，“王将”连读，不应点断，本无歧义。幻云质疑，乃因忽视了匈奴之职官称谓。《匈奴传》：“自淳维以至头曼千有余岁，时大时小，别散分离，尚矣，其世传不可得而次云。然至冒顿而匈奴最强大，尽服从北夷，而南与中国为敌国，其世传国官号乃可得而记云。置左右贤王，左右谷蠡王，左右大将，左右大都尉，左右大当户，左右骨都侯……诸大臣皆世官。”据此，此左方王将、右方王将，为“左右贤王，左右谷蠡王，左右大将，左右大都尉，左右大当户，左右骨都侯”略称，故“王将”连读不误。

二　释字（词）义

1. 释多音字

汉字是意音文字，存在一字有多音现象，其原因是多方面的，或是词义不同，或是词性不同，或是语体不同等。尤其是古代典籍，不同读音，词义不同，是文献训释的重要内容，也是必须掌握的方法。幻云在注《史记》时，充分注意到了这一点：

吕后本纪：为吕氏右禮，为刘氏左禮。

此“为”的读音，很早就引起日本五山学僧的注意，南化本《史记》载师说语：

为吕氏者右袒，为刘氏者左袒，此点大周与惟肖共听某僧录佛习时发此语。大周谓惟肖曰：“为”字谬读耳，当作平声读也。后惟肖以语竜冈，竜冈又语郑楮翁，翁又语余。余按《通鉴·惠帝纪》有此语，不分平仄。按《韵府》去声寘韵引此语，注“为”字。然则“为”字作去声可读乎？

幻云在此基础上作了进一步考证：

按：《十八史略·惠帝纪》引此语，云“为”去声。然则作平声读不可乎？幻按：《通鉴》十三：“高皇后纪，八年”载此语，胡三省、师古不分平仄。幻谓：师古、三省注无切字，似为平声。或曰妙智之读曰：“为”字虽有两论，恐去声乎？《文帝纪》“士皆袒左为刘氏，畔诸吕，卒以灭之。”此语作去声。

“为”字有两读，一为平声，一为去声：《广韵》：“薳支切，平声，支韵，歌部。作也。”如：《国语·鲁语下》“季武子为三军”，韦昭注：“为，作也。”又《吕氏春秋·贵生》：“与其所以为”，高诱注：“为，作也”。又训：治也、化也，成也、用也等；《广韵》：“于伪切，去声，寘韵，歌部。助也。”如：《战国策·魏策二》“臣请问文之为魏”，姚宏注：“为，助也。”又《战国策·东周策》“公若欲为太子”，鲍彪注：“为，助也。”又《论语·述而》：“夫子为卫君乎?”何晏《集解》引郑玄曰:“为,犹助也。”幻云认为“此语作去声”,训“助”,无疑是正确的。可以说幻云注意到因字声调的差异,词义也不相同,这种细微观察,反映了室町时代五山学僧的严谨学风。

“为”字的词义比较复杂,确定其词义,必须依据具体语言环境,幻云注意到不同语言环境下“为”字的不同词义。如:

鲁仲连邹阳列传:因平原君谓赵王曰:“秦所为急围赵者。”

幻谓:所为犹如所以,下文同之。《赵策》吴师道曰:“所为之为,去声。”

“所为”训为“所以”,在古代典籍中习见,如:《公羊春秋·隐公三年传》“先君之所为不以臣国而纳国于君者”,注:“所为,犹云所以。”由此可见,幻云具有深厚的文字辨析功底。

2. **释通假字**

通假字,是中国古文献的用字现象之一,“通假”就是“通用、借代”,即用读音相同或者相近的字代替本字,词义不同。通假字大量存在于古书之中,是造成中国古书难读的原因之一。《史记》中存在很多通假字,若不认真区分,以通假字之义当作本义,就会曲解文意。幻云在注《史记》中,注意区分通假字与本字。如:

樗里子甘茂列:今王倍数险,行千里攻之,难。

幻谓:“倍作背读可乎,负数处险于背后以行也。今王倍,增之义也。背之点,恐非乎?”“倍数险”,幻按:“《十九史略·战国秦部》,‘数’字下有注云:‘一日行两日路。’《十八》史无注。”又按:《通鉴》作“‘王倍数险,行千里’,胡注:‘倍,与背同,音蒲妹翻。’”幻谓:“胡注‘倍’与‘背’同,则与《史略》注异。”

倍与背互为通假,古籍常见,根据文意,区分不甚困难。然此文之“倍”,是本字还是“背”的通假字,意义截然不同,见解也存分歧。幻云引《十九史略》注:“一日行两日路”,是倍为本字;然胡三省《通鉴》注:“倍,与背同”,则以“倍”为通假字。幻云列出两说,未下断语,为后人读此句提供思考。

背本义为“脊背”,引申义有避开,背地之义,如《庄子·盗跖》“好面誉人者,亦好背而毁之”,即用此义。背之引申义又为

"反也"，如:《楚辞·离骚》"背绳墨以追曲兮"，蒋骥注："背，倍同。"《说文》："倍，反也。"亦引申为背负之义。此文应是"背"之引申义，背负之义。于古籍中多作"倍"。倍有"增益""二"也等义。《十九史略》引此文，其训"倍"即用此义。虽然"倍"与"背"在诸多义项上可通，然"倍"无"背负"义，《史略》注未之通假，以为训"二"，误。

再如：

商君列传：安能邑邑待数十百年以成帝王乎。

幻谓:《韵会·缉韵》:唈字注:唈，呜唈，短气也，通作"邑"。《汉书·成帝纪赞》:"言之可为于邑"，又《史记》"安能邑邑待数十百年"。

邑邑，同悒悒，苦闷不乐的样子。《广韵·缉韵》唈，呜唈，短气也，《荀子·礼论》"悍诡唈僾"，王先谦引郝懿行曰："气不舒愤郁之貌。"通作"邑"，《文选·应璩〈与满公琰书〉》"良增邑邑"，李善注："邑邑，不乐也。"唈，悒的或体（异体）字，《尔雅·释言》郝懿行疏。

幻云引《韵会》《汉书》《史记》证邑与"唈"通，比较准确训释"邑邑"词义的来源。

3. **释同义词**

古书中字同音异，词义亦异。而同字同音，亦有义项之别。辨别同字所反映的不同义项，也是训释古籍不可忽视的内容。正确区分义项，不仅事关正确理解文意，而且或与断句相关。幻云注《史记》，亦遇到此类现象，如：

孝武本纪：大为人长美，言多方略，而敢为大言。

颜师古《汉书》注：师古曰："善为甘美之言也。"

幻谓：如师古注，"长于美言也"。

幻云引颜师古《汉书·郊祀志》注，并从其说，训长为"擅长"义。长"有久""经常""专长、擅长"等义，还有"长大""高大"等义。《史记》此句应指栾大形体、外貌而言，非谓言语也。师古句读有误，以"大为人长美言"，以"言"属此句，故注曰"善为甘美之言也"，以"长"训"善于"。然同音同义之长，亦有高也、大也

之义，《庄子·列御寇》“美髯长大”，成玄英疏“长，高也”，正与“大为人长美”义同。《史记·陈丞相世家》“平为人长美色”，文意与此以同，亦以“长”为高义。师古训“长”为“长于、善于”，进而导致误断此句，以“言”字属上读。

4. 多义项选择

如上所述，汉字所写之词具有多义项，出现文献中字义训释产生歧义。同时，因汉语词汇受不同发展阶段及不同地域的制约，相同的词义可以用不同的汉字表示。但这只局限于具体的语言环境与不同汉字所含有的某一义项。两个汉字各自的多义项中，其中某一义项相同，即可用不同汉字表示，即汉语有多音字，没有多音词。这是注释古籍必须注意的。此点，在幻云注释中也有所体现。如：

绛侯周勃世家：军霸上……军棘门……军细柳。

幻云谓：军霸上、军棘门、军细柳之军，《汉书》《通鉴》作“次”。

《汉书》《通鉴》均有采《史记》成段或成篇的文字构成的篇章，但个别文字有改动，然不影响文意，其中主要原因之一，是所置换的文字具有相同义项，此例之“军”与“次”便是如此。

军，本义为军队，《说文》“四千人为军”，引申为驻扎义，《吕氏春秋劝勋篇》“以军于秦周”，高诱注：“军，屯也。”《战国策秦策一》“军于邯郸之郊”，高诱注：“军，屯也。”

次，《说文》训为“不前不精也”，义颇含混，文献中用为“次第”“等次”等义，亦多用为军队驻扎义，如《公羊传庄公三年》“公次于郎”，何休注：“次者，兵舍止之名。”《左传·僖公四年》：“师退，次于召陵。”亦同此义。

军与次，在“军队驻扎”义上，义项交叉，故可置换。

幻云虽然未深究“军”何以作“次”，但其明了在此处二者义同，是毋庸置疑的。

5. 别古今义

汉字写词，其词义具有显性与隐性的差别，虽然形成的因素是多方面的，但某词义的使用频率是主要因素。如显性词义，即由其基本义项决定，也取决于其流行范围广狭与应用时限的短长。幻云在注释

《史记》时，也曾遇到此类词语。如：

李将军列传：胡虏易与耳。

幻谓：蕉讲云："易与，之点不可，易，与，之点可也。"与，如也，故读作如何。

蕉讲将"易与"点断，涉及此句文意，属注释之范围。① 然若依其点断，文意不通。

幻云谓"读作'如何'"，并非全无依据，在古籍中，"与"与"何"连文，作"与何"，训为"如何"，如《左传·闵公元年》"犹有令名，与其及也"，王肃注："虽去犹有令名，何与其坐而及祸也。""何与"犹"何如也"。王引之《经传释词》也训"与"为虚词，有以、为、如等义，如云："与，如也。《大戴礼四代篇》曰：'事必与食，食必与位，无相越逾。'与，如也。"

与，本义训"授予、赐予"，然此处非用本义。授受为双方行为，故引申为"当""敌"等义，即相对、相敌义。杨树达不同意王引之将上引《大戴礼》之"与"训为"如"，认为"当训为'当'"："《大戴礼》'与'字当训为'当'。《传》曰：'一与一'，不必训为如也。"又按："'与'训'敌'，见《汉书·朝鲜传》。"②"与"训敌，"易与"即容易战胜、容易对付之义。在先秦文献中，已见此义：《左传·襄公四年》"一与一，谁能惧我?"亦见于《史记》他传中：《项羽本纪》"历阳侯范增曰：'汉易与耳'"；《淮阴侯列传》"龙且曰：'吾平生知韩信为人，易与耳。'"后世文献亦有沿用，如：《汉书·朝鲜传》"独左将军并将，战益急，恐不能与，王又不肯降"；如淳曰"不能与左将军相持也。"《三国志·魏志》："此所谓一与一，勇者得前耳。"虽然如此，"与"之"当、敌"之义在其诸义项中，属隐性词义，不常用，易被显性义项取代，故幻云释其为"如何"。

6. 以日籍释词义

古汉语中有些词汇，难与日语词汇完全对应，为日本读者理解

① 蕉讲指桃源瑞仙讲义。桃源瑞仙号蕉了翁。

② 参见《经传释词》卷1，岳麓书社1982年版，第3页。

《史记》带来困难。幻云释词，有时以日本文献所载词语训释《史记》语词，降低了理解难度。如：

春申君列传：妾赖天有子男。

幻谓：赖之点，初不晓之。顷读《日本书纪》，其《神代》第一之末一书中曰“百姓至今咸蒙恩，恩赖”云云，吉田二位曾俱曰：“恩赖之和训，盖称代辞也。义如字面，为恩幸倚赖也。”

赖之本意为赢，《说文》：“赖，赢也。”如《国语·晋语三》：“已赖其地”，韦昭注：赖，赢也。引申为“蒙”，蒙受、承蒙之义，如《国语鲁语上》“其周公太公及百辟神祇实永飨而赖之”，韦昭注：赖，蒙也。幻云引日本读者所熟知的《日本书纪》，释“蒙恩”为“恩赖”，亦训“赖”为“蒙”。赖有“依赖”“依恃”之义，《国语楚语上》：“赖子之善善之也”，韦昭注：“赖，恃也。”与“蒙受”义近，然此处释为“蒙受上天恩赐”更为贴切。

7. **多闻阙疑**

因上述词义的复杂性，幻云在训释词义过程中，对不甚清楚之词，往往不申己意，列出相关义项，供读者思考。如：

李将军列传：击右贤王有功中率，封为乐安侯。

幻谓：中率，未晓其义。《韵会·质韵》：“率，朔律切，一曰领也，从也，自也。”《广韵》：“将也，用也，行也。”《增韵》：“募也，遵也，循也，率先也。古作率，通作帅。《论语》：‘子帅以正’，同字母下‘帅’注：毛氏曰：‘凡称兵者为将帅’，则去声；言领兵帅师，则入声。”

率本义为捕鸟网，词义扩大为率领、将帅义。此处之“中率”，幻云谓“其义未晓”，并引韵书所载诸义，而难取舍。

此“中率”为专有名词，《索隐》曰：“小颜云：‘率谓军功封赏之科，著在法令，故云中率。’”当为确解。然《汉书补注》引钱大昭曰：“中率，中首虏率也。”并证曰：“上文云‘诸将多中首虏率，以功为侯者。’”《史记集解》引如淳曰“中犹充也。充本法得首若干封侯”，与《索隐》所释同。是“率”为“军功封赏之科”，“中率”为符合斩敌的标准、规定。“中率”为“中首虏率”之略称，其“首”为斩首，“虏”为虏获。此“率”乃用假借义。幻云虽列出

“率”诸多义项，但没有遽下断语，启发后人思考。再如：

乐毅列传：夫齐，霸国之余业而最胜之遗事也。

幻谓：《韵会·泰韵》：“最，军功上曰最，下曰殿。”《战国策》曰：“夫齐霸国之余教，而骤胜之遗事也。”“无注‘胜’，盖‘胜负’之‘胜’乎？”

幻云引虽《韵会》，而旧注于此“最”字无注，未能肯定《韵会》所训之义是否适应此文，故提出“盖胜负之胜乎？”后人释此“最”为军功的专有名词。沈钦韩《汉书疏证》云：“殿、最字，当作冣。冣，古聚字。《说文》：‘冣，积也。’引申有多、上义。《段注》：‘凡云殿最者，皆当从冖字。’”韦昭云：“第上为冣，极下为殿。”孙检云：“上功曰冣，下功曰殿。《汉书周勃传》‘攻槐里、好畤，最。’……张晏曰：‘冣，功第一也。’如淳曰：‘于将帅之中功为冣也。’”今汉书、《史记》注文，此诸冣字，皆讹为最，当从段说订正。

此文“最胜之遗事”，之“最”，显然与段注所举《史记》《汉书》之“最”当为“冣”不类，故幻云未从。又引《战国策·燕策》文，而“最”作“骤”，但未置可否。

此最字之义，遂模糊不清。王念孙《读史记杂志》谓：“最字当为‘冣’字之误也。冣与骤同（冣，古聚字，《周官·兽医》注‘趋聚之节’，《释文》：聚本亦作‘骤’，骤、聚、冣三字，古声并相近，故骤亦通作冣）。骤胜者，数胜也。齐当破燕、灭宋、取楚之淮北，故曰骤胜之遗事也。《燕策》正作‘骤胜’。”幻云虽引《韵会》训“最”为“军功上”义，但并未认可，却引《战国策》“最胜”作“骤胜”，即便未置可否，也体现出幻云对此有所思考。幻云后三百年，王念孙据《战国策》此文，提出“最”训“骤”，解决了千古疑难。更加证明幻云训释字义的洞察能力。

三　解文意

串解文意是传统训诂学的主要内容之一，也是注释古籍的目的。前面所言明句读、释字（词）义，均是为理解文意扫除障碍。解文

意，即指讲解一句之意，也包括串疏多句之意。幻云在这方面也用力颇勤。在方法上，或点明含义，或推究原因，或评析，或串讲。

1. 点明含义

点明含义，指不解释句子的字面意义，只是指明句子内容的实质，即所谓的“言外之意”。如：

孝景本纪：中二年二月……立皇子越为广川王，子寄为胶东王。封四侯。

《正义》曰：四侯未详。

幻谓：四侯，谓孝王子明、彭离、定、不识也。孝王长子买为梁王，故除之。

幻云因《正义》未详，故点明四侯所指。今《史记》诸本无《正义》注，此所引当为《正义》佚文。然《集解》注此文曰：文颖曰：“楚相张尚，太傅赵夷吾，赵相建德，内史王悍。此四人各谏其王，无使反，不听，皆杀之，故封其子。”《索隐》亦同此说：韦昭云：“张尚子当居，赵夷吾子周，建德子横，王悍子弃也。”与幻云说异。考《汉书·景帝纪》：“中元二年，四月，轿立皇子越为广川王，寄为胶东王。九月，封故楚、赵傅、相、内史前死事者四人子皆为列侯。”又《汉书·文三王传》：“勇梁孝王子五人为王。太子买为梁共王，次子明为济川王，彭离为济东王，定为山阳王，不识为济阴王，皆以孝景中六年同日立。”据此，孝王五子被封为王，而非封为侯。幻云误释。

穰侯列传：四登相位，再列封疆。

幻谓：四登相位，一秦果免楼缓而魏冉相秦也；二其明年，烛免复相冉也；三魏冉复相秦，六岁而免也。四免二岁而复相秦也，封穰益封陶。

再如：

平原君虞卿列传：今臣为足下解负亲之攻。

幻谓：“负亲之攻”，师说曰：如背之负物亲在身，言忽切也。背秦攻伐，如负亲在身，言其困苦也。

幻云引师说，解“负亲之攻”，虽未合文意，有曲解之嫌，但亦属点明文意之方法。《史记》此句引自《战国策·赵策》：“今臣为足下解负亲之攻”，其意如鲍彪所注：“赵尝亲秦而复负之，故秦攻之。今为讲，所以解也。”《赵策》此文前，亦用此意：“秦王受负海内之国，合负亲之交以据中国”，鲍彪注：“天下尝横而亲秦矣，已而负之，今复合之。”

有些词的词义看是容易明了，然其中含有字面所没有体现的深层次含义。点明这种深层含义，对深入理解原文至关重要。幻云对此也有涉及。如：

鲁仲连邹阳列传：夫精变天地而信不喻两主，岂不哀哉！

幻谓：“夫精变天地”，东坡所撰《潮州韩文公庙碑》云“故公之精诚，能开衡山之云，而不能回宪宗之惑；能驯鳄鱼之暴，而不能弭皇甫镈、李逢吉之谤；能信于南海之民庙食百世，而不能使其身一日安于朝廷之上”，坡数语扩邹一语而已。

幻云引苏轼《潮州韩文公庙碑》，以苏轼对韩愈的际遇的概括，解“夫精变天地而信不喻两主”之意，可以加深对文意的理解。

古代词汇具有一定的稳定性，故一词之词义，可以引用同书或时期文献点明。如：

张仪列传：已而楚相亡璧，门下意张仪。

幻谓：《梁孝王世家》“天子意梁王”，《索隐》：谓意疑梁刺之。《通鉴》卷十六：“于是天子意梁”，胡注：意梁者，以意测度，知其为梁所为也。

此“意”为怀疑义，前人无注。幻云引《梁孝王世家》《通鉴》之“意”与此文同，以《索隐》注、胡三省注为据，点明“意”为“怀疑”之义。

2. 推究原因

指不直解句子，而是解出现正文中情况的原因。

春申君列传：楚于是去陈徙寿春。

幻谓：春申用英计，去陈以避秦兵。楚王为有功，春申封于吴。盖考烈初疏春申，而复用春申行相事。

幻云推究春申君因用住英之计，徙楚都于寿春，改变被楚王疏远而复得相位的原因。

商君列传：耕织致粟帛多者复其身。

幻按：《汉书·高帝纪》："蜀汉民给军事劳苦，复勿租税二岁。"师古曰："复者，除其赋役也。"又《通鉴》胡三省注："汉法，除其赋、税、役，皆谓之复。"

幻云引《汉书》师注，《通鉴》胡注，解"复其身"之意。此为秦汉赋税制度，如《汉书·高帝纪》"非七大夫以下皆复其身及户勿事"，应劭注：不输户赋也。非据此制度，则"复其身"难能确解。幻云以此法解文意，运用颇为熟练。如：

申不害韩非列传（诸本作《老子韩非列传》）：喜刑名法术之学。

幻按：刑名，《汉书·元帝纪》："宣帝所用多文法吏，以刑名绳下。"晋灼曰："刑，刑家；名，名家也。太史公曰：法家严而少恩，名家俭而善失真。"师古曰："晋说非也。刘向《别录》云：申子学号刑名。刑名者，以名责实，尊君卑臣，崇上抑下。宣帝好观其《君臣篇》。绳，谓弹治之耳。"

幻云引晋灼与师古两家之说，见解不一。若以今人治学标准律之，幻云不置可否之词，往往轻之为无所定见。然古人注书，多用此法，意在集思广益，非为标新立异也。有所比较，立论方能客观公允。刑名之学的实质主张是"循名责实，慎赏明罚"。其具体体现者如《韩非子·主道》篇所云："其群臣陈其言，君以其言授其事，以事责其功。功当其事，事当其言则赏；功不当其事，事不当其言则诛。"以此观之，师古注胜于晋灼注。

3. **评论分析**

评论分析是对句子的思想内容或写作方法予以评论分析，能使读者对文意理解得更深更准。如：

樗里子甘茂列传：今二人者皆不得亲于秦事，而公独与王主断于国者何？彼有以失之也。

《索隐》：彼，公孙奭及甘茂也。有以失之，谓不见委任，情有所失。

《正义》：言秦王虽爱习公孙奭、甘茂，秦事不亲委者，为党韩、魏也。抄云："彼指奭、茂。奭。一义彼指秦王，言专用向寿一人则秦王可失政；又一义彼指秦王，言秦王不知向寿党于楚者，即秦王有以失之也。"幻谓："如《索隐》义言，独用向寿则奭、茂失志也。

如《正义》义言，向寿衷党于楚，表事于秦者，向寿之失也。盖不忠于秦之谓也。家本注不知寿党于楚之点也。”幻谓：“不知寿党于楚以事秦王者之点亦可乎。不知向寿衷党于楚表事于秦者，秦王之失也。”

此句人物关系比较复杂，涉及秦王、公孙奭、甘茂、向寿。症结在于“彼有失之”之“彼”代之何人。《索隐》谓指公孙奭、甘茂，《正义》虽未明确，然与《索隐》意同。《桃源抄》则另出新意，谓指秦王有失，然又谓其失有两种因素。幻云析《索隐》意谓“奭、茂失志”，析《正义》意谓“向寿之失”，结论是“向寿衷党与楚表事于秦，秦王之失败也”。在桃源意的基础上更为确指。其评议分析方法细腻启发读者思考。

再如：

魏其武安侯列传：夫以服请，宜往。

《集解》：徐广曰：“一云‘以服请，不宜往’。”

《汉书》：“夫以服请，不宜。”师古曰：“不当忘也。”注：“一云以服请，不宜往。”幻谓：是何义哉！夫不可往，则下曰“自往”，其语相违。又灌夫不辞服，力请之，田蚡不宜他适。又据《汉书》，则“不宜”为句，“往”之一字为句。往者，言吏可自往也。

幻云注意到《史记》《史记集解》注“徐广曰”、《汉书·窦田灌韩传》及师古注互异，一曰“宜往”、一曰“不宜往”、一曰“不宜”，由而感叹：“是何义哉！”分析诸说矛盾之点，认为徐广注之“不宜往”应断为“不宜，往”。至于《史记》之“宜往”，是应该前往；《汉书》之“不宜”，是不应该，是回应前文魏其曰“丞相岂忘之哉”，故师古注：“不当忘也。”幻云条分缕析，令诸说均文通字顺。

为了达到对《史记》原文的正确理解，幻云评析《史记》文意的同时，亦解《史记》三家注的文意。如：

伍子胥列传：拔其钟离、居巢而归。

《索隐》曰：《尚书序》“巢伯来朝”，盖因居之于淮南楚地也。

幻谓：《序》述巢伯来朝之事，义乎！《尚书·旅獒》篇云“巢伯来朝”，孔《传》：“殷之诸侯，伯爵也。南方远国，武王克商，慕

义来朝。”

幻云据《索隐》述《尚书序》文，点明巢伯来朝之事的性质：“义乎”！并引《尚书·孔传》做证：“慕义来朝。”此解说虽与《史记》所述之义无直接关系，但解明巢伯之事，也可为理解居巢为南方远国之“淮南楚地”提供帮助。

4. 综合串讲

所谓串讲，是对一段文字进行综合梳理，使之前后贯通，此方法要求深入理解原文，以关键字语为轴心，提纲挈领，形成浑然一体之态。幻云注体现了串讲的特点。如：

范雎蔡泽列：太史公曰：“韩子称……”

幻谓：“以下十六字总论也。‘范雎……’，范、蔡以辩取卿相，善舞善贾者乎？然‘游说’以下两义：一云范、蔡无所遇者，初少钱短袖之故也。‘及二人……’，‘及’字如旧点则似接上文，其义难通。及，于取卿相之义乎？然则改其点而已。‘强弱’二字谓范、蔡初踵也。二云‘然游说……’，凡谓世之游说无所一遇者，盖无所遇者之点乎？‘及二人……’，‘及’字言世之游说无所遇者。及与范蔡二人也。‘强弱’二字，‘强’言范、蔡弱，言白首不遇者也。”

幻云以“善舞善贾”为基点，以“强若”为条件，串讲辩士“遇不遇”的缘由，反映了其对此段的理解。明代凌稚龙《史记评林》引赵恒注，可为幻云注作一注解，其云：“太史公赞意有三节：言二子入秦取卿相，垂功于天下乃因强秦之势，亦如长袖之善舞，多钱之善贾也；然士亦有耦合，命为之也不然贤于二子者多矣，而不得尽意者又何限也？然二子之功亦激而成，其初之困厄亦甚矣，士之处困可不自力乎？三个‘然’字为转折语，当看。”

串讲可以围绕中心词展开，如上例，也可以从分析层次入手，指出所解之文或是层次递进，或是并列排比。幻云于后者也运用得当。如：

匈奴列传：匈奴之俗，人食畜肉，饮其汁，衣其皮……

幻谓：“匈奴之俗”以下，论说匈奴风俗：父子兄弟死以下，答所以妻后母、妻兄弟妻；礼仪之敝，答所以无冠带之饰、阙庭之礼；室屋之极，答所以父子同穹庐而卧；“力耕桑”以下说中国风俗。

幻云此注，意在区分文句层次，分析其中的相连带关系，使阅读者易于理解。解语趋简去繁，概括性强。同《传》下文亦体现了幻云领会、说解《史记》原文的能力：

上例，幻云引师说解文意，未为中的。然证以他说，方法得当，仍有不失有确解者。如：

使万民耕织射猎衣食，父子无离，臣主相安，俱无暴逆。

父子无离，幻谓：或云汉与匈奴不和则万民父子离散，臣主是殆。今既和亲，则万民父子无离，臣主相安矣。幻又谓：下文曰“朕与单于为之父母”，盖汉天子与单于为民父母。由是观之，万民为子也。此义为当。

幻云不仅引先秦之前文献解《史记》文意，如上所引《尚书》，亦参考汉代以后的文献说解《史记》文意。既以经史记载为依据，还以唐宋诗词为佐证。如：

魏其武安侯列传：武安之贵在日月之际。

幻按：“在日月之际”，《山谷诗》卷二：“日月进亨衢，经纬寒耿耿。”任渊注：“日月以言二圣。”盖二圣谓哲宗、宣仁也。山谷元祐中诗云日月者多矣：“道山邻日月，清樾深牖户”“文明近日月，我亦不如君”“中原日月九夷知，不用禽胡衅鼓旗”“毡裘瞻日月”。吾邦诸家以日月比哲宗、宣仁，本于任渊。由是观之，太史公所语“日月之际”，指景帝王皇后乎？

幻云汉学根底深厚，尤其在唐宋诗词方面造诣颇深，著有《山谷幻云抄》二十卷（京都建仁寺两足院藏）。幻云注“日月之际”引黄庭坚诗句之“日月”及任渊注，以日月代指宋“哲宗、仁宗”，由此认为此文之“日月”或指景帝王皇后。以后人之诗注前代史文，有一定参考价值。历代注释家也不乏用此方法者。其谓“日月之际”，指“景帝王皇后乎？”亦得司马迁之意。

余论

本文仅从句读、字（词）义、文意三个方面，择例阐释了《史记》幻云注的特点，其他方面未作论述。梳理南化本《史记》，共辑幻云注语 267 条，其分布、类别如下表所示：

位置 类别	本纪	表	书	世家	列传	合计
明句读	10			16	21	47
释字义	13		2	19	29	63
解文意	11		5	18	33	67
校讹误	4			4	8	16
审字音				3	2	5
考史实	6			9	12	27
引文献	11		3	7	21	42
合计	55		10	76	126	267

从上表的统计数字，可以看出幻云注的某些特点：

第一，在注释类别上，以解文意为长，释字义与明句读并重，引文献又次之。表明室町时代对《史记》的接受，主要目的在于准确句读，疏通字义、文意。只有扫除这些阅读理解障碍，才会具备阐发《史记》所蕴含的史学、文学及哲学思想等内容的基础，从多方面、多角度研究史记成为可能。

第二，注释重点在《列传》《世家》及《本纪》，对《书》《表》则略之。反映室町时代，对《史记》之《书》《表》的研究尚未充分展开。

第三，观幻云注语，引用文献尚不够充分。尤其是对字词的训释，基本没有引用《说文》《尔雅》《广韵》《广雅》等重要文献，却多引元代黄公绍的《古今韵会》，影响了更准确地训释字词。在史部文献的引用方面，也有这种倾向，即引用《十八史略》的内容远多于引用《尚书》《左传》《战国策》内容。使用间接史料训释《史记》文意，容易产生偏差。

幻云的《史记》注，用汉字形式完成，用汉语书写其心得，令人十分钦佩其汉学功底之深厚。这种形式，为后人注《史记》开了先河，产生了多部类似的著作，如中井履轩的《史记雕题》，泷川资言的《史记会注考证》及水泽利忠的《史记会注考证校补》等。

当然，受时代及数据等条件的限制，幻云《史记》注不可能尽善尽美，尚有许多值得商榷之处，但这并不能影响后人对此成果的高度肯定与评价。

（原载《日本秦汉史研究》第12号，日本秦汉史学会2014年版）